人権としての平和
―― 平和的生存権の思想研究 ――

後 藤 光 男

成 文 堂

はしがき

　本書は、日本国憲法が定める前文の「平和のうちに生きる権利」と 9 条の「非武装平和主義」が提起する問題点をできるだけ平易に明らかにすることを目的としている。筆者の Human Rights Studies の三冊目であるが、前二書『永住市民の人権』『政教分離の基礎理論』とは異なり、論文的な色彩をなるべく薄め概説的な構成にして、平和的生存権の思想の全体像を多くの関連文献を参照・引用しながら叙述したものである。筆者の年来のテーマである人権と平和との関係について、平和を人権として再構成し、『人権としての平和―平和的生存権の思想研究』として纏めた。

　本書の各章は、第 3 章「平和主義の現実―日米安保体制・自衛隊と有事法制―」、第 4 章「沖縄と憲法―日本は主権国家か―」を除いて、早い時期に構想し、すでに公表してきたものである。その後、かなりの加筆を行い、さらに本書を纏めるにあたって、近年の参考文献を参照して補筆し、ある程度、体系性のあるものとして提示させていただいた。もっとも本書の基調は多くの学説・判例を引用し、読者の皆様に憲法の非武装平和主義の意義を再考していだくための素材、きっかけを提供することに力点を置いたものであるといえる。

　本書の構成は、序章、第 1 部第 1 章から第 4 章、第 2 部第 5 章から第 7 章で構成されている。序章の「平和主義と安全保障」では、憲法の規定する非武装平和主義が現在どのような点で問題となっているのかをできるだけ平易に叙述した。序章は全体的な見取り図を提示するものである。個別の憲法上の論点については、第 1 部第 1 章から第 4 章で検討を行い、第 2 部第 5 章から第 7 章では平和の主体責任を考えうる上で重要なものと考えられる良心的戦争拒否（Conscientious Objection）の思想をトータルに提示することを目ざした。

　本書を完成させるにあたっては、作家・山崎豊子氏（1924年生まれ）の戦争と平和の三部作、『二つの祖国』『不毛地帯』（以上、新潮社）、『大地の子』（文芸春秋）を読み返した。また、奥平康弘教授の『憲法を生きる』（対談者、愛敬浩二・川岸令和・中島徹・阪口正二郎・山元一の諸教授、日本評論社・2007年）の 9 条論に共感するところが多く、何度も熟読させていただいた。また、本書カバーには、画

家・香月泰男氏のシベリア・シリーズの一作『朕』を使わせていただきました。このことをお認めいただきましたご遺族の香月理樹様には、心からの御礼を申し上げたいと思います（本書カバー香月泰男氏の自筆解説文は、安井雄一郎『香月泰男―凍土の断層』（東京美術、2017年）73頁参照）。

山崎豊子氏の小説『二つの祖国』は、アメリカ国籍を持つ二世がなぜ収容所に入れられたか、日系アメリカ人の戦中・戦後、日系人強制収容所、太平洋戦争、広島の原爆、東京裁判（極東国際軍事裁判）という四つの主題を一貫したドラマとして描いたものであるが、それを書き終えたインタビューで次のように述べている（『作家の使命　私の戦後』新潮文庫280-281頁）。

「五年余にかけて、今回の小説を書き終えたご苦労をうかがいましたが、『二つの祖国』は山崎さんにとっての"戦争と平和"と言えますね。

山崎　大学は二年の半ばで軍需工場に弾磨きに行かされ、私と同じ年代の男性は学徒出陣で死んでいきました。ですから、皇太子の成婚のとき、あえてご成婚とは言いません、成婚のときに、皆さんはテレビをご覧になりましたけれども、よう見られなかったですよ。だって、皇太子夫妻の華やかな馬車が宮城前の玉砂利の上を通るとき、その音が、戦争で死んで行った学徒兵たちの骨の音に聞こえるんですから。

私は、はっきり言って、天皇は訴追を免れたが、なんらかの形で法廷に立たなかったことが今もって納得できません。これはやっぱり戦争が終わった気がしませんよ。そういう思いがありますから、たとえば東京裁判の法廷記録でも日本語版は十巻もありますが、目を悪くしながらも作業を続けられたんだと思います。ともかく、戦後ずっと、喉に小骨のようにひっかかっていたものが、二千二百枚（原稿用紙）の『二つの祖国』を書き終えたことでやっと取れたような気がします。」

その皇太子が「平成」天皇となり、2019年は天皇退位の年となる。そのような歴史の変遷の中で、本書『人権として平和』を纏めることにより「終わりなき戦後」ということを明らかにすることを意図した。2019年6月12日の毎日新聞で、原武史・放送大学教授は、「令和」のスタートを奉祝ムードたっぷりに報じた主要メディアの「令和フィーバー」について、「それは国民の『空気』を追認するだけの、言論機関に値しない行為です。こと天皇や皇室の問題については、批判

はもとより、議論しないことが当たり前になって……。国の形や憲法は変わっても、心の奥は今も大日本帝国臣民、と言ったら過ぎるでしょうか」と言う［吉井理記］。また故・森嶋通夫ロンドン大教授もかつて次のように述べている。「もちろん日本は戦後は建前としては、もはや天皇制の国ではない。しかし国内の種々の小社会ではいわゆる小天皇が幅をきかしており、個人の主義主張の完全独立は、日本では社会のどのレベルでも実現していない。この点が、日本とイギリスで最も異なっている点である。イギリスでは対立はよいことと考えられ、対立があるからこそ一層優れたものや状態が発見されるのである。対立のない状態は危険だとされる。このようにイギリス人は弁証法的プロセスを楽しむと同時に尊重している。だが日本では対立は悪であり、それを叩き潰すのが主流派の務めである」（森嶋通夫『血にコクリコの花咲けば―ある人生の記録―』（朝日文庫、2007年）23頁）。この個人の主義主張の完全独立は本書の扱う良心的戦争拒否の問題と密接に関わるテーマである。

　戦争は人間を道具として扱うものである。日本国憲法は平和主義の法的到達点といえる。人間はどのような時にも道具として扱われてはならない。憲法9条について、岡野八代教授は、『憲法のポリティカ―哲学者と政治学者の対話―』（白澤社、2015年）の高橋哲哉教授との対論の中で、次のような考え方を展開されている。

　「今の9条の、特に2項を変えて、自衛のための戦争、あるいは集団的自衛権も行使可能になるような改憲論に対して、そもそも立憲主義、つまり個人の尊厳、あるいは個人の基本的人権を尊重するためにこそ国が存在していると宣言する憲法の下で、はたして軍隊が存在可能なのか」。「まさに日本国憲法9条の交戦権の放棄、軍備をもたないという2項は、立憲主義の、つまり国家が国民を道具として扱わないという宣言としては、いちばん象徴的な条項だと思っています。もし私の立憲主義の理解が正しいとすると、むしろ軍隊をもっている他の国々が非常にいびつな立憲主義を取っている。つまり国家の存亡が危ういときには、国民は国のために死ねと命令できる権利を国に残しているわけですね」（83頁）。

　高橋哲哉教授がそれに続けて次のように言う。「立憲主義を突きつめていけば、国防軍の存在は矛盾を含むことになる。それに対して、現在の日本国憲法の9条は、筋が通っていると」。「日本国憲法は13条で個人の生命、自由及び幸福追

求の権利、とりわけ生命の権利が保障されている。これは戦争が始まれば保障できない。憲法が成立した歴史的な経緯は別として、憲法全体を13条を基本として整合的に読もうとするのはどうか。そうすると国の交戦権を認めたのでは、本来、国が保障すべき、全て国民は個人として尊重されるというその個人の生命や自由や幸福追求の権利を侵害することになるので、それをさせないためには戦争を放棄し、軍隊を保有しないんだという、そういう論理になってくるということですね。立憲主義の本質からすれば、9条こそが本来出てくるべき安全保障の条文なのだということになる」（84頁）。私は、この岡野八代教授の「9条と立憲主義」理解が妥当なものであると考えている。

　また、奥平康弘教授は、前述『憲法を生きる』（日本評論社、2007年）において、長谷部恭男教授の「9条と立憲主義」に関する見解を次のようにまとめて、自説を展開されている。

　軍備を一切認めない絶対平和主義は、「無抵抗主義」に賛成しない個人に対しても結果的に、「無抵抗主義」になることを強要することになるから、個人の尊重を究極の価値とする立憲主義とは相容れない。そして、9条の下でも、自衛のための必要最小限度の実力組織の保持は認められるという解釈をしている。9条を変えるという選択をするよりは、自衛隊を認めつつも、9条を存続させたほうがましなのだという意味でそう言っているのでしょう。たしかに、最近では、争点が自衛隊そのものではなくて、集団的自衛権の有無になっている。そのせいか、憲法学者の間でも、9条の下で自衛隊の存立は認めようという議論もあるようです。僕自身は自衛隊の解体を説いているわけですから、こうした考え方には賛成できません。また、奥平教授はこうも述べている。規範を現実にあわせるのでなく、事実を規範にあわせるということを防衛問題に即していえば、自衛隊の解体を意味する、それはとても長い時間がかかるでしょう。私も奥平教授のこのような自衛隊解体を説く論理に共感を覚える。

　かつてカントは『永遠平和のために』（岩波文庫、16-17頁）の第1章第3項で「常備軍は、時とともに全廃されなければならない。なぜなら、常備軍はいつでも武装して出撃する準備を整えていることによって、ほかの諸国をたえず戦争の脅威にさらしているからである」とし、そのうえ「人を殺したり人に殺されるために雇われることは、人間がたんなる機械や道具としてほかのもの（国家の）手で使用されることを含んでいると思われるが、こうした使用は、われわれ自身

の人格における人間性の権利とおよそ調和しないであろう」と説いている。

　本書は同志社大学時代の恩師・田畑忍先生の非武装平和論に強い影響をうけている。戦後の現実政治は、憲法の理念から乖離し、それをささえる法理論も展開されてきた。例えば、憲法９条マニフェスト論であり、憲法変遷論であり、自衛隊の違憲・合法論などである。あるいは三つの憲法論（「法源としての憲法」「イデオロギーとしての憲法」「制度としての憲法」）もその範疇に含まれるかもしれない。

　日本の憲法学は残念ながら、こうした現実政治に何らかの形で正当性を与える議論に与してきたといえる。しかし、一方ではこれに対抗する理論的営為が積み重ねられてきたことも事実である。その代表的なものとして、深瀬忠一教授、浦田賢治教授、小林武教授、山内敏弘教授、浦田一郎教授等の優れた業績が挙げられるが、平和を人権として位置づける理論的基礎づけの作業については、高柳信一教授の「人権としての平和」による重厚な論文によって果たされたと考えている。もっとも先駆的には、星野安三郎教授の平和的生存権の主張がある。私事で恐縮であるが、星野安三郎先生、高柳信一先生には早稲田大学大学院時代、公法研究ゼミでご指導を受けた。また、田畑忍先生の門下である上田勝美先生（龍谷大学名誉教授）の「生命権」を基盤とした平和のうちに生存する権利を構築する基礎理論にも教えられることが多く共感を覚える（「世界平和と人類の生命権確立」深瀬忠一教授ほか編『平和憲法の確保と新生』北海道大学出版会14頁以下）。

　本書は、憲法前文第２段の「全世界の国民が、ひとしく恐怖と欠乏から免かれ、平和のうちに生存する権利を有することを確認する」ということばの意義とその理論的先駆性を確認するものである。例えば、浦部法穂教授は「『国』の枠組みを取り払って人は人として解放される」として大要、次のように述べられている。「私たちはいろいろ物事を考えるときに『国』の単位で考えていたのでは、私たちの幸せにはつながらない。環境問題でも食糧問題でも、自国の利益のためにどうだ、という考えをしていれば、『気づいてみれば人類滅亡』ということになりかねない。『国』にとってはどうだ、ではなく、一人ひとりの人間にとってはどうだ、ということを考えなければならない。その一人ひとりというのは日本に住んでいる人だけではなく、世界中の一人ひとりのことです」（『世界の中の憲法』152頁）という。

　憲法前文のこの言葉は、人類の人権と平和の実現にとって、大きなヒントと指

針を人類に与えつづけているのではないだろうか。

　本書の初出は以下である（もっとも新しい論文を参照して加筆を行った。脱稿後、サーロー節子＝金崎由美『光に向かって這っていけ―核なき世界を追い求めて』（岩波書店、2019年7月）に接したが時間の関係上、本書では反映できなかった）。

　　序　章　「平和主義と安全保障」大橋憲広＝後藤光男＝関哲夫＝中谷崇共著『アソシエイト法学』（法律文化社、2016年）
　　第1章　「平和的生存権と抵抗権」早稲田法学会誌30巻（1980年）
　　第2章　「前文・戦争の放棄」有倉遼吉＝時岡弘編『条解日本国憲法改訂版』（三省堂、1989年）
　　第3章　書き下ろし
　　第4章　書き下ろし
　　第5章　「思想・良心の自由と選択的兵役拒否」早稲田大学大学院『法研論集』（1977年）
　　第6章　「戦争廃絶・軍備撤廃の平和思想研究」早稲田法学会誌29巻（1979年）
　　第7章　「少数者の信教の自由と平和主義」中京大学社会科学研究所『社会科学研究』1巻2号（1981年）

　阿部成一成文堂社長には出版について、いつもご厚情を賜り、本書の公刊をお認めいただいたことに厚く御礼を申し上げます。編集部の篠崎雄彦氏には、今回も行き届いたご配慮とご助言をいただきました。ご厚志にこころよりのお礼と感謝を申し上げます。また、沖縄との初めての出会いをもたらしていただいた同志社大学入学時以来の友人・崎山旭氏（沖縄県出身）に感謝を申し上げます。

　最後に、本書のテーマのひとつである「良心的兵役拒否」に関する著書の出版を、大学院時代に勧めてくれた亡き両親に小著を捧げ、遅ればせの報告としたいと思います。

　　2019年8月6日　　　　被爆から74年を迎えた「広島原爆の日」に

　　　　　　　　　　　　　　　　　　　　　後　藤　光　男

目　次

はしがき

序　章　本書の構図と構成 …………………………………… 1
　1　本書の構図と構成 …………………………………… 1
　　（1）日本国憲法の非武装平和主義　2
　　（2）良心的戦争拒否の思想　7
　2　平和主義と安全保障 …………………………………… 10
　　（1）日本国憲法における平和主義　11
　　（2）憲法 9 条の戦争放棄・戦力の不保持・交戦権の否認　12
　　（3）自衛隊は戦力か自衛権の範囲内か　13
　　（4）自衛権の許される範囲——個別的自衛権と集団的自衛権　14
　　（5）日米防衛協力のための指針（ガイドライン）と自衛隊の役割　15
　　（6）自衛隊の国際貢献と有事関連法　16
　　（7）安全保障関連法の成立と集団的自衛権　18

第 1 部　人権としての平和

第 1 章　平和的生存権と抵抗権 …………………………………… 23
　1　本章の課題——平和主義と抵抗権—— …………………………………… 27
　　（1）国民の主体的責任　27
　　（2）平和主義と抵抗権との関係　31
　2　平和と人権の接点
　　　——良心的兵役拒否（Conscientious Objection）の問題—— …… 35
　　（1）一般的兵役拒否　35
　　（2）選択的兵役拒否（政治的兵役拒否）　38
　3　平和的生存権の理論 …………………………………… 40
　　（1）平和的生存権理論史　40
　　（2）平和的生存権の原理的論証　43

第2章　日本国憲法における平和的生存権の規範構造 ………… 49
　1　平和主義と平和的生存権 ……………………………………… 50
　　（1）　平和的生存権の保障　50
　　（2）　平和的生存権の主体　53
　　（3）　平和的生存権の内容　54
　2　憲法9条の規範内容 …………………………………………… 57
　　（1）　9条の制定過程　57
　　（2）　戦争の放棄　63
　　（3）　戦力の不保持　67
　　　　（ア）戦力の意味
　　　　（イ）戦力と非戦力
　　　　（ウ）自衛隊法と自衛隊
　　　　（エ）安保条約と外国軍隊の駐留
　　（4）　交戦権の否認　77
　3　憲法の予定する安全保障 ……………………………………… 78
　4　自衛権 …………………………………………………………… 80
　　（1）　自衛権の肯否　80
　　（2）　自衛権放棄の論理　82

第3章　平和主義の現実――日米安保体制・自衛隊と有事法制――
　　　 ……………………………………………………………………… 89
　1　日米安保体制・自衛隊と有事法制 …………………………… 90
　　（1）　日本の再軍備と旧安保条約（1951年）　90
　　　　（ア）1950年朝鮮戦争の勃発と「警察予備隊」
　　　　（イ）1951年サンフランシスコ平和条約と日米安保条約
　　　　（ウ）1952年保安隊・警備隊の成立
　　　　（エ）1954年MSA協定（日米相互防衛援助協定）の締結と自衛隊の発足
　　（2）　1960年新安保条約　93
　　（3）　1978年日米軍事協力関係の強化（「ガイドライン」）と自衛隊の増強　94
　　（4）　1989年「冷戦」の終結と1991年「湾岸戦争」（自衛隊の海外派遣）　95
　　　　（ア）1989年「冷戦」の終結と1991年「湾岸戦争」勃発に伴う自衛隊の「国際貢献」
　　　　（イ）1992年「PKO協力法」の成立

　　　　　　（ウ）1995年防衛大綱の見直し
　　　（5）1997年「新ガイドライン」と有事法制　97
　　　　　　（ア）1997年「日米新ガイドライン」と1999年「周辺事態法」
　　　　　　（イ）2001年アメリカ合衆国同時多発テロと自衛隊海外派遣の拡大
　　　　　　（ウ）2003年「有事法」の整備
　　　（6）2014年「集団的自衛権」の容認と安全保障関連法の成立　102
　　　　　　（ア）2014年集団的自衛権容認の閣議決定
　　　　　　（イ）2015年「平和安全法制整備法」および「国際平和支援法」の整備
　　2　安保・自衛隊関連裁判 ……………………………………… 104
　　　（1）日本の再軍備と司法審査　104
　　　　　　（ア）警察予備隊違憲訴訟
　　　（2）安保条約と司法審査　105
　　　　　　（ア）砂川訴訟
　　　　　　（イ）横田基地夜間飛行差止訴訟
　　　（3）自衛隊裁判　113
　　　　　　（ア）恵庭裁判
　　　　　　（イ）長沼訴訟
　　　　　　（ウ）百里訴訟
　　　　　　（エ）小西反戦自衛官裁判
　　　　　　（オ）イラク派遣差止訴訟
　　　　　　（カ）安保法制違憲訴訟
　　3　自衛隊改編への展望 ……………………………………………… 121
　　4　平和のための予防学 ……………………………………………… 130

第4章　沖縄と憲法──日本は主権国家か── ……………………… 135
　　1　はじめに ………………………………………………………… 137
　　2　沖縄の戦後憲政史 ……………………………………………… 137
　　　（1）前史（琉球処分）　137
　　　（2）1945年日本の敗戦と沖縄の地位・天皇の戦争責任　138
　　　　　　（ア）1945年2月近衛文麿「近衛上奏文」と8月天皇の「遅すぎた聖断」
　　　　　　（イ）1945年4月米軍沖縄上陸、8月敗戦、12月選挙権・被選挙権の剥奪
　　　（3）1946年の沖縄　141
　　　（4）1947年日本国憲法制定と沖縄　142
　　　　　　（ア）1947年5月「外国人登録令施行規則」（内務省令28号）

　　　　　　　（イ）本土の非武装化と沖縄の軍事基地化
　　　　　　　（ウ）1947年9月19日「天皇メッセージ」
　　　　　　　（エ）米軍統治下の沖縄と日本国憲法制定
　　　　（5）1950年の沖縄　150
　　　　（6）1952年対日平和条約と日米安保条約　151
　　　　　　　（ア）日米安保条約の特質
　　　　　　　（イ）駐留軍用地特措法
　　　　　　　（ウ）地位協定の特殊性
　　　　（7）米軍用地の強制収用問題　155
　　　　　　　（ア）1953年土地収用令
　　　　　　　（イ）沖縄住民の土地闘争
　　3　沖縄の統治 …………………………………………………… 157
　　　　（1）米国による沖縄の統治体制の変遷　157
　　　　（2）沖縄の法的地位　159
　　　　（3）公法学者の沖縄認識　160
　　4　1972年の沖縄返還 ………………………………………… 164
　　　　（1）復帰直前——沖縄密約電文事件　164
　　　　（2）復帰後の沖縄の人権と安保・地位協定　165
　　　　（3）沖縄の軍用地使用の問題——公用地暫定使用特別措置法（いわゆる公用地法）および地籍明確化法　166
　　　　　　　（ア）1977年地籍明確化法・米軍用地特措法
　　　　　　　（イ）1982年以降の米軍用地特別措置法
　　5　1995年の米兵少女暴行事件 ……………………………… 168
　　6　1995年以降の普天間・辺野古基地移設問題 …………… 170
　　　　（1）日米地位協定の問題　171
　　　　　　　（ア）憲法と安保・行政協定・地位協定との関係
　　　　　　　（イ）憲法体系と安保法体系
　　　　　　　（ウ）地位協定による日米合同委員会とその組織
　　　　　　　（エ）地位協定の運用の実際
　　　　（2）米軍用地強制使用に関する代理署名の問題　175
　　　　（3）普天間基地移設返還の問題　178
　　むすび ……………………………………………………………… 180

第2部　戦争廃絶・軍備撤廃の平和思想

第5章　良心的戦争拒否（Conscientious Objection）の思想 ……… 185
- 1　問題の所在 ………………………………………………………… 187
- 2　良心的兵役拒否の生成と展開 ………………………………… 189
  - （1）CO（Conscientious Objection）の今日的定義　189
  - （2）CO（Conscientious Objection）免除の背景　191
- 3　宗教の自由と兵役拒否 ………………………………………… 193
  - （1）一般的兵役拒否とシーガー判決　193
  - （2）選択的兵役拒否と修正1条の宗教条項　195
  - （3）政治的兵役拒否　199
- 4　選択的兵役拒否と憲法上の根拠 ……………………………… 200
- 5　結語 ……………………………………………………………… 203

第6章　良心的軍事費拒否（Conscientious War Tax Resistance）の思想 ……………………………………………………………… 207
- 1　良心的兵役拒否と良心的軍事費拒否 ………………………… 208
- 2　日本における良心的軍事費拒否 ……………………………… 210
- 3　アメリカにおける良心的軍事費拒否 ………………………… 214
  - （1）良心的軍事費拒否小史　214
  - （2）ベトナム戦争と戦争税拒否　218
- 4　平和税基金の問題 ……………………………………………… 220

第7章　少数者の信教の自由と平和主義
────アメリカにおいて良心的軍事費拒否が認められた判決────
……………………………………………………………………… 225
- 1　積極的平和概念に奉仕する人権主体の形成 ………………… 225
- 2　良心的軍事費拒否が認められた事例 ………………………… 230
- 3　良心の自由と平和主義 ………………………………………… 237
- 4　結語 ……………………………………………………………… 240

コラム
- ●抵抗権の思想史的背景 …………………………………… 34
- ●積極的な平和概念 ………………………………………… 47
- ●前文の法的性格 …………………………………………… 56
- ●正義の戦争と不正義の戦争 ……………………………… 66
- ●ガルトゥングの専守防衛論 ……………………………… 86
- ●「平賀書簡」問題 ………………………………………… 116
- ●自衛隊の災害派遣 ………………………………………… 129
- ●兵器産業の拒否 …………………………………………… 132
- ●天皇の戦争責任 …………………………………………… 147
- ●「瀬長亀次郎」問題 ……………………………………… 159
- ●沖縄の摩文仁（まぶに）の「平和の礎（いしじ）」 … 170
- ●憲法より優位の安保条約 ………………………………… 173

本書で参考にした初出等文献 ……………………………………245
参考文献一覧 ………………………………………………………246
人名索引 ……………………………………………………………259
事項索引 ……………………………………………………………261

序　章　本書の構図と構成

1　本書の構図と構成
　（1）日本国憲法の非武装平和主義
　（2）良心的戦争拒否の思想
2　平和主義と安全保障
　（1）日本国憲法における平和主義
　（2）憲法 9 条の戦争放棄・戦力の不保持・交戦権の否認
　（3）自衛隊は戦力か自衛権の範囲内か
　（4）自衛権の許される範囲—個別的自衛権と集団的自衛権
　（5）日米防衛協力のための指針（ガイドライン）と自衛隊の役割
　（6）自衛隊の国際貢献と有事関連法
　（7）安全保障関連法の成立と集団的自衛権

1　本書の構図と構成

　本書の構成は、序章、1部1章〜4章、2部5章〜7章で構成されている。本書の構図と構成について言及しておこう。
　序章の第2節「平和主義と安全保障」では、憲法の規定する非武装平和主義が現在、どのような点で問題となっているのかをできるだけ平易に叙述した。個別の憲法上の論点については、第1部第1章から3章で検討を行う。また第4章では「沖縄と憲法」を考える。
　第2部5章から第7章では、平和主義を実現する主体責任に関する良心的戦争拒否の思想（良心的兵役拒否、良心的軍事費拒否思想）を紹介し、平和主義を確立する重要な思想として、その全体像を示すことを目的とする。
　本章の第2節「平和主義と安全保障」は全体的な見取り図を提示するものであるが、それに先立ち、まず本章第1節の「本書の構図と構成」でその概略を示しておこう。

(1) 日本国憲法の非武装平和主義

　第1章の「平和的生存権と抵抗権」では次のことを明らかにする。現代という時代は、以前のどの時代にもまして危機的かつ劇的な時代となっている。核兵器の出現による人類絶滅の可能性は、私たちにあらたな〈反戦平和〉の理論の構築を要請している。

　こうした状況に応えて日本国憲法は画期的な平和の理論の問題提起を行っている。この問題提起を私たちは正面からうけとめる必要がある。と同時に、憲法が平和の原理をかかげたがゆえに安易に平和主義となり、それを支えるひとりひとりの主体的責任が忘れられるならば平和の精神は死んでしまう。そこでまず国民の主体的責任を考える平和思想をとりあげる。そしてこのことから日本国憲法における非武装平和主義と抵抗権との論理的な関係を基本的人権の原理と国民主権の原理から構成する作業の必要性を説く。

　抵抗権については宮沢俊義の抵抗権論がよく知られている。宮沢は抵抗権を〈実定法以外の秩序を根拠として、実定法上の義務を拒否することが抵抗権の本質である〉とする。しかし、宮沢の抵抗権論は、抵抗権の問題を忠誠相克一般に定式化したために論理矛盾を来たしている。抵抗権は実定法上のものであり、国民を主体とする抵抗権が現存法秩序を越えて発動されるのは、国民から信託された組織である立法・行政・司法権が、憲法の予定する機能を果たさず、逆に憲法の基本原理を侵害する状況においてである。この国民的抵抗権によって守られるべきものが基本原理(国民主権、人権の保障、非武装平和主義)であり、ここに平和主義と国民的抵抗権が明確な結合をとげ、平和のうちに生存する権利を守るために現実の国家権力への服従を拒否する忠誠拒否の国民的形態が成立すると考える。権力の不当行使(例えば軍隊をつくったり、軍事同盟条約を結んだりすること)に対して、国民の側で契約違反を主張することは国民の権利であり、憲法が義務づけているところのものである。

　以上のような基本的な発想に立って、まず平和を人権として意識させた良心的戦争拒否(Conscientious Objection)の思想を取り上げる。そして、それが〈反戦平和〉を発想する場合どのような問題性をはらんでいたのかを検討する。そして、それを乗り越えるため、日本の憲法学が「人権としての平和」「平和的生存権」という理論によってどのような水準に到達しているのか、その理論的発展を明らかにすることを試みる。

第2章の「日本国憲法の平和的生存権の規範構造」では、憲法前文、9条の規範構造を検討する。

　第1節の「平和主義と平和的生存権」では、第二次世界大戦において、日本の帝国主義と軍国主義が世界を戦争にまきこみ、不法な侵略と内外における全体主義的な支配により、世界各国の人びとに悲惨な結果をもたらしたことへの反省（戦争責任）、および唯一の原爆被爆国という悲惨な体験にもとづき、憲法前文で「平和のうちに生存する権利」を、9条では「非武装平和主義」を採用したことを確認する。また、この規定の背後には「平和なくして人権なし」という思想があることに着目し、平和的生存権の主体、平和的生存権の規範内容を検討する。

　第2節の「憲法9条の規範内容」では、まず、憲法9条の制定過程を明らかにする。ここでは古関彰一の先行業績によりながら、憲法9条の平和主義の採用は昭和天皇の戦争責任を免罪するためのものであり、それはマッカーサーの意図でつくられた、と同時に、マッカーサーとアメリカ軍部は沖縄を軍事基地化する意図をもっていたことを明らかにする。この点に関する9条の立法過程をトレースする。

　つぎに、9条の戦争放棄条項の規範内容を検討する。9条の規範内容は素直に読めば意味内容は決して難しいものではない。国内外の政治、経済、軍事という外的状況が条文の解釈を複雑にしただけであると考える。そして、9条の「戦争の放棄」「戦力の不保持」「交戦権の否認」に関する学説、判例を個別に紹介する。

　それでは、憲法9条を支持しつつ、なぜ自衛隊の存在を肯定できるのか、憲法9条の法的性格を検討する。9条マニフェスト論、9条変遷論、自衛隊の違憲合法論等が唱えられ、今日、多くの説は自衛隊を容認するような傾向がみられる。これは現状肯定的であり、憲法9条の規範を無にする政治政策論であり、一種の敗北主義・官僚主義法学（田畑忍）であると考える。

　さらに、第3節の「憲法の予定する安全保障」では現実に政府が採用している日米安保条約方式と憲法9条が予定する安全保障方式を対比させる。

　最後に第4節の「自衛権」において、憲法は自衛権について規定もしていなければ言及もしていないことを確認する。そこで主権国家がもっているとされる自衛権が日本国憲法下でも認められるかどうか、自衛権の肯否に関する学説・判例

を検討する。日本国憲法は自衛権を放棄しているとの考え方を明確に提起したのは星野安三郎であり、また、同じ立場の山内敏弘、さらには、「自衛権」を問題にして議論すること自体が憲法上無意味であり、問題となる余地がないとする浦部法穂、こうした学説に筆者は共感を覚える。9条がすべての戦争や武力行使を放棄し、「自衛力」を含めて一切の戦力保持が禁じられているというごく普通の常識的な解釈をとる限り、憲法9条が「自衛権」を放棄したかどうかということは、憲法9条の解釈にはなんら影響を及ぼさないものと考えるのである。

　第3章の「平和主義の現実―日米安保体制・自衛隊と有事法制―」では、日本国憲法の前文、9条の平和のうちに生存する権利と非武装平和主義が現実の国家権力（立法権、行政権、司法権）によってどのように歪曲され現在に至っているかを素描する。

　第1節の「日米安保体制・自衛隊と有事法制」では以下を扱う。第二次世界大戦が終わりをつげてまもなく、東西対立の「冷戦」がはじまり、朝鮮戦争やベトナム戦争といった代理戦争をともなって、半世紀も続くことになった。日本においては、アメリカの対日占領政策の大きな転換により非武装化をやめ、日米安保体制のもとで、日本列島の軍事基地化が進められることとなった。その経緯を(1)日本の再軍備と旧安保条約（1951年）、(2)1960年新安保条約、(3)1978年日米軍事協力関係の強化（ガイドライン）と自衛隊の増強、という項目で明らかにする。

　1980年末には「冷戦」が終結する。多くの人々が平和の到来を期待したにもかかわらず、それが裏切られてしまった。東西社会のそれぞれの内部で、世界各地においてナショナリズムの紛争が噴出することとなった。これは「東西対立の下に隠されていた南北問題の所在―先進諸国の植民地主義的支配による不平等な経済関係から生まれるさまざまの社会問題、貧困や飢餓などの厳しい現実―を露呈するものであった[1]。

　日本においては1990年8月イラクのクウエート侵攻に端を発する湾岸戦争が1999年1月に勃発したのを契機として状況が一変する。湾岸戦争を遂行する過程で、憲法を改正する方がよいのではないかという議論が、集団的自衛権に絡めて

---

[1]　宮田光雄『山上の説教から憲法9条へ』（新教出版社、2017年）251頁。

でてくることとなった。

　2001年9月11日には、アメリカ合衆国で同時多発テロがおこり、自衛隊海外派兵のためのより踏み込んだ協力を可能にする立法がつくられた。そして有事関連法の整備が行われ、あげくの果てに2015年の安倍政権による集団的自衛権を容認する違憲の安保立法が強引に企てられることとなった。この過程を、(4)1989年「冷戦」の終結と1991年「湾岸戦争」(自衛隊の海外派遣)、(5)1997年「新ガイドライン」と有事法制、(6)2014年「集団的自衛権」の容認と安全保障関連法の成立、の項目で明らかにする。

　第2節の「安保・自衛隊関連裁判」では現在までの関連判例を紹介、検討する。そこにおいて司法権が、立法権、行政権の違憲行為を容認する状況を明らかにする。違憲審査制は、立法権・行政権が違憲行為を行う場合に司法権が有効にチェック機能を果たして憲法秩序を守ることが期待されている。しかし、違憲審査制が有効に機能せず、立法権・行政権と一体になって違憲行為をおこない憲法秩序を保障しないということになれば国民はどのようにすればよいのであろうか。このことが本書第1章の「平和的生存権と抵抗権」の主題となってくるのである。

　第3節の「自衛隊改編への展望」では自衛隊の反人民性に着目し、自衛隊の役割を人民に奉仕する役割に限定して、自衛隊改編への展望を行うものである。

　第4節の「平和のための予防学」では、戦争を防止するための処方箋を考える。憲法9条の非武装平和主義が極めて現実的であることを前提にして、憲法史の古関彰一、政治学者の宮田光雄、国際政治・外交史の豊下楢彦の提言を貴重なものとして紹介する。

　第4章の「沖縄と憲法―日本は主権国家か」では太平洋戦争敗戦後の沖縄憲法史（憲法の不在史）を扱う。

　沖縄戦（1945年4月～6月）は、当時の支配層にとって天皇制という国家体制を維持することが眼目であり、沖縄戦はまさに本土防衛の捨石として使われた。作家・山崎豊子は戦後の沖縄について次のように述べる。「なぜこのようなことが許されているのだろう？　疑問と怒りが湧いてきました。戦争末期に本土防衛の捨石として沖縄を使い、講和条約では本土と切り離して、米軍統治下に捨て置いた。国民の念願だった沖縄の祖国復帰も、現状のような基地のあり方を鑑みれ

ば、結局、沖縄を三度捨てたことになりはしまいか」(『作家の使命　私の戦後』(新潮文庫、2012年) 52頁)。こうした認識に共感を覚え、今日 (2018年) までの沖縄と日本国憲法の関係を検討する。

　第2節の「沖縄の戦後憲政史」では、天皇の「遅すぎた聖断」から日本の敗戦にともなう天皇の戦争責任を問題とする。そして、1946年以降、沖縄県民が旧植民地出身者と同じように日本の統治過程から排除されてゆく過程を描写する。戦後の沖縄について、マッカーサーとアメリカ軍部は本土の非武装化と沖縄の軍事基地化という構想をもっていた。こうした視点から日本国憲法の制定と、憲法が適用されない沖縄、米軍の沖縄統治史を扱う。

　第3節の「沖縄と統治」では、沖縄の具体的な統治はどのようになっていたのか、米国による沖縄の統治体制の変遷を概観する。そして、憲法学者は沖縄をどのように認識していたのかを問題とする。「今日の沖縄住民の法的地位は特殊である。沖縄には日本国憲法が適用されず、平和条約3条によってアメリカ合衆国が『行政、立法及び司法上の権力の全部及び一部を行使する権利』をもっている結果、沖縄住民は、あたかも二重国籍をもつような観を呈しており、しかも、日本国籍をもちながら、現実には日本の外交保護権すら受けられずに変則的な地位におかれている」(樋口陽一・別冊法学セミナー基本法コンメンタール憲法) とする。ここで示されている二重国籍という認識はどこから導き出されているのであろうか。こうした認識は小林直樹、高野雄一によって詳しく展開されている。

　しかし、沖縄県民はむしろ無国籍の状態におかれ、十分に権利が保障されない状況におかれたのではなかろうか。沖縄80万人の人びとは、日本の憲法も米国の憲法も適用されず、植民地同然の状況で、国籍も不明確という異様な状況におかれていたのである。本節ではこの点を問題とする。

　第4節の「1972年沖縄返還」では、1972年、沖縄は日本国憲法の下に復帰したが、米軍基地から派生する人権侵害は一向になくならなかった状況をみる。とりわけ、復帰後の沖縄県民の人権と安保・地位協定の矛盾状況を概観し、復帰後も沖縄は従来と実質は変わらず、米軍が統治を行い、日本政府がそれを支えている状況を明らかにする。

　第5節の「1995年の米兵少女暴行事件」では次の点を明らかにする。沖縄県には日本全国の米軍基地の75％が集中している。「基地の中に沖縄がある」という状況である。1995年、米兵による沖縄少女暴行事件が起こった。ここには米兵犯

人の不逮捕特権の問題があり、さらに人権侵害は地位協定・安保体制の見直しという国家主権の問題にかかわるものである。米軍基地には日本の主権が及ばず、米軍人・軍属はあらゆる特権をもっている。この年の10月21日には、沖縄県民により、復帰後、最大の8万5000人の参加者を集め、主権侵害の日米地位協定の見直しが要求された。安保体制論は、今日では憲法学の片隅のテーマとなっているが、現実政治においては日本政治の中心部に位置している問題であると考える。

第6節の「1995年以降の普天間・辺野古基地移設問題」では、1995年以降今日までの問題をどのように捉えるべきか、国際法学者・宮城大蔵の問題意識を共有する。宮城は、「1995年の少女暴行事件と翌年の日米両政府による米軍普天間基地の返還合意が原点であり、その後の今日に至る約20年間を俯瞰しなければ、問題の本質的な所在が明らかにならない」という。日米地位協定の問題、代理署名拒否の問題、普天間基地返還（移設）問題を検討しなければならないのである。

（2）良心的戦争拒否の思想

第5章の「良心的戦争拒否（Conscientious Objection）の思想」では良心的兵役拒否の思想をあつかう。国家の政策と個人の良心の衝突はデリケートで難しい問題を引き起こしてきた。特に国家の戦争政策と個人の良心が相克する場合にいちじるしかった。この問題は、〈抵抗権〉〈悪法論〉の問題として、政治学・政治哲学・憲法学・法哲学の分野で議論されるところのものである。

本章では良心的兵役拒否の問題を扱う。主としてアメリカ合衆国における問題を、とりわけ連邦最高裁判所の判例を通して検討し、必要な限りで日本の問題にも言及する。本問題が世間の耳目を集めるようになったのはアメリカのベトナム戦争への介入であった。アメリカ政府は選抜徴兵制度の下に、戦争に反対する良心的な人びとを厳しい立場においた。そこにおいて良心的戦争拒否者といわれる人々は自らを困難な立場におきながら政府の戦争政策に根本的な疑問をつきつけ、国家主権と対峙し、個人の良心の正当性を主張しつづけたのである。

良心的兵役拒否に関する判例法理を通して、古典的兵役拒否（歴史的平和教会による兵役拒否）から選択的兵役拒否（科学的平和主義による兵役拒否）への展開を検討する。そして、ここから導き出される結論は、近代国家の生みだした徴兵制は現代では二重の意味の人権侵害制度であるということである。それは国家が国民に殺人を強要することによって、また、国民自身の死をも国家にささげることを

強要することによって。日本においては、非武装国家を宣言しており、当然、兵役義務規定を欠いている。それゆえ伝統的な意味での良心的兵役拒否の問題は生じてこない。しかし日本にはまぎれもない軍隊が存在している。この軍隊にどのようにかかわるかは国民一人ひとりの良心が問われるものである。

Conscientious Objection を広い意味にとるなら、良心的兵役拒否の日本における発現形態として良心的納税拒否・軍事費拒否を検討する余地がある。この思想はタックス・ペイヤーの権利として、租税の民主的統制という課題を含んで検討にあたいするものと考えるのである。

第6章の「良心的軍事費拒否（Conscientious War Tax Resistance）の思想」では、日本において未だ十分に知られていない良心的軍事費拒否の思想の紹介を行う。本思想は戦争廃絶・軍備撤廃を指向し、非武装平和主義の理念を担う個人的反戦の原理たりうると考えるからである。日本国憲法の平和主義は、戦争のために武器をとらない決意を国家的規模で実現した国民的兵役拒否の体制に他ならない。それゆえ戦争と戦争準備行為に対して、その阻止を実践的課題として国民に要求していると考えられるからである。平和に奉仕する人権主体を形成するものとして、本思想から学ぶことは少なくない。

まず日本における良心的軍事費拒否を紹介する。とくに「絶対平和・非暴力・無抵抗」をモットーとするメノナイト派のクリスチャンを中心とした〈良心的軍事費拒否の会〉、および伊藤静男弁護士が提起した「防衛費不払い訴訟」の思想と運動に注目する。これは反軍平和運動の新しい展開として、「日本の歴史の中でほとんど例を見なかった」運動といえる。また、伊藤弁護士は、「納税拒否裁判闘争は、良心的兵役拒否と同様なものであり、ガンジーの受動的抵抗権であって、平和的抵抗である」として、良心的兵役拒否との関連を示唆している。この思想は前近代的な税思想を変革して、民主的な税思想を確立するうえで重要な意義をもつものであると考える。

つぎにアメリカ合衆国における良心的軍事費拒否の歴史を概観する。日本においてなじみのない税金拒否（Tax Resistance）は、アメリカにおける政治的自立を主張するものとして、アメリカの人々の遺産となってきたものである。特に軍事費拒否の運動が高まりをみせるのはベトナム戦争時においてである。ここにおいて良心的兵役拒否と同じく、宗教的・倫理的モティーフによる軍事費拒否から政

治的、理性的モティーフによる軍事費拒否へと重点が移行した。そして、ベトナム戦争への反対でもって軍事費拒否を行うにいたった人々は、国民に真に必要なもの（例えば、社会保障、教育、文化活動）に用いる構想（代替基金制度）をもっていた。

　アメリカにおける戦争税拒否者は、ベトナムの人々がアメリカ国家の敵であるという虚偽を受け入れなかった。それゆえベトナム国民の死のために税金を払い続けることを拒否し、税金が生命肯定的で建設的なことがらに使われることを望んだ。戦争税拒否者は課税の原則に反対しているのではない。ただ、政府が税金を不法で不道徳なものに使うことに反対したのである。

　第7章の「少数者の信教の自由と平和主義」ではアメリカ合衆国において良心的兵役拒否が認められた判決を中心に紹介し、良心の自由と平和主義の関連について検討する。

　良心的軍事費拒否の思想は積極的平和概念に奉仕する人権主体を形成するものとして重要である。先ず、その思想のトータルな提示を試みる一端として、アメリカ連邦地裁の良心的軍事費拒否を容認した判決を素材として、国民の主体責任というものを考える。

　アメリカにおいては連邦憲法修正1条によって、良心に反する行為を行うよう強制されない権利が認められる。戦争への参加についても、その良心に反して強制されない権利が認められている。さらに、人々が良心に反して、財政的に戦争を支持し、自ら銃の引き金を引くのではないとしても、そのようなことを可能にする間接的な支援を行うことを強制されない権利が憲法上認められる。

　また、この思想と運動は、軍事費という非生産的な費用、本来、不要な国防予算を廃止し、社会保障や教育等の援助に向ける建設的なプログラムを内包するものである。また、憲法の平和主義を内実化するものとして、この思想は国民一人ひとりの良心を問うものである。

　つぎに、良心の自由と平和主義について検討する。日本においてもアメリカと同様にメノナイト派のクリスチャンを中心として、税金のうち軍事費相当分の不払い運動を行って訴訟を提起した。先のアメリカ連邦地裁の判決は日本における思想と運動に大きな示唆を与えるものであると考える。

2　平和主義と安全保障

　安全保障関連法案（集団的自衛権を含む）が2015年9月に混乱した国会の中で成立した。この法律は日本国憲法上、どのような問題点を含んでいるのか。東京新聞2015年10月17日（夕刊）では「ニュースのつぼ」として、次のようにわかりやすく報道している。

　国を守る防衛政策が大もとから変わります。集団的自衛権をふくむ安全保障関連法が、安倍晋三首相をささえる自民党、公明党などの賛成で成立したためです。集団的自衛権とは、アメリカなど親しい国が攻撃されたら、日本が直接攻撃を受けなくても「攻撃された」と考え、武力で反撃することです。これまでは「憲法がゆるしていない」として使えないとしてきました。しかし安倍首相は、南シナ海や尖閣諸島周辺での中国の活動や、北朝鮮が核兵器を開発しているらしいことなどから「国民の命と平和なくらしを守るため必要」と主張しました。
　自衛隊の活動も変わります。防衛の仕事は日本の近くで、と考えてきたのが世界中に広がります。自衛隊が攻撃を受けたときだけだった武器の使用を、自衛隊とともに活動するアメリカ軍を守るためにもみとめたり、戦闘をしているアメリカ軍などに弾薬などを提供したりできます。武装グループにおそわれた他の国の軍や国連職員を、武器を使い助け出すこともできるようになります。

　　安全保障関連法をめぐる動き
　　2014年7月　　安倍政権が憲法解釈を変更して集団的自衛権の行使を認める閣議決定を行う。
　　2015年4月　　日米防衛協力指針（ガイドライン）を再改定する。
　　　5月26日　　安全保障関連法案を閣議決定し、衆院で審議に入る。
　　　6月4日　　衆議院憲法審査会で自民党推薦の長谷部恭男教授を含む3名の憲法学者全員が安全保障関連法案を違憲と指摘する。
　　　7月16日　　衆議院本会議で可決する。
　　　8月から9月　国会前で12万人（主催者発表）の反対デモが行われる。
　　　9月17日　　参議院特別委で強行採決する。
　　　9月19日　　参議院本会議で可決・成立する。

それでは、この安全保障関連法とはどのような法律なのか、これは「平和安全法制整備法」（現行法の改正案10本）と「国際平和支援法」（新設）から成る実質11の法律をいう。この安全保障関連法によって集団的自衛権行使が可能となり、自衛隊は米軍の後方支援のため地球上どこにでも行けることとなった。

これは憲法上認められるか。そこで日本国憲法が規定している平和主義（前文・9条）はどのように解釈すればよいのか、まず、この点を明らかにしておこう。その後、自衛権はどの範囲まで行使できるのか、自衛隊は憲法で禁止する「戦力」に該当しないのか、憲法の予定する安全保障はどのようなものであるのか、これらのことを考えてみよう。

（1） 日本国憲法における平和主義

日本国憲法は、前文と9条で平和主義を採用している。この原理が採用されたのは、日本が第二次世界大戦によって世界中を戦争に巻きこみ、世界各国の国民に悲惨な状態をもたらしたという歴史的な反省と、日本自体が世界で唯一原爆被爆という悲惨な体験をしたことに基づいている。

憲法の条文では、前文1段で「政府の行為によつて再び戦争の惨禍が起こることのないようにすることを決意」する。また、前文2段で「日本国民は、恒久の平和を念願し、人間相互の関係を支配する崇高な理想を深く自覚するのであつて、平和を愛する諸国民の公正と信義に信頼して、われらの安全と生存を保持しようと決意した。…われらは、全世界の国民が、ひとしく恐怖と欠乏から免れ、平和のうちに生存する権利を有することを確認する」と定めている。このように前文では、憲法の基本原理としての平和主義と、それに基づく人権としての「平和のうちに生存する権利」すなわち平和的生存権について宣言している。

このことをさらに、憲法9条で具体化している。そこでは、あらゆる戦争の遂行、戦力の保持、交戦権の行使を否定する。このように、一切の戦争を放棄して軍備を撤廃するという徹底した平和主義を明確にしたのは、世界の憲法史上、日本国憲法がはじめてである。この点で、日本国憲法は画期的な意義をもっているといえる。

（2） 憲法9条の戦争放棄・戦力の不保持・交戦権の否認

　それでは憲法9条を具体的にみていこう。次のように規定している。「①日本国民は、正義と秩序を基調とする国際平和を誠実に希求し、国権の発動たる戦争と、武力による威嚇又は武力の行使は、国際紛争を解決する手段としては、永久にこれを放棄する。②前項の目的を達するため、陸海空軍その他の戦力は、これを保持しない。国の交戦権は、これを認めない」。このように一切の戦争を放棄し、戦力を保持しないこと、交戦権を認めないことを明らかにしている。

　このように、日本国憲法は、9条1項であらゆる戦争の放棄を定め、2項前段で戦力の不保持を、2項後段では交戦権の否認を規定し、完全な非武装平和主義を宣言している。徹底した戦争否定の態度を打ち出している点が、各国の憲法との違いである。9条2項前段では、「前項の目的を達するため、陸海空軍その他の戦力は、これを保持しない」と定め、戦力を持たないことを宣言して、1項における戦力の放棄を具体的に裏づけている。さらに9条2項後段は、「国の交戦権は、これを認めない」と定めている。交戦権の意味については、①国家が戦争を行う権利、②戦争中に国家が交戦国として国際法上認められる権利、という理解があるが、どちらの考え方をとるにしても、日本国憲法は交戦権を否定している。

　いずれにしても多くの憲法学者は、9条1項・2項によって、日本は一切の戦争を放棄し、自衛戦争も含めて一切の戦争をすることができず、戦力を放棄したと解釈してきた。ただ、一部の憲法学者は憲法9条が放棄したのは侵略戦争であって自衛戦争は放棄していないという解釈をとってきた。このような解釈に立てば「自衛のための戦力」は保持することができることになる。しかし、解釈としては苦しい解釈で、政府もこのような解釈を採用していない。

　そこで憲法で保持を禁止された「戦力」と自衛隊との関係をみておこう。「戦力」とは何かを考えるとき、自衛隊の存在が問題となる。それでは「戦力」とは何であろうか。一般的には「戦争を遂行する目的と機能をもつ多少とも組織的な武力または軍事力（軍隊）である」と考えられている。こうした考え方に立てば、自衛隊は戦力に該当して憲法違反ということになりそうである。しかし、政府は決してこのような言い方はしない。それではどのように理屈づけてきたのであろうか。

　政府は自衛戦力合憲論を採用してきた。これは「『自衛のための必要最小限度』

の実力にとどまる限り、自衛力として、保持することは憲法上禁止されていない」(1972年11月13日政府統一見解)という考え方である。つまり自衛力は戦力ではなく、自衛隊は必要最小限度の実力、すなわち自衛力であって、戦力に該当しないという主張である。

しかし、学説では、「自衛力」という弁明は、「軍事力」の拡充に対する論理的な歯止めそのものを消し去ってしまう危険性をはらんでいると考える。世界有数の装備と規模をもつ現在の自衛隊は、その目的・装備等からして必要最小限度の実力を超える軍事力にほかならず、憲法がその保持を禁止する「戦力」であるといわざるをえない、という解釈が学説の常識的な理解であるといえる[2]。しかし、今日では、憲法学説も1972年11月13日政府統一見解と同じような考え方を支持する見解が増えてきているのかもしれない。

それでは世界各国の戦争放棄の規定はどのようになっているのであろうか。第二次世界大戦後に成立した多くの憲法が具体的な規定を設けている。たとえば、1946年フランス第4共和制憲法(「征服のための戦争」を放棄する)、1946年のイタリア共和国憲法(「国際紛争を解決する方法」としての戦争を放棄する)、1949年の西ドイツ基本法(「侵略戦争の遂行を準備する行為」を違法化する)などがあげられる。しかし、これらはいずれも一定の条件の下で自衛戦争や制裁戦争を行うことを認めている。こうした国とは異なり、独自の憲法のもつ国を紹介しておこう。中南米の人口約360万人の「コスタリカ」である。この国は1949年に憲法を制定するが、常設制度としての軍隊の廃止を宣言した。そして今日まで軍隊は設置されていない。軍隊の維持にかかる予算を福祉や教育に回していることで知られている。1983年には「コスタリカの永世的・積極的な非武装中立に関する大統領宣言」を行い、軍隊をつくることは絶対に行わない宣言をした。日本とは異なり、憲法の条文だけではなく、現実に平和の実践を行っているのである。

(3) 自衛隊は戦力か自衛権の範囲内か

自衛隊の問題について、歴史的にみておこう。

1950年6月朝鮮戦争が起こると、GHQの指令により、政府は「警察力を補う」ことを目的として7万5千人からなる警察予備隊をつくった。これはあくまでも

2　渋谷秀樹『憲法への招待新版』(岩波新書、2014年)189頁。

国内の治安を維持するための部隊であるとしていた。

　そして1952年すなわち旧日米安保条約が発効した年、警察予備隊を保安隊に、海上保安を担当していた海上警備隊を警備隊に改編し重装備化を進め、定員を11万人に増強する。政府は、この年の統一見解において、憲法が禁じている「戦力」とは「近代戦争遂行に役立つ程度の装備、編成を備えるもの」であると説明し、保安隊・警備隊はまだ、近代戦争遂行能力を備えていないから「戦力」ではないと説明した。

　さらに1954年、政府は自衛隊法と防衛庁設置法を制定し、定員12万人の自衛隊を誕生させた。以後、毎年、着実に増強が図られ、世界の水準からいっても相当に強力な軍隊となっている。十分に近代戦争遂行能力を備えることとなる。そうすると先の戦力の定義によれば自衛隊は憲法違反となってしまうことになる。そこで政府は戦力の定義を変更し、自衛隊は、「自衛のための必要最小限の実力」つまり「自衛力」に当たり、これは憲法にいう「戦力」ではないというものである。こうした考え方に立てば、世界の多くの国家は「戦力」を持っていないということになる。9条の解釈で言及したが、苦しい解釈というほかない。

（4）　自衛権の許される範囲——個別的自衛権と集団的自衛権

　つぎに憲法が予定する安全保障とはどのようなものであるか考えてみよう。国際社会における自国の防衛について、日本国憲法はどのような立場をとっているのか。当初は、9条が自衛戦争をも放棄した非武装平和主義をとっていると解釈し、憲法が予定した安全保障の方式は、世界連邦、世界国家を目標とし、その段階にいたるまでは非武装中立の方式によるべきであり、これが現実的でないというなら、ふたつの陣営の対立をこえたすべての「平和を愛する諸国民」の組織としての国際連合による安全保障という方式が最低線であるという考え方が有力であった。しかし実際には、日本の安全保障は自衛隊の容認と日米安保条約を軸とする方式であった。

　ここでもう一度政府の見解を振り返っておこう。政府は憲法の範囲内での自国の防衛について、自衛隊の誕生以来、国家が自衛権をもつのは当然であり、必要最小限度の実力は認められると考えてきた。ここでいう自衛権とは、国家が自国または自国民を守るために、差し迫った不正な危害を除く目的でやむをえず行動するという個別的自衛権を意味する。

これに対し、同盟関係にある国が他国から武力攻撃を受けた場合に共同で防衛に当たることを集団的自衛権の行使と呼ぶ。集団的自衛権とは、「ある国が武力攻撃を受けた場合に、その国と密接な関係にある国が、この攻撃を自国の平和と安全を脅かすものとみなして、攻撃された国を援助し共同して防衛に当たる権利のことで、自国への武力攻撃に対して防衛する権利である個別的自衛権と対比される」ものである。日本政府は従来、憲法上集団的自衛権は認められないという立場をとってきた。政府の立場からいえば、憲法が認めているのは個別的自衛権だけだとしてきたのである。しかし、のちに言及するが、政府は、憲法解釈を変更して集団的自衛権の行使を認める閣議決定を行ったのである。まさに解釈改憲といえるもので、内閣の違憲行為というほかない。

(5) 日米防衛協力のための指針(ガイドライン)と自衛隊の役割

ここでは、アメリカとの関係をみておこう。

日米安保条約は1960年に改定されて今日に至っている。条約中の取り決めに基づいて、1970年を迎えるときに再改定するかどうかが問題となったが、自動延長という道が選ばれた。

その後1978年には日米防衛協力のための指針(ガイドライン)が成立し、安保条約の実質的内容は大きく変わっていった。ガイドラインとは、安保条約で規定された防衛協力のための手続を明確にするために作成されるものである。このガイドラインは、①日本の防衛力の一層の増強と有事立法の必要性を促し、また、②アメリカ軍による日本への「核持ち込み」の必要性、さらに、③自衛隊とアメリカ軍が共同して作戦を行い、より緊密な関係を保つことなどがうたわれている。全体として、有事の際の日本とアメリカの協力関係の強化を図ることを目的としている。このガイドラインによって、日本とアメリカが共同してアジア・太平洋地域での安全保障の任務を果たすことが期待されているといえる。

特に1980年以降は、自衛隊とアメリカ軍の共同演習や訓練が大規模かつ頻繁に行われ、自衛隊は環太平洋合同演習(リムパック)にも参加し、アジア・太平洋地域の防衛を担うものとして位置づけられている。

1997年9月に、日米防衛協力のための新しい指針(新ガイドライン)が成立し、日米安保条約の一層の強化が図られる。これは、日米安保体制を、アジア・太平洋地域における日米両国の存在意義を守るものとして位置づけている。具体的に

は、日本周辺地域での紛争事態に際して、日本がアメリカ軍の後方支援などの軍事協力を行うことを内容としている。有事の際の対米協力を具体的に定め、より広い範囲で協力を行えるようになったといえる。たとえば、後方支援の際には民間人の動員も想定されている。また、軍事協力は「日本周辺地域における事態で日本の平和と安全に重要な影響を与える場合」に行われると定められている。「日本周辺事態」について、旧ガイドラインでは「日本以外の極東における事態」と限定していたが、新ガイドラインではこの地域的限定が取り払われている。

1999年5月には、新ガイドラインに基づいて周辺事態法が制定された。この法律は、自衛隊が後方地域支援に参加することを定め、地方公共団体や民間の協力についても規定されている。

その後、ガイドラインの見直しがすすめられ、2015年4月27日、日米安全保障協議委員会は、新ガイドラインを了承する。このガイドラインは、「日本を守るための協力体制を更新しただけではなく、自衛隊によるアメリカ軍の支援を世界規模に広げたものであり、日本から遠く離れた場所で戦闘を行うアメリカ軍に後方支援をすることも自衛隊の役割であることが明記された」[3]ところに特徴がある。

(6) 自衛隊の国際貢献と有事関連法

先述したように、日本は、東西冷戦下での現実的な対応として、西側陣営に属し、アメリカとの連繋をとりながら、安全保障政策を形づくってきた。しかし、1989年のベルリンの崩壊後、1991年のソビエト連邦の解体により東西冷戦構造が終結する。このことは日米安保体制と自衛隊のあり方にも影響を及ぼす。

1990年8月によるクウェート侵攻に端を発する湾岸戦争が翌1991年1月に勃発すると、政府はアメリカを中心に結成された多国籍軍に130億ドルの財政支援を行い、湾岸地域に自衛隊の掃海艇を戦闘以外の目的で派遣した。また、1992年6月には、自衛隊の海外派兵を可能とする国連平和維持活動協力法（PKO協力法）が成立した。この法案の審議過程では、自衛隊の海外派兵を行わないとしてきた政府方針との矛盾、あるいは、戦争の放棄をうたった憲法との矛盾などが議論された。この法律に基づき、1992年9月、国連カンボジア暫定統治機構（UNTAC）

3　渋谷秀樹・赤坂正浩『憲法2統治［第6版］』（有斐閣、2016年）渋谷執筆338頁。

に向けてはじめ自衛隊の派遣が行われた。その後、1993年5月アフリカの国連モザンビーク活動（ONUMOZ）に、1994年9月国連ルワンダ支援団（UNAMIR）に、1995年8月ゴラン高原の国連兵力引き離し監視軍（UNDOF）に、1999年11月東ティモールの避難民救援に、それぞれ自衛隊員が派遣された。

また、2001年9月のアメリカにおける同時多発テロの後には、より踏み込んだ協力を可能とするテロ対策特別措置法が制定された。さらに、2003（平成15）年には有事に関する基本法の性質をもつ「武力攻撃事態対処法」とともに、「改正自衛隊法」、「改正安全保障会議設置法」の有事3法を成立させ、有事法制の枠組みをつくった。その後、2004年6月、有事関連7法が成立した。次のような法律、すなわち、

① 「国民保護法」（武力攻撃事態等における国民の保護のための措置に関する法律）、
② 「米軍行動円滑化法」（武力攻撃事態等におけるアメリカ合衆国の軍隊の行動に伴い我が国が実施する措置に関する法律）、
③ 「特定公共施設利用法」（武力攻撃事態等における特定公共施設等の利用に関する法律）、
④ 「国際人道法違反処罰法」（国際人道法の重大な違反行為の処罰に関する法律）、
⑤ 「外国軍用品海上輸送規制法」（武力攻撃事態における外国軍用品等の海上輸送の規制に関する法律）、
⑥ 「捕虜取扱法」（武力攻撃事態における捕虜等の取扱いに関する法律）、
⑦ 「自衛隊法の一部を改正する法律」

である。

この中でとりわけ問題視されているのが①の「国民保護法」である。「その実質は、有事における民間防衛のあり方を規定するものであり、武力攻撃対処関連3法に対してなされた批判と同様に、たとえば、特定の無線通信を優先して実施するために必要な免許条件の変更をなすことができるとしてメディア統制の根拠を付与するなど、むしろ国民の生命、身体および財産への大きな負担・制約を課すものとの批判がなされている」[4]。

4　渋谷秀樹・前掲注（3）340頁。

2009年、「海賊対処法」(海賊行為の処罰及び海賊行為への対処に関する法律)が制定され、特別の必要がある場合、自衛隊の部隊に海賊対処行動を命ずることができるようになっている。この法律は集団的自衛権行使の容認への道をひらいたものと評価されている。

(7) 安全保障関連法の成立と集団的自衛権

(ア) 防衛庁から防衛省へ

2007年1月9日、防衛庁は防衛省へ移行した。省への移行により、主任の大臣は防衛大臣となり、指揮監督は内閣総理大臣ではなく防衛大臣が行うこととなる。しかし、行政の長が内閣総理大臣であることに変わりはないし、シビリアンコントロールの重要性も何ら変わるものではない。

(イ) 2014年閣議決定によって集団的自衛権を容認

2014 (平成26) 年7月1日、内閣は「国の安全を全うし、国民を守るための切れ目ない安全保障法制の整備について」を閣議決定し、歴代内閣が長年禁じてきた集団的自衛権を容認する憲法9条の解釈変更を行った。憲法9条の下で許容される自衛の措置としての武力の行使の新三要件として、①わが国に対する武力攻撃が発生したこと、またはわが国と密接な関係にある他国に対する武力攻撃が発生し、これによりわが国の存立が脅かされ、国民に生命、自由および幸福追求の権利が根底から覆される明白な危険があること、②これを排除し、わが国の存立を全うし、国民を守るために他に適当な手段がないこと、③必要最小限度の実力行使にとどまるべきこと、を上げている。しかし、こうした基準が示されているとはいえ、憲法の解釈を変更することになる事柄を、閣議決定という手段で変更したことについては解釈改憲といえるものである。違憲行為であるとして、多くの批判がある。

(ウ) 安全保障関連法の成立

2015年9月19日、集団的自衛権の行使容認を含む安全保障関連法が参院本会議で採決され、可決・成立した。関連法の成立により、自衛隊の海外での活動が質的変化を遂げ、活動範囲が大きく拡大する。

安保関連法のポイント
・歴代政権が禁じてきた集団的自衛権の行使を可能にし、戦後の安保政策を転換。行使要件は「存立危機事態」発生。
・改正周辺事態法で自衛隊活動の地理的制約を撤廃。「重要影響事態」に概念を変え、米軍以外の他国軍も支援。
・自衛隊法や武力攻撃事態法など既存の10本の法改正を一括して改正する「平和安全法制整備法」と、武力を行使する他国軍の後方支援を随時可能にする新法「国際平和支援法」の２本で構成されている。10法には、「存立危機事態」の場合に集団的自衛権を行使できるようにする武力攻撃事態法改正、米軍以外にも後方支援を広げる重要影響事態法などが含まれている。
・国連平和維持活動（PKO）派遣中の「駆け付け警護」解禁。平時から米艦船防護可能に。

　安保関連法は2014年７月の閣議決定の内容を具体化したものである。日本の存立が脅かされる「存立危機事態」で集団的自衛権の行使が可能となる。法改正は多岐にわたっているが、米軍と自衛隊の運用面での協力を強化し、他国が日本への攻撃を踏みとどまるよう、抑止力を高めるのが目的である。また、海洋進出の動きがめざましい中国や核兵器、長距離弾道ミサイルの開発を進める北朝鮮への対応を念頭に置いているといわれている（以上の記述につき、毎日新聞2015年９月19日朝刊・夕刊を参照して構成）。
　この集団的自衛権は日本を守るどころか日本の安全を脅かすものであり、日本をより危険な状況に陥らせる危険性が危惧される[5]。
　元最高裁長官や憲法学者から「違憲」の指摘を受けた安全保障関連法は、今後、同法が憲法違反ではないのかどうかの判断を裁判所に求める違憲訴訟が相次ぐことになると予測されている。三権分立の一翼を担う司法権は、これまで憲法判断に消極的といわれてきたが、安保関連法にどのような判断を行うのか注目されるところである。

5　ヨハン・ガルトゥング『日本人のための平和論』御立英史訳（ダイヤモンド社、2017年）17頁。

第 1 部

人権としての平和

第1章　平和的生存権と抵抗権

1　本章の課題　―平和主義と抵抗権―
　（1）国民の主体的責任
　（2）平和主義と抵抗権との関係
2　平和と人権の接点―良心的兵役拒否（Conscientious Objection）の問題―
　（1）一般的兵役拒否
　（2）選択的兵役拒否（政治的兵役拒否）
3　平和的生存権の理論
　（1）平和的生存権理論史
　（2）平和的生存権の原理的論証

　本章の導入として、浦部法穂の『世界史の中の憲法』（共栄書房、2008年）の「第5章　戦争と平和の歴史」[1]をトレースして、戦争の放棄と平和の意義について、まず確認しておこう。

● 人間はなぜ戦争をするのか？
　戦争は常に権力者や支配層の利益のために行われ、民衆の側は常に犠牲にされてきた[2]。従来の戦争の性格を根本的に変えたのがフランス革命である。革命のさなかの1793年に「国民総動員令」が出される。ここで、すべてのフランス国民は、国のために軍事的奉仕をするべきことが定められる。
　フランス革命は、自由と平等の新しい国を自分たちで作るのであるという人びとのエネルギーに支えられたものであった。しかし、フランスを取り囲んでいるのは、依然として旧体制の絶対君主国であり、フランスの中にも王党派が依然として残っていた。これに対して、自由・平等という自分たちが勝ち取った価値を守るために、反革命勢力との戦いにすべての国民が加わるべきであるとしてでき

1　浦部法穂『世界史の中の憲法』（共栄書房、2008年）99頁以下。
2　同上100頁。

たのがこの「国民総動員令」であった[3]。

● 「国民国家」の登場

　国民総動員令により、「われわれの国家」を脅かす敵に対する戦争に国民を総動員することが可能となったが、普通の民衆が積極的に戦争に行くようになるためには、自分たちの国を守るというイデオロギーを浸透させる必要がある。

　こうして、フランス革命によって、普通の民衆が「自分たちの国である」ということを意識する、国民が国家への帰属意識をもつ「国民国家」というものが登場することになる。この「国民国家」フランスのヨーロッパの侵略が、他の国々に「国民＝ネイション（nation）」の意識を輸出することとなる。そうして、他の国々でも、国のために国民がすすんで戦うという意識が生まれてくることとなった。

●帝国主義戦争とナショナリズム

　「国民＝ネイション（nation）」の意識が、その後の帝国主義的な植民地争奪戦に最大限に動員されることになる。そのために、権力者の側は「ネイション（nation）」の意識と愛国心を人々に植えつけるために様々な装置やシンボルを造り出していく。民衆を戦争に動員するためには、人々に、国のために死ぬことは名誉であるとか、この国は守る価値があるとかという意識を植え付ける必要がある。そのために、権力者の側から、神話とか歴史や伝統といったものが意識的に創り出されていくことになる。そして、学校教育を通じて人々の意識のなかに植え込んでいく[4]。アーネスト・ゲルナー（Ernest Gellner、1925-1995）は、「ナショナリズムはネイションの自意識の覚醒ではない。ナショナリズムはもともと存在しないところにネイションを発明すること」であると指摘している[5]。

　つまり、日本国民とか日本民族というものがもともと存在していて、その日本国民なり日本民族が民族意識に目覚めて、その結果ナショナリズムというものが出てくるわけではない。ナショナリズムが煽られることによって、日本国民とか日本民族という「ネイション」が創り出されるということである。すなわち、

3　同上106頁。
4　同上110頁。
5　同上111頁。

「ネイション」は、近代以降において、権力者によって、「発明」されたものであり、国民を戦争に動員していくための大きな武器となったものである[6]。

● 帝国主義的進出と第一次世界大戦

　植民地争奪戦は、もともとヨーロッパの国々の間だけのものであったものが、日本とアメリカという非ヨーロッパ勢力が帝国主義的な進出を強めてきた。その結果、植民地争奪戦や市場獲得競争が激化し、第一次世界大戦を引き起こす要因となった。ここにおいて、国家の名において、あらゆる物と人が動員されるという、国家の総力戦というかたちで、戦争が行われることとなる[7]。

　しかし、第一次世界大戦が悲惨な結果をもたらしたことで、戦争違法化の国際世論が高まることとなった。1920年に国際連盟（League of Nations）が成立し、国際連盟規約は戦争を制限する規定をおいた。1928年には、不戦条約（戦争放棄に関する条約）が締結され、「国際紛争解決のため戦争に訴えることを非とし、……国家の政策の手段としての戦争を放棄する」ということが、加盟国の総意として宣言された。この不戦条約は、アメリカの国務長官ケロッグとフランスの外務大臣ブリアンが起草したもので、ケロッグ・ブリアン条約とも呼ばれている[8]。

　これを主導したのは帝国主義列強であり、植民地支配を維持するにあたり、戦争は違法であるが自衛戦争は違法ではないという論理が用意されていた。他の国が植民地を奪いにきた時に、それに対して植民地を守るために戦うのは自衛戦争であって、違法ではないというわけである[9]。

● 第二次世界大戦

　ドイツ、そして、日本の台頭が、英、仏、米といった国々の権益を大きく脅かすに至り、いま一度、帝国主義的再編をめざす戦争として、第二次大戦が起こることとなる。第二次世界大戦というのは、本質的には帝国主義戦争であり、帝国主義的な権益の争い、植民地争奪戦、市場獲得戦争であった。それぞれが大義名分を掲げて、国民を戦争に総動員した。その結果、5000万人とも6000万人ともい

6　同上111頁。
7　同上112頁。
8　同上114頁。
9　同上115頁。

26   第1章　平和的生存権と抵抗権

われる人命が奪われた[10]。

●再び戦争の違法化へ

第二次世界大戦後、1945年に国際連合（United Nations）が成立し、国際連合憲章は「武力による威嚇、及び武力の行使」を原則禁止する規定を置いた（2条4項）。また、各国の「個別的または集団的自衛権」に基づく武力行使についても、現実に武力攻撃が発生した場合で、かつ安全保障理事会が措置をとるまでの間の暫定的なものとしてのみ認めるというかたちで限定した（51条）。自衛権の行使に以上のような厳格な要件を付した[11]。

●「国民国家」の広がりと戦争の危険性

第二次大戦後、アジアやアフリカなどで、それまで植民地であった地域が相次いで独立し、全地球的に「国民国家」体制が広がることとなる。しかし、この「国民国家」という装置は戦争のための装置という側面をもち、戦争国家ともいえるものである。「国民国家」は、民衆を動員するために「国民」意識を人々に植えつけていくなかで出来上がったものである。このことは、戦争の危険性が全地球的に、潜在的にひろがったといえる[12]。

以上が戦争と平和の世界史であるが、私は、核戦争の出現は、戦争即人類皆殺しという結論を引きださせ、大衆破壊の技術とその可能性によって劇的な時代となり、正義の戦争という観念自体を疑わしくさせることとなったと考える[13]。それゆえ現代においては、戦争は完全な浪費であり、戦争準備行為たる国防も全くの浪費である。戦争と戦争準備行為のもたらすものは、国内における物資の逼迫と貧困、対外的には猜疑と憎悪、最終的には集団自殺ただそれだけである。「平和にまさる福祉なし」「戦争にまさる環境破壊なし」といえる[14]。

10　同上117頁。
11　同上120頁。
12　同上120頁。
13　詳細な論証は、高柳信一「人権として平和」法律時報臨時増刊1975年10月『憲法と平和主義』35頁以下参照、後藤光男『国際化時代の人権（改訂版）』（成文堂、1999年）121頁。
14　岡澤憲芙『スウェーデンはどうなる（岩波ブックレット287号）』（岩波書店、1993年）42頁。

1　本章の課題——平和主義と抵抗権——

（1）国民の主体的責任

　人類の歴史は戦争の歴史であった。とともに、平和を強く希求する歴史でもあった。そして、時代が危機的な様相を帯びれば帯びるほど、それに対応する強い平和の思想を要請してきた。かつて、カントは、戦争それ自身の発達（武器の発達）によって戦争は廃止されざるをえないと主張した。現代という時代は、以前のどのような時代にもまして危機的なかつまた劇的な時代となっている。カントの予言どおり、核兵器の出現による人類絶滅の可能性は、私たちにあらたな〈反戦平和〉の理論、すなわち戦争と軍備を地上から廃止する理論の構築を喫緊の課題として要請している。カントの『永遠平和のために』の第1条項では「将来の戦争の種をひそかに保留して締結された平和条項は、決して平和条約とみなされてはならない」といい、その理由として「なぜなら、その場合には、それは実はたんなる休戦であり、敵対行為の延期であって、平和ではないからである」としている。岡野八代はこの点に言及し、常備軍をもっているということは、常に敵対している国を想定しているし、いつでも攻撃できる体制を整えている状態であるから、それは平和でも何でもない。むしろ臨戦体制であると指摘している[15]。また、第3条項では「人を殺したり人に殺されたりするために雇われることは、人間がたんなる機械や道具としてほかのものの（国家の手）で使用されることを含んでいると思われるが、こうした使用は、われわれ自身の人格における人間性の権利とおよそ調和しないであろう」と述べる[16]。

　このような時代の要請にこたえて、日本国憲法は先駆的な平和の思想を提起している。とりわけ憲法9条は軍備と戦争を廃止し、絶対的平和主義の論理を完成させているのであり、それは平和思想史の法的到達点ともいわれるべきものである。そうであるにもかかわらず、政治権力担当者は、憲法9条の歴史的発展の論理を理解しえず、あるいは理解していても無視し、憲法の平和主義の空洞化に力をかしてきた。それゆえ、かつて竹内芳郎によって次のような評価がなされた。

15　岡野八代＝高橋哲哉『憲法のポリティカ—哲学者と政治学者の対話—』（白澤社、2015年）88-89頁。
16　カント『永遠平和のために』宇都宮芳明訳（岩波文庫、1985年）17頁。

「日本政府は、平和憲法があるにもかかわらず再軍備し戦争政策をとってきた、というのではないと思う。むしろ、平和憲法があるゆえにだと思う。平和憲法は、私たちにとって、戦争と軍隊から目をそむけるための欺瞞装置としてしか、機能してこなかった。事実、日本国民のなかで、自国の軍隊である〈自衛隊〉なるものの実体について、何ほどかの知識をもつもの、いな知識をもとうとするものすら、数えるほどしかいない」[17]と。

　このようなラディカルな主張は一面の真理をついているが、しかし、それは平和憲法に責任があるのではない。平和を侵害する国家権力を阻止し、平和を実現する主体はいかにあるべきかというわれわれ自身の主体責任というものが厳しく問われなければならないものである。宮田光雄は「良心的兵役拒否の思想」という論文の結論を次のような言葉で結んでいる。「憲法が平和原理をかかげたがゆえに安易に平和主義となり、それを支えるひとりびとりの主体的責任が忘れられるならば、平和の精神は死んでしまうであろう。平和時において、厳しい良心的緊張をもって生きていくものこそ、危機の時点において、真に良心的反戦の立場を貫き通すことが可能である」[18]。また近年の著書で次のようにも述べている。憲法前文の精神は、平和を積極的につくり出していくという主体的な姿勢にささえられていることを見逃してはならない。前文は次のように記している。「われらは、いづれの国家も、自国のことのみに専念して他国を無視してはならないのであつて、政治道徳の法則は、普遍的なものであり、この法則に従ふことは、自国の主権を維持し、他国と対等関係に立たうとする各国の責任であると信ずる」と[19]。日本国憲法は良心的兵役拒否の思想を国家的規模で実現したものである。

　しかし現実はこうした理念と反する歩みを進めてきた。自衛隊は世界屈指の軍隊に成長している。この軍隊が、その組織および目的からみて、憲法9条に反する違憲の存在であることは多くの公法学者が認めてきたところである。それでは〈この明白に違憲な存在にたいして、一体国民はいかなる態度をとるべきであるのか〉という国民の主体責任を問い、自衛隊解体への通路設定を行う作業を憲法学はほとんど果たしてこなかった。この違憲の軍隊が他国を侵略し、あるいは、国民に銃を向け、国民を抑圧する機関になることをいかにしたら阻止しうるか、

17　竹内芳郎『自衛隊』（現代評論社、1972年）53頁。
18　宮田光雄『非武装国民抵抗の思想』（岩波新書、1971年）220頁。
19　宮田光雄『山上の説教から憲法9条へ』（新教出版社、2017年）255頁。

すなわち、軍隊の反人民性をいかにして阻止しうるか、という点にある。これについての最終的な解答は、〈戦争を廃絶し、軍備を全廃することである〉ということになるが、性急に結論を急ぐ前に、さまざまの反戦平和運動が提出している国民の主体的責任を問う思想を検討しておくことが必要であろう。

これらの中で関心をひくのは、ひとつは軍隊に対して国民の主体責任を深く考えて、一定の態度表明を行っている〈良心的軍事費拒否〉を提唱する人々の思想である。兵役義務をもたない日本で、一般市民が軍事とかかわりあうのは、納税義務においてであるが(すなわち、自衛隊＝軍隊をささえる税金の納入行為においてであるが)、この一般的納税義務に対して、個人の良心の自由という人権を根拠として、Conscientious Objection 思想を日本において適用し、自衛隊＝軍隊への税金の支払いを拒否することによって、自らの良心の証を行なって主体的責任を明らかにしている思想である(本書第2部6章参照)。

例えば、かつて4次防違憲納税拒否訴訟を提起した名古屋の伊藤静男弁護士は、訴状において、自衛隊の明白な違憲性は4次防において極めて明白かつ顕著となったと述べ、日本の軍隊が世界の7・8番目に至っている以上、税金納入行為は政府の著しい違憲・犯罪行為(刑法の凶器準備集合罪！)に加担、協力することになるから、あたかも「暴力団の資金源を断て！」の言葉のように国民は税金納入を断つべきであり、そして、抵抗権は憲法に内在する国民の権利で、税金支払い停止は、現時における国民の抵抗権の最も穏健妥当な行使方法である旨を主張している[20]。

他のひとつは、自衛隊＝軍隊のうちにあって、あくまでも隊員としてとどまることにより、国民主権の徹底化をはかることによって、自衛隊の人民の軍隊への作り変えという通路設定を行い、自衛隊批判を行った思想、例えば、小西誠反戦自衛官が提起した思想である。

これまで、国民に開かれたものとしての徴兵制は各国において敬遠されてきた。日本においても例外ではない。「〈平和大好きな〉国民がこれを望まないのは当然のことだが、政府の方にしても、徴兵制を布いてわざわざ不逞分子に無料で

20　伊藤静男「税金支払停止権確認訴訟提起の動機」判例時報昭和47年11月21日号(681号)15頁、古川純「自衛隊裁判の動向」法セ臨時増刊・憲法と自衛隊159頁参照。さらに、良心的軍事費拒否思想の概略については、後藤光男「戦争廃絶・軍備撤廃の平和思想研究」早稲田法学会誌29号(1979年)231頁以下、本書第2部6章を参照。

兵器の使い方を習わせたり叛軍兵士を輩出させたりする愚をおかさなくても、国家独占資本主義の技術管理社会にふさわしく、少数のプロフェッショナルに高性能の兵器を扱わせておいた方がよほど安全で世話がやけない。こうしておけば、国民の知らぬまに戦争をはじめる（その極端な場合が押しボタン戦争）のにも、不逞分子を軍事に無智のまま弾圧してしまうのにも、まことに好都合」である。しかし、不都合なことに、小西反戦自衛官という軍隊内反軍者があらわれた[21]。小西反戦自衛官裁判の第一の意義は「自衛隊の実体をみまいとする国民の意志にも、またそれをみせまいとする政府の意志にも逆らって」法廷での意見陳述を通じて、自衛隊の実体、すなわち、その非民主制・反人民性を公然と暴露したところにある。

　前者（良心的軍事費拒否）は、軍隊一般の永久的な完全否定を不動の原点とするものであるが、後者（小西反戦自衛官訴訟）は、最終的には、人類の戦争廃絶・軍備撤廃が指向されねばならないとしても、短絡的に、それに結びつけるのではなく、武装手段による人民の自衛というものを、現在の軍隊＝自衛隊に対置することによって、権力者の武装を解除することを指向するものであり、このような媒介作業を介することによって、真に平和憲法の理念が活かされると考えるのである。

　山内敏弘は、小西反軍裁判が自衛官の人権という憲法学において従来あまり論じられてこなかった問題を提起していることに着目し、国家の暴力組織機構としての違憲の自衛官と人間としての自衛官に市民としての人権を原則的に保障していくことを通じて自衛隊解体への道を追求している。そこにおいて、山内は、自衛官の人権を積極的に位置づけることを戦後憲法学がほとんど行ってこなかったことの背景として、次の三点を挙げている。①自衛官の基本的人権を論ずることは、自衛官—自衛隊の存在—その合憲性を前提として認める危険性を有し、その点を前提にした議論にまきこまれる破目になるという危惧があった。②資本主義国家にあって、軍隊は、国家権力の暴力装置の中核をなすものであり、それは人民を弾圧するものでしかないという考え方があり、この考え方から、軍隊である自衛隊を構成する個々の自衛官もしょせん人民を弾圧する存在でしかないという発想が生まれた。③自衛官の基本的人権を積極的に位置づけなければならないほ

21　竹内芳郎「小西誠と反戦の論理」『自衛隊』前掲53頁。

どの問題が従来は存在しなかった。山内は、これらの事由は克服されなければならないものとして存在しているという指摘を行っている[22]。

確かに、自衛隊と自衛隊員の人権は区別して論じなければならないが、自衛隊という名の軍隊は真に国民を守るための装置なのであろうか、疑わしい。辺野古基地反対運動等を行っている作家・目取真俊が次のような指摘をしている。「沖縄に自衛隊を配備しているのは、中国から領土を守るだけではなくして、沖縄で反基地の暴動が起こった時、それを鎮圧するためにいると思います」。「これは沖縄だけの話ではなく、首都だって暴動になれば最後は自衛隊が鎮圧に乗り出してきます。沖縄ではいま、その一歩手前で機動隊が出てきているわけですから。毎日辺野古へ行って機動隊に殴られたり、海保に海に落とされて海水を飲まされたら分かりますよ。国家権力が何をするか、身体でわかりますから。いざという時に国家権力は容赦しませんよ」。[23]「かつて安保闘争の時に自衛隊の出動が検討されていたわけです。沖縄では『軍隊は住民を守らない』ということが沖縄戦の教訓として言われますけど、軍隊の本質をとらえていると思います。自衛隊が自分たちを守ってくれるという幻想は、私にはないですよ」[24]。

（2）平和主義と抵抗権との関係

平和主義の空洞化という状況に対して、国民の主体責任を問う作業を、憲法学はほとんど果たしてこなかった。むしろ、憲法9条の法的性格を無にするような形で対応し、自衛隊の合憲化をはかってきたというのが現状である。日本国憲法における永久平和主義と抵抗権との論理的関係を基本的人権の原理と国民主権の原理から構成する作業は、憲法学によって本格的に遂行されてきたとはいえない。

この点についてかつて大沼保昭が「国家、戦争そして人間」という論文の中

22　山内敏弘「自衛官の内なる人権と国家―小西反軍裁判で問われているもの―」深瀬忠一＝山内敏弘編『安保体制論』（三省堂、1978年）所収146頁および201頁以下参照。小西反戦自衛官が提起している思想を憲法学は正当に位置づける必要がある。そのような試みとして、古川純「自衛官と市民的自由」東京経済大学学会誌97・98合併号、笹川紀勝「軍隊と隊員の内心の自由」法学セミナー『思想・信仰と現代』。さらに、現代国家における軍隊とは、一体何であるのか、正面から位置づけられなければならないと考える。

23　辺見庸＝目取真俊『沖縄と国家』（角川新書、2017年）目取真発言167頁。

24　目取真・前掲168頁。

で、憲法学の側の問題性について指摘し、日本国憲法の平和主義を守るために、憲法に内在する抵抗の原理について言及されたことであった[25]。私も大要、大沼と発想を同じくするのでここにその見解を提示し、課題設定を行って論をすすめていきたい。

　抵抗権をめぐる問題は、法学・政治学の究極的課題の一つであるが、ときの政治状況により、歴史的に規定された形で生起せざるをえない法・政治現象のひとつであり、そして、現代においては議会制民主主義、違憲立法審査制の質を問いつつ生起しているところのものである。

　ところで、学説上、抵抗権を憲法秩序の保障（人権保障の担保）として位置づけることについてはおおむね一致しているものの、それが実定法上の権利であるか否かについては見解の対立があり、超実定法的抵抗権論、すなわち「〈抵抗権は法外の価値に基づいて悪法や圧制に抵抗するところにその概念成立の根拠を有し、その意味において、それは自然法上の権利であり、実定法化・制度化・組織化になじまない性格を有している〉とする捉え方が比較的有力である」と言われている[26]。よく知られているとおり、この超実定法的抵抗権論の有力な推進者が宮沢俊義であった。

　いままでの抵抗権論が、抵抗権と永久平和主義との論理関係を提示する作業を果してこなかった原因として、大沼は、抵抗権論者が宮沢説の〈実定法以外の秩序を根拠として、実定法上の義務を拒否することが抵抗権の本質である〉という主張に引きずられ、〈抵抗権は自然法上の権利か、それとも実定法上の権利か〉という二者択一の枠組で議論する傾向が強かった点を指摘し、実はこの問題設定自体が不毛なものであり、宮沢の抵抗権論は、抵抗権を人権宣言の担保として把握する立場から出発しながら、最後は、抵抗権の問題を忠誠相克一般に定式化したため、論理矛盾をきたしているという。

　大沼は、「抵抗権の問題が忠誠の相克一般のひろがりをもつのは宮沢の主張す

25　大沼保昭「国家、戦争そして人間」国家論研究15号（1978年）。平和的生存権と抵抗権の関係について言及する論文として、萩原重夫「戦争と人権」『現代の憲法理論』（敬文堂、1990年）307頁参照。

26　畑安次「G・ビュルドーの抵抗権論」同志社法学118号59頁、菅野喜八郎「抵抗権」ジュリスト臨時増刊『日本国憲法――30年の軌跡と展望』、佐々木高雄「抵抗権」法律時報臨時増刊『憲法30年の理論と展望』、澤野義一「抵抗権」大石眞＝石川健治編『憲法の争点』ジュリスト増刊（有斐閣、2008年）等参照。

る通りだが『人権宣言の担保』としての抵抗権はその中で独自の限定された領域の問題として扱われなければならない」とし、抵抗権は「裁判所の判決によって強行されるという意味での実定法上の権利ではないが、日本国憲法というひとつの実定憲法が、保障し、その行使を予定している権利という意味ではあくまでも実定法上の権利であり、単なる自然法上の権利ではない」という。すなわち、信教の自由等の人権と抵抗権の相違は、〈自然法上の権利か、実定法上の権利か〉という点にあるのではなく、〈権利実現が組織化・制度化されているか、非組織的・非制度的に行われるか〉という点にあるのであって、国民を主体とする抵抗権が現存法秩序を越えて発動されるのは、国政の受託として組織された立法・行政・司法権力が憲法の予定する機能を果たさず、逆に憲法の基本価値を侵害する極限状況においてであり(憲法は違憲審査制をとり、一般的状況にあっては司法権が立法、行政権の違憲行為を防止し、合憲性を担保することを期待している。しかし、この司法権による合憲性担保機能が働かない極限的状況—司法権をも含む現実の国家権力が憲法を歪曲、無視する場合、あるいは実力手段を掌握する行政権ないし実力組織自身が司法権の違憲判決に従わず、違憲の国家行為を推進する場合等々—において、憲法の基本原理が侵害された場合)、そこでの権利実現は必然的に通常の制度的チャンネルを経ない。

そして、この国民的抵抗権によって守られるべき憲法の基本原理こそ、国民主権原理、基本的人権の体系的保障と並ぶ永久平和主義であり、ここに平和主義と国民的抵抗権は憲法において明確な結合をとげ、平和のうちに生存する権利を守るために現実の国家権力、法秩序への服従を拒否するという忠誠拒否の国民的形態が成立する。かかる国民的抵抗権は、憲法に内在するものであり[27]、その意義は右の極限状況に限定されるものではなく、自国の権力が外国と結び、憲法の理念を侵蝕しつつある場合、それへの不断の抵抗を支えるナショナルな理念としての意味をもっていると考えられる[28]。

---

[27] 抵抗権の根拠を実定法に求める見解にも、基本的人権にその根拠を求めるものと、国民主権にその根拠を求めるものとがあるが(野田良之もこの点を示唆している)、この相違について十分に議論されてきたとはいえない。この問題につき、山内敏弘は「国民主権に基づく抵抗権と人権に基づく抵抗権を一応は区別したうえで両者の存在をともに—二者択一的な形ではなく実定憲法の中に承認していくことが必要ではないかと思われる」(山内敏弘「抵抗権の根拠と本質」ジュリスト法学教室Ⅱ期8号29頁)としている。私も現在のところ同様に考えているが、これについては今後の課題としておきたい。最近の論文として、竹嶋千穂「思想良心の自由—淵源から見た抵抗権との関わりについての若干の考察—」後藤光男=高島穣編『人権保障と国家機能の再考』(成文堂、2019年)参照。

近代立憲主義は、憲法を社会契約における基本原則の具体化・制度化ととらえ、憲法は、国政の信託をうけた権力担当者に対する授権規範である、と同時に、その行動の枠を定め、それを方向づける拘束性をもっている。権力担当者が、憲法の基本原理の一つたる永久平和主義を侵害する場合（例えば、自衛隊という名の軍隊をつくったり、あるいは、安全保障条約という名の軍事同盟条約を結んだりすること等々）、すなわち、権力の不当な行使に対して、国民の側で契約違反（憲法前文の用語による信託違反）を主張することは、国民の権利であり、憲法の義務づけているところのものである。

●抵抗権の思想史的背景

大沼保昭の発想は、野田良之の抵抗権論と同趣旨の見解に立つものと思われる。野田良之は、「基本的人権の思想史的背景―とくに抵抗権理論をめぐって―」東京大学社会科学研究所編『基本的人権3』（東京大学出版会、1968年）において、西欧における中世から近世に至る抵抗権論の系譜を辿り、抵抗権と呼ばれるものに二つの源流があることを指摘している。

一つは、キリスト教的抵抗権論の流れであり、それは、本来、国家の次元の外に成立する自然法の抵抗権ないし抵抗義務であり、1789年の人権宣言の用語法に従えば《droit de l'homme》（人間の権利）の範疇に属するもの、他の1つは、ゲルマン的国家観に発するもので、それは、国家権力はその本質上無制限ではないということが説かれる点に特色があり、その説くところ、国家権力に対する国民の全体の権利としての抵抗権の主張である。この抵抗権は政治的権利であり、積極的な抵抗の権利であって、人権宣言の用語によれば《droit du citoyen》（市民[むしろ国民]の権利）の範疇に属するものである。

野田良之は抵抗権を次のように理解する。「近代国家にあっては代議制が一般意思形成の避けられない政治技術であるとすれば、代理人たる代議機関の現実の意志と本人たる国民の現実の意志とは、実質上完全に乖離している場合でも、法

28　憲法の基本原理が侵害された極限状況において、抵抗権が果たして機能しうるかどうかが問題となろう。実定法上の抵抗権の射程について、樋口陽一は「実定憲法が少しづつ崩壊してゆくそのときに、個々の違憲行為に対抗する行動を期待するものとして、そのかぎりにおいて効果的なのである」（下線・引用者）「すでに確立されたファシズム体制のもとでの抵抗の権利をこれによって期待しようというのなら、過大な期待であろう」という（樋口陽一「憲法における抵抗権」有倉遼吉＝吉田善明編『憲法の基本原理』（三省堂、1977年）186頁）。

的・形式的には一致したものと見做されざるをえない。」「ところでこのように法的に国民意思とみなされる国家権力の現実意思にたいして真の国家意思の源泉たる国民の現実意思を優越させること——それが抵抗権である——は、はたして、実定法外の自然法上の抵抗なのであろうか、このばあい、国家契約論的にいえば、pactum associationis（すなわち、国民を一つの人格に構成する契約）の解消は問題ではなく、むしろ、pactum subiectionis における国家権力担当者の権力の不当行使にたいして契約違反（憲法前文の用語によれば信託違反）を国民の側で主張することが問題なのであり、したがって、ここでは自然状態の次元の問題ではなく、依然として市民状態（status civilis　むしろ国家状態と呼ぶべきである）の次元の問題である。「わたくしは、こういう意味でのこのような国民の抵抗権は自然法上のものではなく、実定法上のものだと考える。このような抵抗権は単なる個人の広い意味での《良心的反対》とは異なり、国民主権——これは実定法上の概念である——の一属性なのである。」「この意味の抵抗権はとくに憲法に掲げるまでもなく、国民主権の1つの発現としてとらえうる」（下線・引用者、以下同様）。

それゆえ、以上のような基本発想に立って、まず平和を人権の問題として私たちに意識させたものとして、平和と人権の接点に位置する Conscientious Objection 思想について、〈反戦平和〉を発想する場合、それがどのような問題性をはらんでいたのか検討し、次に、それを克服するものとして、日本の憲法学が「平和的生存権」という思想によって、どのような水準に到達しているのか、その理論的発展をフォローしてみよう。

2　平和と人権の接点
——良心的兵役拒否（Conscientious Objection）の問題——

（1）一般的兵役拒否

従来、平和と人権が全くかかわり合わなかったわけではない。この平和と人権の接点に位置する問題として、良心的兵役拒否（Conscientious Objection　以下、COと略す）の問題があった[29]。

29　COは従来、〈良心的兵役拒否〉（国家権力による兵役義務を自己の宗教的信念によって拒否する

ここでは、世界に先駆けて以前から CO を容認し、豊富な事例を提供しているアメリカ合衆国に焦点を当てて、CO の問題性を概観し、それがどのような課題を担っていたのか検討を行っておこう。アメリカにおいては、宗教的信念に基づく兵役義務の拒否について、議会は戦時において人々を徴兵する憲法上の権限をもっているにもかかわらず、古くから立法において認め、また、判例において、その免除の範囲を拡大してきたのである。かつては、歴史的平和教会 Historical Peace Churches（例えば、メノナイト Mennonites、ブレズレン Brethren、クエーカー Quakers などの宗派）の会員である人々に限って、CO 者として認定されたのであったが[30]、そのような枠は次第に撤廃され、個人の信仰、良心に高い畏敬の念が払われるようになった。

　さらに、1965年、合衆国対シーガー判決において、良心の自由拡大のさらなる第一歩を踏み出した。これは、1948年選抜徴兵法の CO 免除要件との関連で、非有神論的 CO が容認されるかどうかが問題となったケースである。

　1948年選抜徴兵法は、「本節に定められたことは、宗教的修養と信念を理由としていかなる形の戦争参加へも良心的に反対する人々を合衆国軍隊の戦闘訓練および役務に服せしむべきことを要求すると解されてはならない。この場合の宗教的修養と信念（religious training and belief）はいかなる人間関係から生ずる義務よりも高次の義務を含む至高の存在（supreme being）に対する関係での個人の信仰をいい、それは本質的に政治的、社会学的、もしくは哲学的見解、または単なる個人的道徳律は含まない」と規定し、CO の要件として、良心による義務の内容を〈宗教的修養と信念〉に限定し、また、拒否の対象として、〈いかなる形の戦争参加〉をあげていた。

　本件の CO 申請者シーガーは、いかなる形の戦争参加をも拒否する一般的兵役

こと）を意味するものとして使われてきた。しかし、CO を良心的兵役拒否にだけ限定して使うのは狭きに失する。CO の意味に連なるものとして、軍事費に相当する税金を拒否する者、あるいは、勤労動員、民間防衛を拒否する者、戦争宣伝、兵器の製造等戦争への協力を拒否する人々がみられるようになり、それは〈良心的戦争拒否〉と言われるのが適切である。
30　宗教戦争の荒れ狂った16、17世紀に、戦争を肯定する大教派に対して、戦争および兵役にたいして批判的立場をとったのは、小さなキリスト教諸宗派である再洗礼派、クエーカー派、ブレズレン派などである。こうした代表的諸派は、中世ヨーロッパから西欧さらに東欧へ、イングランドからアメリカへの移住と拡大を通して、今日なお存続する兵役拒否の伝統を基礎づけている（宮田光雄『山上の説教から憲法9条へ』（新教出版社、2017年）134頁）。

拒否者であったが、宗教的修養と信念にもとづくものではなく、非宗教的事由（倫理的＝人道的モティーフ）によって、兵役を拒否した。彼は、神の存在に対する自分の懐疑や不信仰を認めながらも、だからといって無信仰であるのではなく「善や徳に対する善や徳そのもののためにする信仰と献身、並びに純粋に倫理的な信条に対する宗教的信仰」（380 US 166）をもっていることを明らかにしてCO者資格を申請した。

　この事案につき、連邦最高裁は、1948年選抜徴兵法のCO免除要件を広く解釈し、新しい判断を示して、宗教の伝統的定義を広げた。それは次のように定式化された。「真面目にして有意義な信仰がその所有者の生活において、疑いの余地なく兵役免除に該当する人々の神によって占められる地位に匹敵する地位を占める場合、その信仰は制定法の定義に該当する」（380 US 176）。1948年選抜徴兵法の〈至高の存在〉という表現を非有神論的な宗教をも含むように定義することによって、シーガーのCO者資格を容認した（1965年3月8日判決）。

　1967年、議会は選抜徴兵法のCO免除条項から〈至高の存在〉規定を削除し、「本節に定められたことは、宗教的修養と信念によって、あらゆる形の戦争参加に良心的に反対する人々を合衆国軍隊の戦闘的訓練および役務に服せしむべきことを要求すると解されてはならない。宗教的修養と信念は本質的に政治的、社会学的、もしくは哲学的な見解、または単なる個人的道徳律は含まない」と修正した。

　その後、1970年の合衆国対ウエルシュ判決において、本事件のCO申請者のウェルシュは、自分の戦争拒否の信念は、歴史や社会学の分野の読書によって形成されたと主張し、信念が宗教的なものであることをきっぱりと否定したが、連邦最高裁はシーガー・アプローチを使い、COを認定した（1970年6月15日判決）。

　以上の二ケースは一般的CO者であり、法令の柔軟な解釈でかろうじて救済しうるものであったため、COの根本問題は顕在化しなかった。しかし、連邦最高裁がこのような形で憲法問題を回避する解決手法にでたことはかなり疑わしいものであり、結局、COの根本問題の態度決定を先に延ばしたにすぎない。

(2) 選択的兵役拒否（政治的兵役拒否）

それでは選択的兵役拒否者（Selective Conscientious Objector 相対的平和主義者）の場合、どのように評価されるのか注目されるところであった。選択的兵役拒否とは、アメリカがベトナム戦争に深入りするにつれ増加したところのものであるが、戦争一般ではなく、特定の戦争を、たとえば、ベトナム戦争を不正義・不道徳なものと考え、それに参加することは良心が許さないとするものである。この点、選抜徴兵法は一般的CO者だけを認めていたのであり、選択的CO者には明確にCO者資格を排除していたのである。

1971年、ジレット対合衆国判決において、連邦最高裁は、この問題につき、選抜徴兵法の法文解釈の問題で決着をつけ、選択的兵役拒否に法的保障を与えることを否定した。この事件のCO申請者の一人ジレットは人道的理由による選択的兵役拒否者であり、もう一人のCO申請者ネーグルは「正義」の戦争と「不正義」の戦争を区別するカトリック的自然法観に基づく選択的兵役拒否者であった。連邦最高裁はマーシャル判事が法廷意見を書き8対1の判決で選択的兵役拒否を否認した。連邦最高裁は1967年の選抜徴兵法の免除条項は、「率直に読めば、1つの意味しかもちえない。つまり、戦争および兵役への良心的ためらいは、すべての戦争に参加することに良心的に反対するまでに至らねばならない、ということである。」「議会はすべての戦争に参加することを拒否するものを除外することを意図したのであり、単に特定の戦争への参加を拒否するものは、たとえそれが原告の良心と人格に根ざし、宗教的性格のものであっても免除条項には該当しない」と判示し、1967年選抜徴兵法の免除条項はあらゆる戦争への参加を良心的に拒否するということを要件としているため、特定の戦争拒否はこの要件に合致しないとして法文解釈の問題で選択的兵役拒否を処理した（1971年3月8日判決）。

連邦最高裁は、特定の戦争を容認することは、民主的決定の拘束力を危険にさらすことになるであろうとして、戦争か平和かを人権の問題としては考えず、政策の問題として扱い、代表制民主主義の論理によって処理した。つまり戦争を処理することが国民のためであるかどうかは、所与の状況に基づいて、政府が議会に対する責任において解決すべき事項と考え、立法府の判断を尊重し、あえて深入りしないという立場をとった。

結局のところ、連邦最高裁は、信仰・良心の自由に対抗して、戦争遂行のため

の国益を十分な論証なしに優先させたのである[31]。すなわち、戦争か平和かの選択の問題を、それぞれの状況において、個人の判断に委ねることは、国家の政策自体の基礎を掘りくずすものとして、厳しく排除されたのである。しかし、選択的兵役拒否の思想が提起していたのは、COの根本問題であり、「少なくとも手続的には合法的な政策も、戦争に関しては、かならずしもつねに服従されるには及ばないということ、じっさい、ひとりびとりの市民は選択方向を異にする権利をもつ」[32]というものであった。

　この思想の提起するものは、きわめて基本的な問題である。CO思想は、平和を権利として要求し、市民が「戦争と平和」に関する決定権を有すると解し、〈強制兵役義務が、人権尊重を基本原理とする民主国家において、果たして存立しうるものかどうか〉〈近代社会の生みだした徴兵制は、国民に他の民族を侵略して殺人を行うよう強制し、また、国民自身の死をも強要する人権侵害制度の極致ではないのか〉〈軍隊の編成は原則として、戦時による市民の自発的な防衛義務の履行にまつべきではないのか〉というような根本的な疑問をもって、国家の戦争政策に異を唱え、国民ひとりびとりが批判する権利と義務をもつと考えた。
　しかし、CO制度が認められたのは、元来、個人の信教の自由を保障するためのもの、すなわち、「特定宗派の信者が国家の命令により戦争で人を殺すことにより、死後自らの信ずる神によって罰せられるというジレンマに陥ることを信教の自由に対する侵害と認め、信教の自由を優先させようとするものであり、人格神信仰と切り離せないものであって、主として、人を義務の衝突から救うというところに重点があった」[33]のである。
　そうであるがゆえに、アメリカの立法及び判例において、個々の特定の戦争評

31　法的問題の詳細については、ここでは立ち入らない。本章では、CO思想のトータルな評価を問題にしているのである。法的問題については、笹川紀勝「良心的兵役拒否」法律時報臨時増刊『憲法9条の課題』(1979年)、および、手続的な側面に重点をおくものとして、原野翹「良心的兵役拒否と行政手続―アメリカ法の場合―」杉村敏正教授還暦記念『現代行政と法の支配』(有斐閣、1978年)、同「従軍兵士の良心の兵役拒否―アメリカ法の場合―」岡山大学法学会雑誌28巻3・4号、後藤光男「思想・良心の自由と選択的兵役拒否―アメリカにおける良心的戦争拒否論をめぐって―」早稲田大学大学院法研論集16号29頁および「アメリカにおける思想・良心の自由」樋口陽一＝大須賀明編『日本国憲法資料集第3版』(三省堂、1993年)52頁参照。
32　宮田光雄『非武装国民抵抗の思想』(岩波新書、1977年)217頁。
33　高柳信一「戦後民主主義と『人権としての平和』」世界283号 (1969年) 39頁。

価をこえて、一切の戦争を否定する絶対的平和主義者（pacifism）と推定される範囲までがCO者免除制度の恩恵をうけたのであり、選択的兵役拒否者（相対的平和主義者）、すなわち、政治的事由にもとづく兵役拒否の場合、例えば、〈より醒めた意識にもとづく科学的平和主義者〉や、〈政府の遂行する「きたない戦争」の共犯者となり、他の民族に対する加害者となることを拒否する意識にもとづく―本来の意味における―政治的反戦論者〉は、絶対的平和主義者より、義務の衝突の程度が低いものと判断され、主権的判断を著しく傷つけるものとして、CO者免除制度から厳しく排除されてしまったのである。

それゆえ、選択的兵役拒否が提起している思想を正面からうけとめ、それをのりこえるためには、新たな反戦平和の理論を、すなわち、〈人権としての平和〉の理論を構築しなければならない。この点、日本国憲法は画期的な問題提起を行なっているのである。ただ、〈人権としての平和〉の思想が、良心の自由にもとづく〈良心的兵役拒否〉にその思想的拠点をおきえないとしても、〈良心的兵役拒否〉を内に包摂しえないということを意味するものではない[34]。

3　平和的生存権の理論

（1）平和的生存権理論史

1962年、星野安三郎が、従来、単に並置されているにすぎなかった憲法の平和原理たる永久平和主義と基本的人権の原理の統一的把握を可能ならしめる〈平和的生存権〉の概念を提唱して以来[35]、「人権としての平和」の思想は、学界においてさまざまな議論をよびおこした。

その後、1973年、長沼ナイキ基地訴訟第1審判決が、〈平和的生存権〉という考え方を裁判規範としてとりあげ、平和的生存権に新しい人権としての市民権を

34　笹川紀勝は「良心的兵役拒否権を内に含む良心の自由は、広く平和に生きようとする人々に拠り所を提供してきたし、さらに今後も提供し続けるように考えられる。それゆえ、とかく良心の自由を狭く内面の自由として理解する日本の一般的傾向は、自己の良心の自由を媒介として平和を主体的積極的に創造し、それに生きる個人を必ずしも充分明らかにしてこなかったように思われる。これでは良心の自由は完全には保障されていない」と述べる（笹川紀勝「良心的兵役拒否」前掲・憲法9条の課題125頁）、及び、阿部照哉「良心の自由と反戦平和運動」田畑忍教授古稀記念『現代における平和と人権』（日本評論社、1972年）参照。

35　星野安三郎「平和的生存権序論」星野安三郎＝小林孝輔編著『日本国憲法史考』（法律文化社、1962年）。

与えることによって一つの結実を示し、あらためて一般に注目されることとなった。さらに、この判決に触発されて、公法学において本格的な平和的生存権研究が行われ、その意義と本質、あるいは、法的構造の検討、さらに新しい人権として、憲法体系中への位置づけ等が解明され、「平和的生存権を憲法上の人権として承認する学説は、憲法学の有力な潮流となっている」[36]。確かに、日本国憲法における平和主義と基本的人権の統一的把握の認識を深めているが、しかし、いまだ「通説」といわれるものは形成されておらず、なお生成途上の権利であるとされている。

そこで、平和的生存権理論とはどういう考え方であるのか、憲法前文の「平和のうちに生存する権利」がいかなる歴史的意義をもって存在しているのか、平和的生存権理論が従来の議論の立て方にどのような理論的変更をもたらしたのか、現在の憲法学によってそれを明らかにしておこう。

前述のごとく、1962年、憲法施行15年目にして、平和と人権を関連づけて平和的生存権として構成する星野安三郎の所説が発表された。これは従来たんに並置されていた憲法の三大基本原理、すなわち、国民主権主義・基本的人権尊重主義・永久平和主義について、平和的生存権という概念でもって統一的な把握をめざし、人権の歴史的な発展を自由権的基本権から社会権的生存権へ、さらに平和的生存権へという三段階で発展的に捉え、日本国憲法の歴史的特質の科学的解明を意図したものであり、平和的生存権を日本国憲法上の人権として主張したことは特筆に値するものであった。

その後、星野は、次のように敷衍している[37]。憲法前文に、「全世界の国民がひとしく恐怖と欠乏から免かれ、平和のうちに生存する権利を有することを確認する」とあって、主体は「全世界の国民」である。「国家」ではなく「国民」だということ、それも、たんに「日本国民」ではなく「全世界の国民」であるとい

---

[36] 浦田賢治「憲法裁判における平和的生存権」有倉遼吉先生還暦記念『現代憲法の基本問題』（早稲田大学出版部、1974年）26頁。樋口陽一は、「平和的生存権は、その権利としての成熟度はまだ低いとしても、自由権＝18・19世紀以来の権利、社会権＝20世紀の権利に対し、21世紀の権利の先どりとしての可能性をはらむものとして、とらえることができる」という（『六訂　憲法入門』（勁草書房、2017年）9頁）。
[37] 星野安三郎＝古関彰一『日本国憲法［平和的共存権］への道』（高文研、1997年）星野発言74-75頁。

うことである。「平和のうちに生存する」ということを、ただ戦争がない状態で「平和のうちに生存する」ことであるとは言ってなくて、「恐怖と欠乏から免れる」となっている。だから、ここは、「圧制の恐怖から免れて自由に生き」また「欠乏から免れて豊かに生き」そして「戦争から免れて平和に生きる」というように読むことができる。つまり平和の前提には、自由と、豊かに生きる権利、平等に生きる権利が確固としてある。それから「全世界の国民が」といったのは、日本がやった戦争が日本国民だけではなく、アジア諸国民のそうした権利を侵害したという反省に立っているからである。「全世界の国民が、ひとしく恐怖と欠乏から免かれ、平和のうちに生存する権利を有することを確認する」というのは、そういうことが人類共通の平和の原則としてあるのを、日本国民は「確認」したということであり、「発明」ではない。そしてその権利をどのように保障するかについては、日本国民は第9条によって、それを保障することにしたというのがこの憲法の核心である。

　また、ほぼ同時期の60年代半ばの注目すべき論文として、政治学者・丸山真男の「憲法9条をめぐる若干の考察」が発表される。この丸山の「前文の意味における国民的な生存権は、国際社会における日本国民のいわば基本権として確認されていることを見落してはならない」と指摘する[38]。この鋭い発想と論理に、さらに現代における戦争と平和の諸条件を加味して詳細に展開されたのが、後に詳しく紹介する高柳信一の所説である。

　つぎに、1967年、恵庭判決を契機として、和田英夫[39]、深瀬忠一[40]、久田栄正[41]によって、平和的生存権の人権的性格、内容の解明が行われ、星野を先駆とする平和的生存権理論が、憲法学界において一定の支持と広がりをもつこととなった。判決後には、平和的生存権の原理的位置づけをおこなった高柳信一の「戦後民主主義と『人権としての平和』」が発表された[42]。

38　丸山真男「憲法9条をめぐる若干の考察」世界235号1965年6月号、深瀬忠一編『戦争の放棄』（三省堂、1977年）収録165頁、古関彰一『日本国憲法の誕生増補改訂版』（岩波書店、2017年）340頁。
39　和田英夫「日本国憲法における平和の地位」ジュリスト1966年1月1日号55頁以下。
40　深瀬忠一『恵庭裁判における平和憲法の弁証』（有斐閣、1967年）。
41　久田栄正「憲法の平和主義と生活権」法律時報1967年4月号臨時増刊『恵庭裁判』207頁以下。
42　高柳信一「戦後民主主義と『人権としての平和』」世界1969年6月号。

さらに1973年、はじめて自衛隊の違憲判決をだした長沼ナイキ基地訴訟札幌地裁第1審判決[43]は、従来の学説をとり入れつつも、それを一歩踏み越えて、平和的生存権を憲法的価値の中枢にすえて裁判規範として適用する画期的意義をもつ判決であった。この判決に触発されて、「新しい人権」という視角から平和的生存権の原理的位置づけの作業、および、その規範構造の解明等、より掘り下げた検討が持続的に行われた。

　久田栄正は、現行憲法のなかに、平和的生存権を読みとろうとする見解を大きく3説に分類し、第1説は、憲法9条と第3章の人権条項を組合せて、各個別の基本的人権の中に平和的生存権を読みとろうとする見解（星野安三郎、深瀬忠一、および長沼第1審判決）、第2説は、憲法の人権の基礎としての平和を人権としてとらえるべきであるとする見解（高柳信一）、第3説は、憲法13条のなかに平和的生存権を読みとろうとする見解（久田栄正）をあげ、高柳信一の平和的生存権論を他の学説と並置して、三説の1つに数えているが[44]、「むしろ他の説をも根拠づける原理的な論証を遂行した点にこそ、高柳説の意義を認めるべきであろう」という大沼保昭の正当な指摘がある[45]。

（2）平和的生存権の原理的論証

　あらまし、以上のような系譜を辿ってきた平和的生存権論にあって、筆者は、高柳信一の「人権としての平和」の理論によって、日本国憲法における平和的生存権の原理的な位置づけの基礎作業が果たされたものと考える。反戦平和の問題を人権の問題として取り戻すことによって、人権の理念は、現代の課題に真に対決できるのである。それでは、「人権としての平和」の理論は、従来の戦争―平和―人権に関する議論の立て方に、一体どのような根本的な枠組みの変更をもたらしたのであろうか。高柳信一は大略、次のように述べる。

　少し長くなるが基礎理論として極めて重要なので要約して提示しておく。

43　1973年9月7日判決、判例時報712号24頁。
44　久田栄正「平和的生存権」ジュリスト606号（1976年）。
45　その他の重要文献として、山内敏弘『平和憲法の理論』（日本評論社、1992年）、浦田一郎『現代の平和主義と立憲主義』（日本評論社、1995年）、浦部法穂「50年目の『平和主義』論」法律時報1996年2月号。

従来、戦争と平和の問題が民主主義という考え方の枠組みにおいて十分捉えられず、しばしばこれからもれていた。例えば、過去において、国内において人民のための政治を実現し、人権を確保するという立派な事業を遂行しつつあった民主主義国家が、国外においては、他民族を武力で圧迫し、これを植民地として支配することを憚らなかった。また20世紀の現代においても、民主主義はファシズムを人間性に対する挑戦として闘ったにもかかわらず、ベトナムではそのファシズムと同様なことを行った。やはり、ここで民主主義と平和という問題を根本的に見直してみる必要がある。この観点から、日本国憲法をみると、とりわけ9条は、画期的な問題提起を行っている。それは「平和は人権である」ということである。

　従来、「戦争か平和か」の問題は、人権の問題としては考えられず、戦争をすることが人民の信託にこたえるゆえんであるのか、あるいは戦争を避けることが人民の福祉に寄与するものであるかは、所与の状況にもとづいて、政府がその議会に対する責任において決断すべき事項であった。近代憲法が、人権保障部分と代表民主制部分とに分けられるとすれば「平和」は代表民主制の視野の中にはいってくる問題であった。

　しかし、よく考えてみると平和は人権が保障されるための最大不可欠の条件である。戦争になれば、人権は紙屑同様にふみにじられる。民衆は物心両面の基本的自由をふみにじられる被害者であるだけでなく、他国の民衆の人権を侵す加害者の立場に身をおくことになる。このように、戦争は、二重、三重の意味において、人権の理念と本質的にあいいれない。平和は人権が存立しうるための最大不可欠の基礎条件であり、平和が失われれば、人権は内部から朽ち果てる。

　しかるにかかわらず、人民は平和を権利として要求できなかった。人権は、平和が確保された場合にのみ保障されるものであるのに、平和の確保は、人民自身の直接の事項ではなくて、代表者におまかせしてしまった事項であった。ここには奇妙なことがおきる。それは<u>人権は条件つきの絶対権</u>であるということである。これは文字通り論理矛盾でしかない。従来の西欧民主主義はこのような矛盾を内包していた。そしてこの矛盾を隠ぺいしていたのが民主主義＝文明国による軍事力による植民地支配であった[46]。

46　髙柳信一「戦後民主主義と『人権としての平和』」世界283号（1969年）、深瀬忠一編『戦争の放

この矛盾を揚棄するために、平和の問題を人民の問題としなければならない。代表制民主主義の論理によって代表者の手に委ねてしまっていた「戦争か平和か」の決断の問題—内容的にいえば、戦争の排除、平和の確保—を、私どもの人権としてとりもどさなければならない。

憲法9条は以上のような問題提起をしている。戦争の禁止は憲法上の規範となることにより、平和の確保は国家権力の国民に対する約束、責任となった。すなわち、国民が代表民主制（多数決）のしくみをとおしてしかかかわりえなかった平和が、国民が人権として要求できるものになった。平和は多数決の論理の及ばない、いかなる状況においても確守されるべき優越的な価値になった。そして、かかる規範を生みだした基底的事実として、核兵器の出現により、戦争が地上における最大の悪になり、そのことによって、逆説的にも、戦争が人民の統治の下に服せしめられる条件が形成された。このように「人権としての平和」を確立することが、日本国憲法が私たちに課している最大の課題である。

以上のごとく、近代憲法は、戦争か平和かの問題について、平和は人権ではなく議会制民主主義の論理によって決められるべき問題であり、平和か戦争かは、議会制民主主義の運用によって、人民の多数意思にもとづいて決められるべき問題であるとするアプローチをしていたが、このような世界の常識が、はたして日本国憲法下の現在でも通用しうるのか、この条件をささえる諸条件は、現代においても不変であるのか、あるいは、それとも、旧来の確立した常識が通用しえなくなっている根本的条件の変化が起こっているのか、起こっているとすれば、どのようにであるのかという第二次大戦後の戦争と平和をめぐる諸条件の変化について、本格的に考究し、平和的生存権の客観的基礎の解明、「平和は人権である」という命題の論証を、高柳信一は、さらに、「人権としての平和」[47]という重厚な論文において果たされたといえる。そして、現在、克服の芽を次のように指摘している。

棄・文献選集日本国憲法3』（三省堂、1977年）所収、「権利保障と権力分立という近代憲法原理を他国に先がけて実定したイギリス・フランスは、地球規模での二つの代表的な植民帝国であったが、植民地支配が人権の理念と矛盾するものだったことは、今日ではいうまでもなく明らかである」。

47　法律時報臨時増刊『憲法と平和主義』（1975年）、および、「平和的生存権」法学セミナー1978年2月号。

現在、従来の常識では予想することのできなかった新しい問題克服の芽がめばえている。

　第1に、軍事力の不毛性・戦争の無益性を、政治権力・軍事権力の担い手も少しずつ気付き始めている。第2に、そのことは戦争犠牲の普遍性ということに接続する。地上における最大の暴力の前に、すべての人は平等の被害者になる。第3に、平和は、党派政治的な違いをこえて全人類的立場で追及されるべきものになった。第4に、憲法の最も重要な基本原理である基本的人権尊重主義に忠実な立場で、平和の問題にアプローチすると、平和は今や国内問題化しつつある（現代において、平和が確保されなければ、議会制民主主義もそれが機能するための前提条件である市民的自由も存立しえないのであるから、平和を、議会制民主主義の運営によって、多数決の結果にもとづいて、或はこれを選択し、あるいはこれを捨て去りうるものと考えるのは論理矛盾である）。第5に、平和は、国家の事務の止まるものではなく、同時に人民の事務になった。

　こういう事態において、人民は、平和を、従前どおり、政府のビジネスだとして、これに任せきりにしないで、自らの仕事として自らにとり戻し、政治権力・軍事権力の担い手が個別的内発的にはなしえないでいることを、人民の力を結集し、政府をしてなさしめるべきである。それは二重の局面において遂行されるべきである。一つは、平和は国内問題化しているのであり、国内の政治権力対国民関係において平和を実現することによって、政府がこれに規制されて、その国際関係上の姿勢を正さざるをえないようにしむけるべきである。二つには、世界の、国境によって隔てられない全人民と手をむすんで超大国をはじめとする諸国の政府をして、かれらが、相手に弱みをみせることになるが故に、単独にはとりえないでいるところの平和政策——例えば軍縮等をとらしめるような広汎な国際的平和運動を展開すべきである。

　この高柳信一の平和的生存権の原理的論証のうえにたって、はじめて、わたしたちは日本国憲法における平和的生存権の構造を論じうる客観的基礎を獲得したといいうるのである。

　今日、核兵器は使えない兵器である。宮田光雄が指摘するように、核戦争においては、敵との平和の樹立ではなく、まさに無差別の抹殺が問題となる。そこでは、攻撃する者も防禦する者も共に、この兵器の使用によって当初から自国民の

絶滅を賭する以上、守ろうとする目的そのものをみずから裏切ることにならざるを得ないのである[48]。

それでは、平和的生存権は、憲法上、どのような根拠によって保障されているのか、平和的生存権の主体をいかなるものとして捉えるのか、平和的生存権と訴えの利益をどう結びつけるかなどについて、なお掘り下げた検討にまたざるをえない状況にあることも確かである。

●**積極的な平和概念**

平和的生存権論と軌を一にする考え方として、政治学においては「積極的」な平和概念が提唱されている。従来の憲法論議において、明らかに「消極的」な平和概念——平和とは、戦争つまり組織的な集団的暴力行為の不在——が支配的であったが、国際的な平和研究の新しい動向としてこうした平和の定義では不十分なことが認識されるようになっている。平和がたんに「秩序と安寧」と同一視されるところでは、それは不正な抑圧の体制とも両立することになる。これに対して「積極的平和」というのは、北欧の平和研究者ヨハン・ガルトゥングによって打ち出された概念である。それは「人間の解放と自由を実現すること、平等や社会的正義を貫徹することを規準としている。すべての人が階級の所属や皮膚の色、宗教や性の相違などをこえて、ひとしく人間らしく生きる希望と能力とを育成するような社会こそ、真に平和な状態であると規定されている」[49]。こうした観点から日本国憲法を振り返ってみると、その平和主義の原理は、新鮮な意義をもちうる。憲法前文は「平和に生きる権利」を全人類的な生存権として確認している。ここでは、平和は、最大限に人間の生命を保持し発展させるという目標をもって人権を現実化する過程として定義されうる[50]。

この積極的平和概念を悪用し主張し始めたのが安倍晋三である。この概念の創始であるヨハン・ガルトゥングは次のように厳しく批判している。「ちなみに安倍晋三首相は当初、その米国追従政策を『積極的平和』というネーミングで推進しようとしてきた。『積極的平和』というのは、私が1958年から使い始めた用語である。平和には『消極的平和』（negative peace）と『積極的平和』（positive

---

48　宮田光雄『山上の説教から憲法9条へ』（新教出版社、2017年）149頁。
49　宮田・前掲254頁。
50　宮田光雄『平和の思想史的研究』（創文社、1978年）参照。

peace）がある。国家や民族のあいだに、ただ暴力や戦争がないだけの状態を消極的平和、信頼と協調の関係がある状態を積極的平和という。消極的平和を積極的平和と言い換えるだけならたんなる無知だが、こうまであからさまな対米追従の姿勢を積極的平和というのは悪意ある言い換え、許しがたい印象操作である」[51]。

　さらに、諸人権の根源的権利としての生命権を基盤において、平和的生存権を捉える上田勝美の説が注目される。人間は、この世に「生」を受けて以来、つまり「生まれながらにして」自然権としての「生きる権利」を取得している。すなわち人間は「生来の権利」として「生命権」を自然法則的に取得している。すなわち諸人間の前提または基礎に「まず生命権有りき」という提言である[52]。そして、「平和的生存権」の本質・概念を「生命権」として見直そうとするものである。憲法前文は「われらは、全世界の国民が、ひとしく恐怖と欠乏から免かれ、平和のうちに生存する権利を有することを確認する」とするが、「恐怖」から免かれるもの、「欠乏」から免れるもの、および「悲惨な戦争から免れる」主体は、人間の「生きる命」そのものであり、これを権利として構成すれば「生命権」ということになる。この「生命権」こそ「平和に生きる権利」の核心を構成するもので、この厳正な事実を何人もこれを否定することはできない。このようにすべての基本権の根底にある基礎的な人権として「生命権」を設定する。「平和なくして人権ない」といわれることを人間の根源的な権利である「生命権」をキーワードとして捉えるのである[53]。

　それでは、次章で、日本国憲法における平和的生存権の構造（平和的生存権の根拠、主体、内容など）について、問題の整理と課題の提示を行う。

51　ヨハン・ガルトゥング『日本人のための平和論』御立英史訳（ダイヤモンド社、2017年）19頁。
52　上田勝美「世界平和と人類の生命権確立」深瀬忠一＝上田勝美＝稲正樹＝水島朝穂編『平和憲法の確保と新生』（北海道大学出版会、2008年）14頁。
53　上田・前掲14頁。

第2章　日本国憲法における平和的生存権の規範構造

1　平和主義と平和的生存権
　（1）平和的生存権の保障
　（2）平和的生存権の主体
　（3）平和的生存権の内容
2　憲法9条の規範内容
　（1）憲法9条の制定過程
　（2）戦争の放棄
　（3）戦力の不保持
　　　（ア）戦力の意味
　　　（イ）戦力と非戦力
　　　（ウ）自衛隊法と自衛隊
　　　（エ）安保条約と外国軍隊の駐留
　（4）交戦権の否認
3　憲法の予定する安全保障
4　自衛権
　（1）自衛権の肯否
　（2）自衛権放棄の論理

　半藤一利と保阪正康の共著『憲法を百年いかす』（筑摩書房、2017年）の中で、ふたりは次のような対論を行い、日本国憲法の前文に言及している（同書25頁以下）。ここにそれを紹介して本章の導入としよう。

　　半藤　わたしは中学生のとき、憲法前文を読んで感動したんです。ホントの話。わが敗戦日本国はすごいことを世界に宣明したぞと。「政府の行為によって再び戦争の惨禍が起ることのないようにすることを決意し」の、この一行がねえ、ほんとうにわたしの心に沁み込んだのです。中学生にと笑うなかれ。なにしろ、戦前の日本政府は勝手に戦争をおっ始めて、わたしら学徒までひっぱりだして、爆弾やらなにやらをつくらせたわけですから。男子だけでなく女子までも。そしてまさに死ぬ思いをさせた。前文でほかに覚えている箇所が、ちょっと先に進んだところです。

「日本国民は、恒久の平和を念願し、人間相互の関係を支配する崇高な理想を深く自覚するのであつて、平和を愛する諸国民の公正と信義に信頼して、われらの安全と生存を保持しようと決意した。われらは、平和を維持し、専制と隷従、圧迫と偏狭を地上から永遠に除去しようと努めてゐる国際社会において、名誉ある地位を占めたいと思ふ。われらは、全世界の国民が、ひとしく恐怖と欠乏から免かれ、平和のうちに生存する権利を有することを確認する」。

四回つづけて平和、平和と出てくるんですよ。だから「平和憲法」と称されるようになったのでしょうね。

保阪　そうかもしれません。この言葉は非軍事の到達点であり、それが前文の中に盛られているというわけです。しかもこの前文の中には政府提出案に国会があえてつけ加えた部分もありますからね。

半藤　戦争が終わって、平和っていうのはいいもんだなあ、と思っていましたから、四回つづけて平和、平和と言われて、ああ、いいねえ、と（笑）。

保阪　先ほども言いましたが、できたときぼくは小学二年生でした。小学校三年生のときに、授業で前文を読まされたことをはっきり覚えています。立って読み上げた記憶があって、そして教師がじつに丁寧にその説明をしていました。そのときたぶん、教師自身も感動していたのだと思います。

半藤　先生もそうだったでしょうね。

保阪　これは小学四年生のときの記憶ですが、担任の男性教員が「自習していなさい」と言って、窓の外を黙って見つめていることがありました。顔をのぞき見てみたら涙を流している。その先生は帰還兵だった人ですから、戦死した仲間を思い出して泣いていたのではないかと、そのとき子ども心に思いました。憲法前文の言葉はその頃の、日本人みんなの心を打ったと思います。

半藤　あの感動というのはいまでも薄れません。敗戦国があの焼け跡から生み出した言葉でした。世界の人たちがこんな酷いことに二度とならないように、という願いがこめられている。この文言は決して腐らない言葉です。

1　平和主義と平和的生存権

（1）平和的生存権の保障

日本国憲法は前文および第9条で非武装平和主義を採用した。前文と9条の条文は以下である。

前文2段および英文

　日本国民は、恒久の平和を念願し、人間相互の関係を支配する崇高な理想を深く自覚するのであつて、平和を愛する諸国民の公正と信義に信頼して、われらの

安全と生存を保持しようと決意した。われらは、平和を維持し、専制と隷従、圧迫と偏狭を地上から永遠に除去しようと努めてゐる国際社会において、名誉ある地位を占めたいと思ふ。われらは、全世界の国民が、ひとしく恐怖と欠乏から免かれ、平和のうちに生存する権利を有することを確認する。

(英文)

　We, the Japanese people, desire peace for all time and are deeply conscious of the high ideals controlling human relationship, and we have determined to preserve our security and existence, trusting in the justice and faith of the peace-loving peoples of the world. We desire to occupy an honored place in an international society striving for the preservation of peace, and the banishment of tyranny and slavery, oppression and intolerance for all time from the earth. We recognize that all peoples of the world have the right to live in peace, free from fear and want.

9条および英文
第9条① 　日本国民は、正義と秩序を基調とする国際平和を誠実に希求し、国権の発動たる戦争と、武力による威嚇又は武力の行使は、国際紛争を解決する手段としては、永久にこれを放棄する。
② 　前項の目的を達するため、陸海空軍その他の戦力は、これを保持しない。国の交戦権は、これを認めない。

(英文)

　Article 9. Aspiring sincerely to an international peace based on justice and order, the Japanese people forever renounce war as a sovereign right of the nation and the threat or use of force as means of settling international disputes.

　In order to accomplish the aim of the preceding paragraph, land, sea, and air forces, as well as other war potential, will never be maintained. The right of belligerency of the state will not be recognized.

第2次世界大戦により、日本の帝国主義と軍国主義が世界中を戦争に巻き込み、不法な侵略と内外におけるファッショ的支配により、世界各国の人々に悲惨な結果をもたらしたことの反省、および、唯一の原爆被爆国という悲惨な経験にもとづいて、前文および第9条で非武装平和主義を採用した。この規定の背後には、平和なくして人権なしという発想があり、平和への強烈な願いがある。

　前文で、「恒久の平和を念願し、人間相互の関係を支配する崇高な理想を深く自覚」して、「平和を愛する諸国民の公正と信義に信頼して、われらの安全と生存を保持しようと決意」した。そして、「平和のうちに生存する」ために、9条で戦争の放棄を具体化し、あらゆる戦争の遂行、戦力の保持、交戦権の行使を否定し、一切の戦争を不可能ならしめ、軍備撤廃の永久平和主義を具現している点で、世界の憲法史上、先駆的意義をもっている。とりわけ平和的生存権の保障において特異性は際立っている。
　平和のうちに生存できなければ自由にも豊かにも生きることができず、平和なくして人権保障はありえないという意味で、平和的生存権は最も基本的な人権であるということができる。前文の「われらは、全世界の国民が、ひとしく恐怖と欠乏から免かれ、平和のうちに生存する権利を有することを確認する」とは、この思想の端的な表現である。
　「恐怖と欠乏」という言葉は「大西洋憲章」から出てくる。そして、それはルーズベルト米大統領のいわゆる「四つの自由」と関係がある。「四つの自由」は、①言論の自由、②信教の自由、③恐怖からの自由、④欠乏からの自由で、1941年1月の一般教書で述べられたものである。7か月後の「大西洋憲章」に具体化される。
　前文の「平和のうちに生存する権利」の主語（主体）は、「全世界の国民」（the peace-loving peoples of the world）である。「国家」ではなく「全世界の国民」である。「国家」ではなくて、「国民」（peoples）であるということ、それも、たんに「日本国民」ではなく、「全世界の国民」である。そして、「平和のうちに生存する」ということを、ただ戦争がない状態の「平和のうちに生存する」ことだと言ってはなくて、「恐怖と欠乏から免かれ」となっていることが重要である。
　また、憲法前文が「平和のうちに生存する権利」の主体を「全世界の国民」であると規定している点については注意が必要である。愛敬浩二が次のように適切

な指摘をしている。この「国民」という語は、制定過程における日本政府の意図的な「誤訳」であって（第3章のタイトルをはじめとする他の「国民」も同様）、英語正文は「all peoples of the world」（世界のすべての人々）である。前文第2段第1文「平和を愛する諸国民（the peace-loving peoples of the world）の公正と信義に信頼して、われらの安全と生存を保持しようと決意した」も同様で、平和を愛するpeoplesの国境を超えた連帯が実現してはじめて、国際平和と日本の安全が実現されるということを示している。……国境を越えたpeoplesの連帯で、全世界のpeoplesの「平和のうちに自由に人間らしく生活する権利」を実現しようというのが、日本国憲法のラディカルな平和実現構想である（その意味で、この構想を具体化する9条が、非軍事的手段に限定しているのは、自然な成り行きといえる）[1]と。

　この平和主義に意義については、宮田光雄のように理解すべきであろう。憲法前文には、「われらは、全世界の国民が、ひとしく恐怖と欠乏から免かれ、平和のうちに生存する権利を有することを確認する」とある。近代デモクラシーの追求する基本的人権は「自由に生きる権利」から「豊かに生きる権利」へと拡大してきた。日本国憲法は、「恐怖から免かれ」という言葉で19世紀までの自由権を、「欠乏から免かれ」という言葉で20世紀の社会権を意味させている。さらに「平和に生きる権利」を、21世紀に向けた全人類的な生存権として確認しているということができる。ここで平和は、人間の生命を最大限に保持し、発展させることを目ざして、人間らしく生きるという基本的人権の内容を実現していく過程のことである[2]。

　こうした平和主義の原理は、国民主権の原理、基本的人権の原理とともに憲法の基本原理を構成する。

（2）平和的生存権の主体

　前文が、「全世界の国民が、ひとしく恐怖と欠乏から免かれ、平和のうちに生存する権利を有する」と規定していることとも関連して、平和的生存権の享有主体をどう捉えるかについて説が分かれている。①民族的な基本権あるいは日本民族の権利として国際的・国内的に主張しうると捉える立場、②対外的には、民族

1　愛敬浩二「非軍事平和主義」本秀紀編『憲法講義第2版』（日本評論社、2018年）104-105頁。
2　宮田光雄『山上の説教から憲法9条へ』（新教出版社、2017年）255頁、および、上田勝美・前掲論文参照。

あるいは国家の多民族（国家）に対する権利であると捉える立場、③国民個々人の人権であると捉える立場、がある。

　以上の説は、必ずしも相互に背反的に対立しているわけではない。ただ平和的生存権が登場した背景を考えるならば、「何よりもこの権利はその行為によって戦争の惨禍を起こした政府に対して主張される点に意味があるのであるから、『平和的生存権』に対外的側面があることは否定できないとしても」、先ず、国民の一人ひとりの基本的人権として捉えて行くべきであろう[3]。

（3）平和的生存権の内容

　「平和的生存権」の内容については、一切戦争のない、一切の軍備をもたない状態を享受しうる権利ということができるが、「平和的生存権」を人権であると理解した場合、権利の性格をどのように把握するかが問題となる。従来の人権体系中に一つの新しい人権として付加するのか、あるいはそれとも、従来の人権体系とは別種の人権体系を再構成するのかということである[4]。

　この点、学説は必ずしも明確ではない。具体的な権利内容探究の方法としては、①憲法13条の中に平和的生存権の権利内容を読み取ろうとする立場[5]、②憲法第3章の具体的・個別的な諸条項の中に平和的生存権の権利内容を読み取ろうとする立場（たとえば、憲法13条・18条の生命の確保および人身の自由・意に反する苦役からの自由からいって徴兵制は違憲、憲法21条によって表現の自由に対する国防、軍事目的の見地からの制限・禁止・処罰は許されない、憲法29条によって国防・軍事目的の見地からの土地や財産の強制収用は許されない、というような形で平和的生存権が保障されているとする立場[6]、③在来の人権と区別される独自の内容をもった人権として平和的生存権を定立しようとする立場（この説は、在来の人権ではカバーされない平和的生存権の独自の内容を厳密に析出する必要性を説く）[7]、がある。

　①説は、生命・自由・幸福追求権がその内容であると説くが、その具体的な容

3　横田耕一「平和的生存権」大須賀明ほか著『憲法講義2 基本的人権』（有斐閣、1979年）339頁。
4　横田耕一・前掲339頁。
5　久田栄正「平和的生存権」ジュリスト606号（1967年）30頁以下。
6　深瀬忠一『長沼裁判における憲法の軍縮平和主義』（日本評論社、1975年）297頁、星野安三郎『平和に生きる権利』（法律文化社、1974年）136頁。
7　高柳信一「人権としての平和」『憲法と平和主義』（日本評論社、1975年）33頁以下。

はあまり明確ではない。②説の立場をとる場合、「平和的生存権」概念を導入することによって解釈の方向は確かに明確になりうるが、そこで展開されている権利内容は、平和的生存権をもちだすまでもなく、9条と当該条項を組み合わせることによって引き出せるものである。③説の場合、平和的生存権によって従来の人権では救済できないものを積極的に拾い上げようとするもので、構成の方向としては妥当であるということができる。もっともこの③説について、「仮に『平和的生存権』が他の基本的人権と区別された独自の権利であることを積極的に立証しえなくても、従来理解されてきた基本的人権の保障の枠組みを、武力によらない保障に変えるべき点の強調だけをとっても、大いに意義のあることと思う」[8]とする評価が妥当であろう。

　以上のような見解において、具体的権利内容は未だ明確とはいいがたいとされてきた。しかし、「平和的生存権」の内容は明確であると説く見解があらわれた。それによると、日本国憲法は、軍備をもつことじたい、すでに平和を阻害するものだという立場に立っており、このことは憲法9条の規定によって明らかである。したがって、国が戦争や武力行使を行うことはもちろん、軍備を保有することも「平和的生存権」の侵害となる。要するに、憲法前文で確認された「平和的生存権」は、第9条によって具体化されているのであり、第9条が具体的内容を示しているのであって、平和的生存権は明確な内容をもっている[9]、と説いている。

　筆者も平和的生存権は明確な内容をもっていると考える。憲法9条は「戦力」を保持してはならないと規定しているのである。素直に読めば9条の規範内容はきわめて明解である。すなわち、国民は一切の戦争のない、一切の軍備をもたない状態を享受しうる権利をもつことを、この規定は要請しているのであり、政府は戦力を保持するような行動をとってはならないという国家権力の行使の限界を画しているのである。

　これについては、日本の訴訟形態ないし争訟手段の貧困性が指摘されるべきであろう。市民としてとうてい見逃すことのできない国の憲法9条違反の立法・行政措置・財政措置がおこなわれることに対して、それを是正する争訟手段が、実

8　萩原重夫「戦争と人権」憲法理論研究会編『現代の憲法理論』（敬文堂、1990年）308頁。
9　浦部法穂『憲法学教室第3版』（日本評論社、2016年）429頁。

定法上十分に予定されていないのである。

それゆえ、杉原泰雄の次のような指摘は重要である。「日本国憲法は、9条のもとで生存することを、たんに客観的な制度の問題としてだけではなく、主観的な権利としても保障しているのである。したがって、9条に反する国家行為については、他の人権規定を媒介とすることなく、つまり他の人権侵害を要件とすることなく、この権利自体をもって争いうることになる」。「たしかに、このような『平和的生存権』の実効性を保障する訴訟類型は、存在しない。しかし、それ故に『平和的生存権』が法的権利ではないと解すべきではなく、憲法上それが権利として存在しているところからすれば、その実効性を確保する訴訟類型を整備することこそが下位法に課されている憲法上の義務というべきであろう」[10]ということになる。

●**前文の法的性格**

前文の法的性格について、それが法規範性をもつことについては学説上ほとんど異論がない。しかし、前文は本文の各条項と同じように裁判規範としての効力を有するか、すなわち裁判所が違憲審査権を行使するさいに、前文は直接にその判断の基準となるかについては、学説は裁判規範否定説と裁判規範肯定説が対立している。

裁判規範否定説は次のようにいう。前文はその内容が一般的であり明白な具体性はもっていない。また、前文は一般条項であり、その具体的な内容は本文の各条項において展開されているがゆえに、直接には裁判規範とはなりえず、法律の違憲性の主張は直接には本文の各条項に違反するとして主張されるべきであり、前文はその各条項の解釈の指針として援用されるにとどまる[11]。

これに対して裁判規範肯定説は次のように述べる。本文にも、前文と同じく一般的抽象的な内容をもつ条項は多く、前文をとくに区別する合理的理由がないこと、裁判規範としての資格要件は、構成要件と法的効果が裁判の準則たりうるほど明確であることが必要であるが、明確さの程度は憲法と法律では異なってお

---

10 杉原泰雄『憲法Ⅱ』(有斐閣、1989年) 154頁。
11 大西芳雄「前文の内容と効力」『憲法講座1巻』(有斐閣、1963年) 171頁、佐藤功『日本国憲法概説〔全訂第5版〕』(学陽書房、1996年) 61頁、伊藤正己『憲法〔新版〕』(弘文堂、1990年) 59頁。

り、憲法が裁判規範となるのは具体的な事件を解決する前提としてそれに適用される法律の憲法適合性を判断する場合であり、法律の場合ほど個別具体的であることを要しないこと、否定説は、前文が最上級の規範であり、その内容は本文の各条項に具体化されているとして、前文の裁判規範性を否定するが、本文各条項にも13条とそれ以下の基本権条項との関係などのように、段階的構造は認められるから、前文をとくに区別する根拠にはなりえず、しかも前文の内容がすべて本文に具体化されているわけではなく、「平和のうちに生存する権利」のように本文に欠落している事項が前文に法定されている場合があること等を考えると、前文は裁判規範性を有すると解すべきである[12]。

また、山内敏弘は次のように述べる。憲法前文が裁判規範性をもちうるものであるとすれば、そのような前文にわざわざ権利性が明記されている平和的生存権については、格別の理由あるいは反証がないかぎりはその裁判規範性を否定することはできないことになるというべきであろう[13]。

2　憲法9条の規範内容

(1)　9条の制定過程

古関彰一は、『平和憲法の深層』(ちくま新書、2015年) の中で、「戦争の放棄」を定めた9条の制定過程について、次のことを明らかにしている。

日本国憲法9条は、昭和天皇の戦争責任を免罪するためであり、それはマッカーサーの意図でつくられた。同時に日本国憲法に「戦争の放棄」を謳う9条があることで、沖縄に基地をつくることが明らかになった。また同時に、9条に「正義と国際秩序を基調とする国際平和を誠実に希求し」の文言が加えられた経緯について、「衆議院の議会で社会党議員が中心となって追加修正したためであり、それが議事録を精査してはっきりした」という[14]。

12　大須賀明「前文」有倉遼吉編『別冊法学セミナー基本法コンメンタール憲法』(日本評論社、1970年) 8頁、山内敏弘「平和のうちに生存する権利」『憲法学4』(有斐閣、1976年) 10頁。
13　山内敏弘『平和憲法の理論』(日本評論社、1992年)。
14　古関彰一『平和憲法の深層』(ちくま新書、2015年) 8頁、11頁。

それでは〈9条は誰が、どのような理由でつくったのか〉。9条の発案者については、当時首相の幣原喜重郎説、幣原・マッカーサー合作説があり、マッカーサーが単独で発案したとする説はほとんど聞かれない。しかし、古関彰一はマッカーサー説を唱える。

1946年2月3日、GHQで、マッカーサーが憲法改正作業を行うためにホイットニー民政局長に示した「三原則」は以下であった。第一が天皇は国の中心、第二が戦争の放棄、第三が封建制度の廃止である[15]。

　1　天皇は、国の最高位の地位にある。皇位は世襲される。天皇の職務および権能は、憲法に基づき行使され、憲法に示された国民の基本的意思に応えるものとする。

　3　日本の封建制度は廃止される。貴族の権利は、皇族を除き、現在生存する者一代以上に及ばない。華族の地位は、今後どのような国民的または市民的な政治権力を伴うものではない。予算の型は、イギリスの制度にならうこと。

第二の「戦争の放棄」の全文は次のようになっている。

　2　国権の発動たる戦争は、廃止する。日本は、紛争解決のための手段としての戦争、さらに自己の安全を保持するための手段としての戦争をも、放棄する。日本は、その防衛と保護を、今や世界を動かしつつある崇高な理想に委ねる（下線引用者、以下同様）。

日本が陸海空軍をもつ権能は、将来も与えられることはなく、交戦権が日本軍に与えられることもない。

9条の正文は次のようになっている。
①日本国民は、正義と秩序を基調とする国際平和を誠実に希求し、国権の発動たる戦争と、武力による威嚇又は武力の行使は、国際紛争を解決する手段としては、永久にこれを放棄する。
②前項の目的を達するため、陸海空軍その他の戦力は、これを保持しない。国の交戦権は、これを認めない。

三原則には「正義と秩序を基調とする国際平和を誠実に希求し」という部分が

15　古関彰一『日本国憲法の誕生増補改訂版』（岩波書店、2017年）130頁。

ない。一方、9条には「日本は、その防衛と保護を、今や世界を動かしつつある崇高な理想に委ねる」という部分がないことである。後のGHQ案8条では次のごとくなっている。

　国権の発動たる戦争は、廃止する。いかなる国であれ他の国との間の紛争解決の手段としては、武力による威嚇または武力の行使は、永久に放棄する。
　陸軍、海軍、空軍その他の戦力を持つ権能は、将来も与えられることもなく、交戦権が国に与えられることもない。

　三原則との違いは、「自己の安全を保持するための手段としての戦争をも」という部分が削除され、「武力による威嚇又は武力の行使」が加えられたことである。これは国連憲章2条4項の「武力による威嚇又は武力の行使」を慎むという条文からとったといわれている[16]。それでは「正義と秩序を基調とする国際平和を誠実に希求し」という文言はどのような経緯で書きかえられたのであろうか。9条に「平和」が盛り込まれるのは、衆議院での審議が行われた1946年7月段階である[17]。GHQの督促による日本政府の憲法改正案では、GHQ案の「戦争の放棄」の第8条は第9条に変わり、次のような案文になった（3月2日案）。

　戦争を国権の発動と認め武力の威嚇又は武力の行使を他国との間の争議の解決の具とすることは永久に之を廃止する。
　陸海空軍其の他の戦力の保持及国の交戦権は之を認めず。

　その後のGHQとの協議により、3月5日夕方の閣議で決定された「戦争の放棄」条項は、3月2日案とほとんど異なるところがないものであった[18]。
　国の主権の発動として行う戦争及武力に依る威嚇又は武力の行使を他国との間の紛争の解決の具とすることは永久にこれを抛棄すること。
　陸海空軍其の他の戦力の保持は之を許さず国の交戦権は之を認めざること。

16　古関彰一『平和憲法の深層』（ちくま新書、2015年）57頁。
17　古関『平和憲法の深層』65頁。
18　古関『平和憲法の深層』73頁。

それでは〈なぜGHQは、3月5日を目指して急いだのか〉、この点についての古関の指摘は重要である。「従来の憲法制定過程研究は、それのみを分析の枠組みに閉じ込め、実は底流をなした天皇制、なかでも東京裁判との関係を視野の外に置いてきたことである」[19]と。

それは、マッカーサーによる天皇の戦争責任への免責の努力がある。「GHQが急いだ理由は、連合国の政策決定機関『極東委員会』（FEC）の設置が決まったことである。……早晩、FEC内の『憲法・法制改革委員会』も含め、日本の占領政策全般が議論の対象になる可能性もある。マッカーサーからすると、……天皇制や憲法、あるいは戦争裁判に対して厳しい対日観をもっているオーストラリア、ソ連、あるいは中国（中華民国）の機先を制するために─憲法の『要綱』という国家の基本政策を一刻も早くFECに示すことによって─自己の対日政策を確実なものにしたいと考えたに違いない。……東京裁判は目前に迫っていた。……マッカーサーにしてみれば、昭和天皇が被告人になることはおろか、証人として喚問され、出廷させられることすら避けたかったに違いない」。3月6日、マッカーサーは、この憲法草案要綱を「正確な確定案」として、アメリカ本国に送った。「東京裁判への道は、天皇を被告の対象から除外する道でもあったが、その処遇が安定的なものになるためには、憲法上で天皇の地位が確定されることこそが必要であり、それは上記の文脈から見て、ほぼ1946年3月初旬であったことがわかる」[20]。

それでは次に、〈憲法9条が「平和条項」と言われる「日本国民は、正義と秩序を基調とする国際平和を誠実に希求し」という9条1項の初めの文節が加えられたのは、いつ誰によってであろうか〉。

第90帝国議会、これは事実上の憲法制定会議といえるものであるが、この審議を通じてである。「そもそもの政府案は、『国の主権の発動たる戦争と、武力による威嚇又は武力の行使は、他国との間の紛争の解決の手段としては、永久にこれを抛棄する』であったが、議会での審議を通じて、『日本国民は、正義と秩序を

19　古関『平和憲法の深層』75頁。
20　古関『平和憲法の深層』85頁。

基調とする国際平和を誠実に希求し、国権の発動たる戦争と武力による威嚇又は武力の行使は、国際紛争を解決する手段としては、永久にこれを放棄する』と修正された」。「政府案の段階まで、『戦争の放棄』のみであった9条1項に『国際平和を誠実に希求し』が追加されたと見ることもできるが、社会党が努力し、芦田を通じて外務省の意向が反映されたと見ることができる」[21]。帝国議会（国会）の審議の過程で、社会党の森戸辰男や鈴木義男の手によって、もちろん芦田委員長も賛成して、政府案の9条の冒頭に『正義と秩序を基調とする国際平和を誠実に希求し』を付加した。これによってなんとか9条の『戦争の放棄』に『平和』が挿入されることになった。

　古関が注目したのは、1995年に公開された「第90帝国議会帝国憲法改正委員会小委員会議事録」（1946年7月25日～8月20日、計13回）での、社会党の鈴木義男委員と自由党の芦田均委員長とのやり取りである。第3回の議事録には、9条案を巡って鈴木の発言が記されている[22]。
　〈唯戦争ヲシナイ、軍備ヲ皆棄テルト云フコトハ（略）消極的ナ印象ヲ与ヘルカラ、先ズ平和ヲ愛好スルノダト云フコトヲ宣言シテ置イテ、其ノ次ニ此ノ条文ヲ入レヨウジャナイカ〉
　芦田委員長が「国際信義を重んじて条約を守る」との内容を入れてほしいという外務省の要望を述べるなどした後、政府改正案の「戦争放棄」のみを訴えていた憲法9条1項に「国際平和を誠実に希求し」の文言が追加された。

　〈それでは前文2段の平和主義の起草者は誰なのか〉。前文2段は次のように規定されている。
　日本国民は、恒久の平和を念願し、人間相互の関係を支配する崇高な理想を深く自覚するのであつて、平和を愛する諸国民の公正と信義に信頼して、われらの安全と生存を保持しようと決意した。われらは、平和を維持し、専制と隷従、圧迫と偏狭を地上から永遠に除去しようと努めてゐる国際社会において、名誉ある地位を占めたいと思ふ。われらは、全世界の国民が、ひとしく恐怖と欠乏から免

21　古関『平和憲法の深層』99頁。
22　毎日新聞2018年8月23日夕刊［石塚孝志］参照。

かれ、平和のうちに生存する権利を有することを確認する。

　英米法学者の田中英夫の研究によれば、「前文と戦争放棄の条文の起草が、運営委員会のメンバーおよびホイットニー民政局長の間で進められたことは確実のようである」という[23]。
　古関彰一は次のように推論している。GHQ が 9 条を起草した段階では「平和」にまったく言及されていなかった。それに比べて前文は「平和」を、自然権を基本に思想的かつ宗教理念―キリスト教思想と言い換えてもいいのだが―に基づいているということである。つまり、民生局の幹部が自ら起草したものではなく、キリスト者、あるいは平和主義者が素案を起草したと考えざるを得ないのである。古関は、日本のフレンド（普連土）派（クウェーカー教徒）の人々がかかわったのではないかと推測している。こう述べ、前文の起草過程はいまだ解明されておらず、今後の課題であるとされている[24]。

　以上の分析を通じて、古関彰一は、天皇制・平和主義・沖縄について次のように総括する[25]。
1　天皇が国政に対する権能を有せず、単なる象徴的存在になることは、連合国に天皇制の存置を受け入れやすくし、戦争の放棄は、東京裁判で天皇が戦争責任を免れる可能性を高め、連合国に受け入れられるとマッカーサーは考えた。
2　ただ一点、難点が残っていた。マッカーサーからすれば、日本の安全をどう守るかという課題である。この点に関してマッカーサーは、あるいは米国の軍部は、日本占領以前に腹案をもっていた。それは沖縄の軍事基地化である。
　古関は、毎日新聞のインタビューで次のように述べている（毎日新聞 2018 年 8 月 23 日夕刊）。「マッカーサーは GHQ 案を出した段階で、沖縄を基地化して米国の統治下におくことを考えていたのです。日本が『戦争放棄』を宣言しただけでは、当時のソ連の脅威を抑えることはできない。これからは空軍が主力となる時代だから、沖縄に基地を造り、米ソで軍事的なバランスを保つことによって平和

23　高柳賢三＝大友一郎＝田中英夫『日本国憲法制定の過程Ⅰ原文と翻訳』（有斐閣、1972 年）245 頁。
24　古関『平和憲法の深層』107 頁。
25　古関『平和憲法の深層』112-113 頁。

を維持するという極めて戦略的な考えを以ていました」。つまり、日本の平和主義は、不戦を誓う平和主義と、日米安保体制下での戦略的な二重構造であったというのである。

　この経緯を古関彰一は『日本国憲法の誕生増補改訂版』（岩波書店、2017年）では、次のように叙述している。マッカーサーは本土の非武装化と沖縄の軍事基地化という政策を構想していた。というのは、1945年10月、米統合参謀本部は、沖縄を日本から分離することを決定した。1945年12月、衆議院議員選挙法の改正において、女性の選挙権を認める一方、沖縄県民の選挙権が停止される措置がとられた（156頁）。マッカーサーは、1946年1月29日、日本政府に対し、沖縄を含む「若干の外郭地域の日本からの政治上及び行政上の分離に関する覚書」を発した（SCAPIN-677）。1946年2月段階で、GHQは本土在住の朝鮮人、台湾人とともに沖縄県民に対して住民登録を命じた（その際、「沖縄県民」という言葉は使用せず、原文では「琉球人（Ryukyuans）を使用した」[26]）。

　マッカーサーは本土の非武装化と沖縄の軍事基地化の構想を腹案として占領以前にもっていた。古関は、ここにマッカーサーが9条の「戦争放棄」条項を発案した根拠を求めたと考えられる。9条の発案者には種々説があり、どの説が真実であるか解明されていないが、私は説明としては古関のマッカーサー説が説得的である考える。

（2）戦争の放棄

　憲法9条は次のごとく規定する。「日本国民は、正義と秩序を基調とする国際平和を誠実に希求し、国権の発動たる戦争と、武力による威嚇又は武力の行使は、国際紛争を解決する手段としては、永久にこれを放棄する。②前項の目的を達するため、陸海空軍その他の戦力は、これを保持しない。国の交戦権は、これを認めない」。

　戦争放棄の規定について、国際法では、1919年の国際連盟規約、1928年のパリ不戦条約、1945年の国際連合憲章、憲法では、かつてフランスの1791年憲法6篇は、「フランス国民は、制服を行う目的でいかなる戦争を企図することも放棄

---

[26]　古関『日本国憲法の誕生増補改訂版』156頁以下、及び、438頁以下参照。

し、かつその武力をいかなる人民の自由に対しても使用しない」と規定していた[27]。その後、第2次大戦後の多くの憲法、たとえば、1946年フランス第4共和制憲法（「征服のための戦争」の放棄）、1947年のイタリア共和国憲法（「国際紛争を解決する方法」として戦争の放棄）、1949年西ドイツ憲法（「侵略戦争の遂行を準備する行為」の違法化）等にみられる。

しかし、これらは、いずれも一定の条件の下で自衛戦争や制裁戦争を行うことを認めていた。これに対して、日本国憲法は、9条1項であらゆる戦争の放棄を、2項前段では一切の軍備の廃止を、2項後段では交戦権の否認を規定し、完全な非武装主義を宣言して徹底した戦争否定の態度を打ち出している点で各国の憲法と原理的に異なり、先駆的な意味をもっている。

9条の規範の意味内容は決してむずかしいものではない。ただ、国内外の政治・経済・軍事という外的状況が条文の解釈を複雑なものにしているだけである。ここにおける「国権の発動たる戦争」とは、国際法上の意味における戦争のことであり、宣戦布告によって明示的に戦意が表明される戦争、あるいは、黙示的に武力行使による外交断絶の形で戦意が表明される戦争をいう。「武力の行使」とは、現実に武力を行使して外国と戦闘行為をすることであり、「武力による威嚇」とは、現実には武力の行使はしないが、武力の行使をほのめかして、自己の主張や要求を相手方に強要することをいう。9条1項は、これらすべてを放棄したのである。

ところで、憲法で放棄された戦争の範囲については、「国際紛争を解決する手段としては」の文言をいかに理解するか、および、9条2項の「前項の目的」「戦力」「交戦権」などの解釈いかんで学説は分かれる。

大別すると、①1項で一切の戦争が放棄されたとする説（1項全面放棄説）[28]、②1項は侵略戦争のみを放棄し、2項によって一切の戦争が放棄されたとする説（2項全面放棄説）[29]、③1項および2項でも侵略戦争を放棄したにとどまり、自衛

27　渋谷秀樹＝赤坂正浩『憲法2 統治［第6版］』（有斐閣、2016年）渋谷執筆316頁。
28　小林直樹『新版憲法講義上』（東京大学出版会、1980年）193頁、宮沢俊義（芦部信喜補訂）『全訂日本国憲法』（日本評論社、1978年）164頁、樋口陽一『注釈日本国憲法』（青林書院新社、1984年）178頁など。
29　佐藤功『日本国憲法概説［全訂第5版］』（学陽書房、1996年）83頁、長谷川正安「第9条」有倉遼吉＝小林孝輔編『基本法コンメンタール［第3版］』（日本評論社、1986年）42頁、浦田賢治「憲

戦争・制裁戦争は放棄されていないとする説（限定放棄説）[30]、がある。この説は、「国際紛争を解決する手段として」という文言が、不戦条約（戦争抛棄ニ関スル条約）1条と同様であることから、2項では、侵略戦争を放棄し、その他の自衛戦争と制裁戦争などは放棄していないと解するのである[31]。なお不戦条約1条は、「締約国ハ国際紛争解決ノ為戦争ニ訴フルコトヲ非トシ且其ノ相互関係ニ於テ国家ノ政策ノ手段トシテノ戦争ヲ抛棄スルコトヲ其ノ各自ノ人民ノ名ニ於テ厳粛ニ宣言ス」と規定していた。ここで放棄された戦争とは侵略戦争を意味するとされていたのである[32]。

　まず、1項で解釈上議論になるのは、戦争の放棄について、「国際紛争を解決する手段としては」という条件付きのかたちになっている点である。

　これについては二つの見解がある。①ひとつは、「国際紛争を解決する手段として」の戦争というのは、一切の戦争を放棄し、戦力や武力の行使・威嚇は、すべて国際紛争を解決する手段として行われるもので、自衛戦争も国際紛争を前提としているから、1項で、侵略戦争だけでなく、自衛戦争や制裁戦争をも含む一切の戦争を放棄している、とする考え方である（1項全面放棄説）。②ふたつは、「国際紛争を解決する手段としての戦争」とは、侵略的な違法な戦争ことであり、自衛戦争や制裁戦争は1項によって放棄されていないという考え方である。

　この見解は、さらに、②―(1)　2項で戦力の保持や交戦権が否認されているので、結局、自衛戦争・制裁戦争も放棄されたとする説（2項全面放棄説）と、②―(2)　2項によっても、自衛戦争や制裁戦争は放棄されていないとする説（限

　　法裁判における平和的生存権」『現代憲法の基本問題』（早稲田大学出版会、1974年）46頁など。
30　西修『自衛権』（学陽書房、1978年）19頁、橋本公亘『日本国憲法〔改訂版〕』（有斐閣、1988年）435頁、佐々木惣一『改訂日本国憲法論』（有斐閣、1952年）232頁以下、佐々木高雄「戦力と自衛隊」大石眞＝石川健治編『憲法の争点』（2008年）52頁など。
31　渋谷秀樹『日本国憲法の論じ方〔第2版〕』（有斐閣、2010年）50頁。
32　浦部法穂『世界史の中の憲法』（共栄書房、2008年）115頁。憲法9条1項の「国際紛争を解決する手段としては」戦争を放棄するについて、これは不戦条約の文言と同じであり、9条1項が放棄しているのは侵略戦争であり、自衛戦争は放棄していないという解釈が有力に存在している。浦部法穂は、不戦条約がそのように解釈されたのは、その当時の帝国主義列強が自分たちの利益を守るためにそういう解釈をした、というだけのことであり、9条1項の「国際紛争を解決する手段」としての戦争を、不戦条約と同じ意味に解釈するというのは、帝国主義的な植民地争奪戦はいいんだといっているのと同じになることになるわけで、日本国憲法の解釈において、国際法上確立されてきた解釈を当然の前提としなければならない必然性はないはずである、と述べる。

定放棄説）に分かれる。しかし、「憲法には、①大臣の資格としての文民規定（66条2項）以外に軍隊や戦争を前提とする規定がない。②憲法前文は一国による安全保障ではなく、国際連合による安全保障を想定している。③9条2項後段は交戦権、つまり交戦状態に入った当事国に国際法上認められている権利を否定しているので、これとの整合性もつかない。以上から、自衛戦力を肯定することはできない」[33]。

1項全面放棄説、あるいは、2項全面放棄説をとるのが多数説であり、限定放棄説は非武装平和主義の意義を矮小化するもので妥当とはいい難い。

●正義の戦争と不正義の戦争

17世紀頃までは、法的に許される戦争（正義の戦争）と法的に許されない戦争（不正義の戦争）があると考えられていた。「国際法の父」と呼ばれるフーゴー・グロチウス（Hugo Grotius）が、『戦争と平和の法』（1625年）の中で、正当な戦争として、自己防衛、財産などの回復、懲罰（制裁）の三つの正当化根拠をあげて、戦争を限定している[34]。

18世紀に入ると、正・不正の判断基準が立てられなくなり、無差別戦争観が支配的になっていく。しかし、20世紀に入ると再び、違法な戦争をつくるという国際的な動きが復活する。それが国際連盟規約や不戦条約である。1928年の「戦争抛棄ニ関スル条約」（不戦条約）1条は、「締約国ハ国際紛争解決ノ為戦争ニ訴フルコトヲ非トシ且其ノ相互関係ニ於テ国家ノ政策ノ手段トシテノ戦争ヲ抛棄スルコトヲ其ノ各自ノ人民ノ名ニ於テ厳粛ニ宣言ス」と規定した。ここでは侵略戦争の制限と放棄を目的とした。

それでもなお第二次世界大戦を阻止できなかった。このことの反省に立ち、1945年、国際連合がつくられ、戦争の正・不正の判定は不可という前提に立って、一切の戦争を否認することになった。国際連合憲章2条3項は、「すべての加盟国は、その国際紛争を平和的手段によって国際の平和及び安全並びに正義を危くしないように解決しなければならない」と規定した。

33　渋谷秀樹『憲法への招待新版』（岩波新書、2014年）185頁。
34　渋谷秀樹『日本国憲法の論じ方［第2版］』（有斐閣、2010年）51頁。

また、国際連合憲章2条4項では、「すべての加盟国は、その国際関係において、武力による威嚇又は武力の行使を、いかなる国の領土保全又は政治的独立に対するものも、また、国際連合の目的と両立しない他のいかなる方法によるものも慎まなければならない」と規定した。この規定は「武力の威嚇又は武力の行使」をすべての加盟国に対して一切禁止する。ただし、国際連合自体が行うことは認めている（国連憲章39条以下）。ただ、過渡的な措置として、加盟国の個別的自衛権と集団的自衛権の行使は認められるという構成がとられている（国連憲章51条は「この憲章のいかなる規定も、国際連合加盟国に対して武力攻撃が発生した場合には、安全保障理事会が国際の平和及び安全の維持に必要な措置をとるまでの間、個別的又は集団的自衛の固有の権利を害するものではない」と規定した）。

（3）戦力の不保持

9条2項前段は、「前項の目的を達するため、陸海空軍その他の戦力は、これを保持しない」と定め、戦力の不保持を宣言し、1項における戦争の放棄を具体的に裏付けている。戦力をもたない動機は、「前項の目的を達成するため」であるが、「前項の目的」が1項の何をさすかについては説が分かれる。もっとも、1項によって一切の戦争が放棄されているという見解をとれば、「前項の目的」をどう解釈しても一切の戦争が許されないことになるが、1項で侵略戦争のみを放棄したという解釈をすれば、「前項の目的」がどの文言を受けるかが、自衛力を認めるか否かの重要なポイントとなる。

これについては次のような解釈がある。①「前項の目的」とは、9条1項の目指す指導精神をさす。1項の一切の戦争を放棄するという目的を達成するために、一切の戦争を保持しないというのが憲法の趣旨である[35]。②「前項の目的」とは、「前項を定めるに至った目的」すなわち「日本国民は正義と秩序を基調とする国際平和を誠実に希求し」をさす。「前項の目的を達するため」というのは、戦力全面不保持の動機を示したものであり、このような目的から戦力は全面的に放棄される[36]。③「前項の目的」とは、「国際紛争を解決する手段として」の戦争、つまり侵略戦争を放棄するという目的であり、侵略戦争のために戦力保

---

[35] 小林直樹・前掲書198頁、宮沢俊義（芦部信喜補訂）・前掲書166頁など。
[36] 佐藤功・前掲書87頁など。

持することは許されないが、自衛のための戦力は許される[37]。以上の①②説は、立論方法は異なるにせよ、最終的には、戦力の全面不保持に帰着することとなる。このいずれかを採用する学説が支配的であって妥当であると考える。

（ア）　戦力の意味

「陸海空軍その他の戦力は保持しない」と規定するが、保持を禁じられた「戦力」とは何か。まず警察力との関係で問題となる。さらに、自衛隊および駐留米軍との関係で問題となる。戦力とは戦争を遂行する目的と機能をもつ多少とも組織的な武力または軍事力（軍隊）を意味するとする説が多数である[38]。しかし、自衛戦力合憲論をとる立場からは、①戦力とは、「近代戦争遂行能力」を備えたもの、すなわち単独に外国の戦力と交戦できる程度の人員および装備をさす。近代戦争を遂行しうる程度に至らざるものは、保持を禁じられた戦力に当たらない（昭和27年11月25日政府統一見解）とか、②「自衛のための必要最小限度」の実力にとどまるかぎり、自衛力として、「戦力」には該当せず、その保持は禁止されていない（昭和47年11月13日政府統一見解）といった種々の戦力概念が提示されることとなる。

（イ）　戦力と非戦力

①　戦力と警察力

戦力の概念をめぐってまず問題となるのは、戦力と警察力の区別である。陸海空軍は、それじたい戦争目的をもつ一定の組織力によって編成されているので、戦力であることは問題ないが、警察力が「その他の戦力」に該当するかどうかが問題となる。

警察力は通常の範囲においては、国内の治安維持を目的とし、国民の平和を確保するために、国家が維持しなければならない力であるので、憲法がそれを戦力として保持を禁じられているとは考えられない。すなわち、戦力と警察力の区別は、戦力が外敵に対する防衛に任ずるのがその目的であるのに対し、警察力は、国内の治安維持を目的とする点に相違がある。したがって、国内の治安維持に必

37　西修『国の防衛と法』（学陽書房、1975年）35頁、橋本公亘・前掲書436頁など。
38　小林直樹・前掲書199頁、樋口陽一・前掲書178頁など。

要な限度内の力は憲法にいう戦力の範囲から除外される。また、憲法で放棄された戦力の範囲を確定するに際しては、主観的に判断されるものではなく、その目的、任務、装備、編成の諸要因を考慮して、客観的に判断されなければならない。

② 戦力と自衛隊

1950年6月、朝鮮戦争勃発に応じて、マッカーサーの指令により、「わが国の平和と秩序を維持し、公共の福祉を保障するのに必要な限度内で、国家地方警察及び自治体警察の警察力を補う」（警察予備隊令1条）ことを目的として、迫撃砲やバズーカ砲を装備した7万5千名の警察予備隊ができた。この警察予備隊は戦力に該当し違憲であるとする警察予備隊違憲訴訟が、直接、最高裁判所へ提起されたが、最高裁は、違憲審査権の行使には具体的事件性が必要であることを明示し、判断を行うことなく訴えを不適法として却下した（最大判1952（昭和27）年10月8日民集6巻9号783頁）。

1952年日米安保条約が発効した年、警察予備隊は保安隊に、海上警備隊は警備隊に改編され、定員は11万人に増員されて、大型火砲やシャーマン戦車などの重装備がすすめられ、9条の禁止する「戦力」に該当することがますます明らかになった。

当時の政府は、憲法が禁じている「戦力」とは、「近代戦争遂行能力に役立つ程度の装備、編成をそなえるもの」であり、保安隊・警備隊は、近代戦争遂行能力をそなえていないから、憲法上禁止された「戦力」ではないと説明した。つまり、保安隊は軍隊であるが、戦力に該当しないから合憲であるということで、この考え方は「戦力なき軍隊論」とよばれた。しかし、近代戦争とは、全面核戦争から核戦争をしない局地戦争までも含む概念であり、保安隊が全面核戦争遂行能力はもたないのは事実であるとしても、局地戦争遂行能力は十分にそなえていたのである。

1952年の政府は解釈の変更を行い、警察力よりも強力な装備をもつ実力装置には、「戦力」になるものと、「戦力」にならないものがあり、憲法は後者の保持は禁じていないとする。そして、憲法上禁止されていない実力装置として、「自衛権」を担保する「自衛力」なるものが認められるとするのである。政府は、警察

力以上のものとして、「戦力」なるものと「戦力」ではない軍事力である「自衛力」を区分し、自衛隊は後者であるので、憲法上保持を禁じられていないと説明するようになったのである[39]。

政府は、前述のごとく、自衛隊の合憲化のために、戦力とは「自衛のための必要最小限度の実力」を超えるもののみを指し、「自衛のための必要最小限度の実力」である「自衛力」は、憲法の禁止する戦力に該当しないとしている。このような融通無碍な法規範として意味のない基準を設定しているために、憲法論を無視したたんなる政治的主張が横行するようになる。

1954年、日本再軍備の促進がアメリカ合衆国の緊急の課題となった。政府は急遽、自衛隊法と防衛庁設置法を制定した。かくして、自衛隊が誕生し、「わが国の平和と独立を守り、国の安全を保つため、直接侵略及び間接侵略に対しわが国を防衛することを主たる任務」(自衛隊法3条1項)とし、さらに「陸上自衛隊は主として陸において、海上自衛隊は主として海において、航空自衛隊は主として空においてそれぞれ行動することを任務」(同2項)とするところの現代的装備をもつ本格的な軍隊となった。以後、着実に増強がはかられ、世界の水準をもってしても相当に強力な軍隊となっているのである。

(ウ) 自衛隊法と自衛隊

〈憲法9条を支持しつつ、なぜ自衛隊の存在を肯定できるのか〉、憲法9条の法的性格が問題となる。

かつて自衛隊違憲論が学説においては多かったといえる。憲法9条に裁判規範性を認め、自衛隊及び自衛隊法を違憲であると解する説である[40]。

この説はおおむね次のように解する。9条は憲法の平和主義を客観的制度として具体化した法規範であり、国政の方針を示すたんなる政治的宣言(マニフェスト)ではなく、裁判官をも拘束する法規範である。裁判所は本条を根拠として法令の違憲・合憲を判断できる。本条に照らして、自衛隊および自衛隊法等は違憲である[41]。

---

39 渋谷秀樹『憲法への招待新版』186-187頁。
40 有倉遼吉＝時岡弘『条解日本国憲法［改訂版］』(三省堂、1989年) 50頁。
41 深瀬忠一『恵庭裁判における平和憲法の弁証』(有斐閣、1967年) 120頁、浦田賢治『判例コンメ

しかし、自衛隊を肯定する考え方もある。それは以下のようなものである[42]。

1　9条は政治的宣言であって法的規範ではないとする説がある。

それによると、9条は、国の安全保障という高度の政治性をもつことがらに関するもので終局的には主権者である国民の意思によって決定されるべきであるという意味で政治的規範ないし政治的マニフェストにすぎないから、裁判規範としての性格をもたない。それゆえ、法令が本条に違反するという主張も裁判所における訴訟ではなく、主として、国会、選挙その他政治的な場において検討され決定される[43]。

2　9条を「原理」と捉える説がある。

毛利透は、高柳賢三と類似の問題意識から9条の規範としての性格を考え直す議論として長谷部恭男の説を取り上げ、長谷部説を9条を「原理」として捉える説として分類している[44]。

長谷部自身は、自衛のための必要最小限の実力を保障することは、現在の憲法の下でも許されると考えており、それは立憲主義の根本的な考え方に、よりよく整合するという。そして、次のように述べる[45]。

法規範の中には、ある問題に対する答えを一義的に定める準則と、答えを特定の方向へ導く力として働くにとどまる原理とがある。表現の自由などの憲法上の権利保障を定める条文の多くは原理を定めているにとどまる。相互に衝突する二つの準則のうち1つはそもそも準則ではありえないが、原理については互いに衝突する複数の原理が共存する。9条の文言をたよりに自衛のために最小限度の実力の保持が許されないとする立場は、9条の文言を準則として理解している。しかし、なぜ原理ではなく準則として理解しなければならないか説明されることは稀である。立憲主義は、異なる価値観を抱く人々が、平和に共存し、公平に社会生活のコストと便益を分かち合う枠組を築き上げていくための考え方である。そ

ンタール憲法1』（三省堂、1977年）57頁等。
42　渋谷秀樹『日本国憲法の論じ方［第2版］』55頁。
43　高柳賢三『天皇・憲法第9条』（有紀書房、1963年）84頁以下、伊藤正己『憲法［新版］』（弘文堂、1990年）167頁以下。
44　毛利透「平和主義」『憲法I総論・統治［第2版］』（有斐閣、2017年）141頁。
45　長谷部恭男『憲法の理性［増補新装版］』（東京大学出版会、2016年）4頁。

のための基本的手立ては、人の生活を公と私に区分することである。公の場では、人は、自らの価値観を脇において、社会全体の利益に関する理性的な討議と決定に参与する。憲法は公と私を分け、それぞれが十全に機能するために定められたものである。立憲主義は、ある特定の「善き生」を貫くために、絶対平和主義をとるべきであるという立場と整合しない。それは、特定の「善き生」の理念で、公の政策決定を占拠しようとする企てである。結局、自衛のための実力の保持の全面禁止という立場は、準則として理解された憲法9条の文言を遵守することにはなっても、立憲主義に従うことにはならない。

こうした長谷部説を、毛利透は、次のように評している[46]。9条を文字どおり理解すれば、特定の善の観念を国家を通じて国民皆に押し付けることになるという主張は、かなり意表をつくものである。善の押しつけといって通常頭に浮かぶのは、典型的には国家が国民にある宗教への礼拝を強制するといった事例であろう。戦力をもたないということは、少なくとも直接的には、国民に何かを強制するわけではない。にもかかわらず長谷部がそこに立憲主義との衝突を見出すのは、日本が非武装で自衛できるという考えは国際関係、「人類」の現実に照らしてあまりに非現実的であり、そうだとすれば、それを要請する理由は、政策としての合理性を超越した特定の善の観念しかありえないと考えるからであろう。日本国民は、他国からの侵略の脅威に無防備なまま暮らすという理不尽な恐怖を、国家から強いられていることになる。

ここでも決定的なのは、9条を貫くことは非現実的に過ぎるという判断であり、そうである以上現実的な解釈が求められることになる。長谷部の9条解釈が、「字句に執着してナショナル・セキュリティを置きざりにするような憲法の解釈は正しい解釈ではない」とした高柳と共通する態度に発するものであることが読みとれるとする。

私は、9条を文字どおり貫くことが非現実的なものであるとは思えず、むしろきわめて現実的なものであると考える。毛利も同じような疑問を呈している。9条を原理として捉える長谷部説に対しては、9条を文字どおり理解した非武装が本当に政策としての合理性を有しないほど非現実的なのか、また9条を原理として捉えることが現実にどの程度国家権力を拘束する効果をもちうるのか、という

46　毛利・前掲「平和主義」142頁。

二つの疑問を提起することができるとする。

　軍（自衛隊）が国民の生命・財産を守るものであるのか、むしろ軍（自衛隊）が国民に銃を向けることを警戒すべきではないのか。毛利も次のようにいう。「特に実力組織そのものである軍を法が統制できる保障はどこにもない。平たくいえば、軍が存在する限り、どれほど法的手だてを尽くしても、クーデターの危険は事実として存在するということである。国会議事堂や首相官邸を攻撃するのに、他国の軍隊よりも自衛隊の方が有利な位置にいるのは明らかである。そして、立憲主義の観点からみれば、外国による支配と自国軍による支配で、後者をより望ましいとする理論的根拠は存在しない。さらに、クーデターの脅しによって軍が政治に介入する危険は、現実のクーデターの危険よりもはるかに高い程度で恒常的に存在することになる」[47]と。

　3　9条は変遷したという説がある[48]。
　従来の通説は、憲法制定当時における9条の規範的意味を正しくとらえていた。しかし、その後の国政情勢およびわが国の国際的地位は著しく変化し、いまでは9条の解釈の変更を必要とするにいたった。国民の規範意識も、現在では自衛のための戦力の保持を認めているように思われる。かくて、右の限りにおいて、9条の変遷を認めざるをえない。

　近時、上記の9条の変遷論を唱えているのが高橋和之である。法律時報の2018年6月号「憲法と政治」と題する座談会で、西村裕一の「1996年の『ジュリスト』1089号座談会で、高橋先生は、自衛隊違憲説の問題点を立憲主義という観点から指摘されていました。」「その後も高橋先生は、日本社会に立憲主義を定着させるという観点から、自衛隊違憲説に対して疑問を呈されてきたように思います」という問いに答えて高橋は次のように述べている。

　「国民の意思から非常に乖離したときに違憲だと頑張っていると、かえって憲法に対する信頼を失うというマイナスもあるのではないか。それも考慮しなければいけないのではないかという程度の発言をしただけだと思っていたのですが。研究を始めた頃は自衛隊違憲説が解釈としては正しいだろうと思っていました。

47　毛利・前掲「平和主義」143頁。
48　橋本公亘『日本国憲法（第2版）』（有斐閣、1988年）439頁以下。

その後、現実に自衛隊ができて、国民の7割以上、8割近くかな、正確な数字はわからないけれども、そういう多くの人たちが一応自衛隊自体は認めているということになると、その中で『違憲だ』と言い続けるだけでいいのか」。「こんな問題意識が次第に膨らんできていたということもあり、もうこれは憲法変遷という以外にないという気持を内心ではもつようになり、それで憲法変遷論を勉強したのです」。「憲法変遷というのが立憲主義にとって一番無難ではないかという思いはある。というのは、条文自体は残るし、憲法変遷というのは眠っていた条文が目覚めるときもあるというのが僕の理解だから。そういうものとして残しているほうがいい。これを完全になくしてしまわないように思っているのですね。玉砕を避け被害を最小限にしてひとまず撤退するという戦略とでもいいましょうか」(71頁)。「政治的マニフェストと読む立場は考えましたが、そちらを取らなくても『変遷』としたのは、憲法規定の中で規範性がない規定というのは認めるべきではない、憲法条文はすべて規範性をもっていると考えるべきだ、マニフェストとかプログラム規定というのはゆるされない、そういう理解をより重要と考えて優先した。そうするともう変遷論を使う以外にないのかなと考えたのです」(72頁)。

さらに、以上の座談会の中で、高見勝利が、芦部信喜のマニフェスト説について紹介されているので、それをみておこう。

「私〔芦部信喜〕は、9条はそう〔高柳賢三の〕いう単なる政治的な宣言、政策宣言ではなく、為政者を法的に拘束する規範だと考えてきたのですが、そう考えますと、憲法を改正するか、自衛隊を解消する方向で考えるか、しない限り、憲法の規範と現実との矛盾を解くことは出来ません。しかし、核兵器廃絶とか、国連改革とか、さらに日米安保の見直しとか、21世紀へ向けて日本が世界に対してメッセージを送る基盤になるのは、非武装平和の憲法をおいて他にありません。そこで、それをより強く世界に訴えていく、しかし一方で必要最小限の自衛力も当分の間、暫定的に認める。そういう立場を採るためには、政治的マニフェスト説の今日的意義を再検討しなければならないのではなかろうか、私はそう考えるようになりました」(72頁)。

4　自衛隊は違憲ではあるが合法的存在であるという説がある[49]。

小林直樹の「自衛隊の違憲・合法」論は次のようなものである。

今日の憲法秩序の中で、自衛隊はどのような法的地位を占めているだろうか。世界でも有数の総合戦力をもつ軍事組織となった自衛隊は、単に「違憲の事実」にすぎないと見なすだけでは済まない存在となった。現実には、それは実際上も形式上もいちおう「合法的」に存在し、機能している特殊な組織である。

こうした自衛隊存在の現実は、まさに「違憲かつ合法」の矛盾を内包したものと捉えることが、最も正確で客観的な認識であろう。この認識は、たしかに法秩序を統一的に考えるべきだとする規範論理的思考には適合しないし、実践的見地からみても既成事実の正当化を促進するような危険な面がないとはいえない。しかし、法秩序の機能的かつ実態的な把握をめざす理論にとっては、矛盾を矛盾として直截に受けとめることから出発することが、理論の客観性を確保するための第一条件である。

自衛隊が「合法」的存在だということは、第一にそれが法律（自衛隊法、1954年）によって、その任務・組織・編成・権限等を定められており、またその管理・運営にたずさわる防衛庁も、権限や所管事務の範囲を法律（防衛庁設置法、同年）で定められていることにもとづく。これらの法律は、いちおう正規の手続きを踏んで制定・公布されたものであり、また現に法律として実効的に行われている。この現実面に即するかぎり、自衛隊の「合法」性を否認することはできないであろう。

問題は、このような「違憲」性と「合法」性の同時的成立をどう理解するかにある。従来までの見方によれば、憲法9条と自衛隊の存在との間の矛盾を除去するのには、次のような政策もしくは解釈をもってするほかないと考えられてきた。

(a) 違憲の自衛隊を解散（もしくは警察予備隊程度に縮小）——または非軍事的組織に改編——して、第9条の規範的意味を回復する。
(b) 憲法9条を削除もしくは改正して、自衛のための軍隊を持てるようにする。
(c) 憲法9条の解釈を操作して「戦力」に当らない程度の自衛力を持つことは、合憲であると見なすことにする。

49　小林直樹『憲法第9条』（岩波新書、1982年）149頁以下。

(d) 憲法9条は厳密な意味での法規範ではなく、単なる政治的理想を謳った綱領規範であるとみて、現実とのギャップには目くじらを立てない。
　(e) 自衛隊の存在と防衛関係諸法が、長きにわたって有効に妥当してきたことによって、憲法9条の規範的意味は変更してしまったとみる。
　現実そのものを見直してみれば、「違憲」性と「合法」性というふたつの面をそのままに、1つの矛盾状況として受けとめるのが、現状に対する最も正確な法的認識となるように思われる。

　今日では、こうして、多くの憲法学説が自衛隊を何らかの理由により合憲化しようとしているのが理解できる。国民は自衛隊の何を認めているのであろうか。自衛隊自体の実態には目を向けず、自衛隊の災害支援活動にだけ目を向けて支持しているだけにすぎなのではないか。しかし、こうした自衛隊容認説は規範論ではなく政治政策論であろう。違憲の存在は違憲という以外にないのである。
　違憲なものをいかに長期間積み上げていっても、それが合法になったり、憲法が変遷したりするものでありえない。それは憲法の「崩壊」といわれるべきものである（有倉遼吉）。田畑忍は京都大学学園祭での講演（1980年11月22日、この講演［憲法9条をめぐって］は法学セミナー1981年3月号2頁以下に掲載）において的確に次のように指摘している。「官僚主義法学の中には、現憲法を違憲の解釈改悪によって、安保と違憲の悪法令で、なしくずしに改悪した状況を、憲法の『変遷』として主張する立場があります。現に彼らは、憲法9条に対する違憲の国情を、憲法違反の積み重ねと見る代りに、憲法9条の変遷と見るのです。しかし決してそれは、憲法9条が変遷したのではなく、憲法9条違反事実の伸展にすぎないのです。ですから、単なるなしくずし的改悪です」（6頁）。
　そして、田畑忍は従来の自論、9条に基づく永世中立宣言の必要性を説いている。「このような9条破壊の元兇はもちろん安保条約です。つまり、昭和26年以降の日本の政治は憲法9条に対する安保の支配的矛盾の政治です。……然し、安保体制をなくし9条完全実施の憲法体制を復活して、主権を回復することは、決して不可能ではありません。また独立国としてのわが国主権の回復は絶対に必要です。そしてそれは、アメリカの問題ではなくて、あくまでも日本の問題です。しかもまたアメリカの主権を侵害することでは毛頭ありません。否、アメリカのためにもなり、すべての国のためにもなり、真に世界平和のためになる筈です。

それは、日本が、9条に基づいて、宣言によって永世中立国になることであります」と述べる（7頁）。

(エ) 安保条約と外国軍隊の駐留

在日米軍が戦力に該当するかどうかが問題となる。政府は、新・旧の安保条約によって、アメリカ軍に軍事基地を提供し、軍隊の駐留を認めている。

この点、学説は、①外国軍隊は「戦力」に該当し、わが国の意志にもとづいてわが国の領土内に戦力を置くことは9条2項に違反するとする違憲説[50]と、②憲法の定める戦力の不保持は日本の戦力についてであり、外国軍隊は9条の「戦力」に該当せず、日本の戦力ではないから憲法に違反しないとする合憲説[51]、あるいは、③外国軍隊は「戦力」に該当するが、憲法は国際連合による安全保障を認めているのであり、国際的な集団安全保障方式の完成に至るまでの過渡的措置として、外国軍隊の駐留を認めているとする合憲説[52]、に分かれるが、在日米軍の駐留を認めることは、その趣旨において、日本が自衛のための戦力をもつことと全く同じことであり、9条2項に違反するとするのが妥当であろう。

(4) 交戦権の否認

9条2項後段は、「国の交戦権は、これを認めない」と定めている。交戦権の意味について、①国の交戦権とは、国家が戦争を行う権利である、とする解釈[53]と、②国の交戦権とは、国家が交戦国として国際法上有する権利である、例えば、船舶の臨検、拿捕、貨物の没収等の権利、占領地行政などに関する国際法上の権利がそれである、とする解釈[54]に分かれている。

1 2項全面放棄説は、交戦権の意味について、①説と結びつき、②説を排する。2 限定放棄説は、①説と結びついた場合、1項、2項併せて侵略戦争を放棄するというだけで、むしろ2項の規定は無用となる。ただ、②説と結びついた場合、自衛戦争や制裁戦争は行いうるが、交戦国の権利は主張できないこととな

---

50 鵜飼信成『新版憲法』（弘文堂、1966年）63頁、田畑忍『憲法学講義』（憲法研究所、1964年）120頁など。
51 横田喜三郎『自衛権』（有斐閣、1951年）209頁。
52 宮沢俊義（芦部信喜補訂）・前掲書180頁など。
53 小林直樹・前掲書197頁、長谷川正安・前掲書55頁。
54 宮沢俊義（芦部信喜補訂）・前掲書176頁、橋本公亘・前掲書445頁など。

り苦しい解釈となる。このため、「『前項の目的を達するため』という文言が戦力不保持の規定の趣旨を限定していると解するならば、同様に、2項後段の交戦権否認の規定も限定していると解する方が合理的である。すなわち、2項後段は、侵略のための交戦権は否認するが、自衛のための交戦権は否認していない」[55]としている。3　1項全面放棄説をとれば、①②説のいずれと結びついても当然のことを規定したにとどまる。

3　憲法の予定する安全保障

　憲法の予定する安全保障方式については、9条が自衛戦争をも放棄した非武装平和主義をとっていると解釈し、世界連邦、世界国家を目標として、その段階に至るまでは非武装中立の方式によるべきであり、これもまた現実的でないというなら、二つの陣営の対立をこえたすべての「平和を愛する諸国民」の組織としての国際連合による安全保障という方式が最低限であるとする説が有力である[56]。

　判例も、砂川事件第1審判決は、国際連合の安全保障理事会等のとる軍事的安全措置を最低線とすると判示し（東京地判1959（昭和34）年3月30日下刑集1巻3号776頁）、さらに、長沼事件第1審判決は、軍事的中立性を徹底し、軍事力によらない安全保障（非軍事的な自衛抵抗の方法）を説いており妥当である[57]。

　しかし、現実の日本の安全保障方式は、これらと大幅に異なっており、自衛隊の容認と日米安保条約の方式であった。これを支持する学説[58]や判例（砂川事件上告審判決、百里基地第1審判決）もある。

　日本の占領状態は、1952年4月28日、サンフランシスコ平和条約（正式には「日本国との平和条約」）の発効とともに終了する。しかし、同時に、独立後もなお外国の軍隊であるアメリカ合衆国軍（以下「アメリカ軍」と略）が日本に駐留する根拠を設定するための条約、「日本国とアメリカ合衆国との間の安全保障条約」

55　橋本公亘・前掲書445頁。
56　小林直樹・前掲書225頁、芦部信喜『国家と法Ⅰ憲法』（日本放送教会、1985年）43頁、大須賀明「前文」有倉遼吉＝小林孝輔編『基本法コンメンタール憲法［第3版］』（日本評論社、1986年）9頁。なお、非武装永世中立主義を強調する学説として、田畑忍『憲法学講義』（憲法研究所、1964年）124頁。
57　札幌地判1973（昭和48）年9月7日判例時報712号25頁。
58　西修『自衛権』（学陽書房、1978年）24頁、橋本公亘・前掲書441頁。

（旧安保条約）が締結される。

　この条約によると、アメリカ軍の駐留目的は「極東における平和及び安全の維持」および「内乱の鎮圧」とする。また、基地協定において、日本がアメリカ軍に軍事基地を無制限に提供する義務を負うものであり、アメリカ軍には日本の防衛義務は明記されていないものであったので、日本が一方的に義務を負う片務的条約というものであった。実態からいえば、従前と全く変わるものではなかったのである。そこで、1960年、旧安保条約を改訂し、「日本国とアメリカ合衆国との間の相互協力及び安全保障条約」（新安保条約）を締結し、相互協力的な条約に改正された。この条約は、アメリカ軍駐留目的を「日本国の安全（への）寄与」並びに「極東における国際の平和及び安全の維持」とし（6条）、軍事基地の提供を約し、地域的に「日本国の施政の下にある領域における、いずれか一方に対する武力攻撃」（5条）に限定し、また、「自国の憲法上の規定及び手続に従つて共通の危険に対処するよう行動する」（5条）とした[59]。

　しかし、日本国憲法は以上のような軍事的安全保障を予定しているのではない。これについては哲学者・高橋哲哉の述べるように考えるべきである。日本国憲法は、人民が「為政者に戦争という選択肢を禁じ、別の選択肢を取るよう」命じている。「政権担当者が日本国憲法を順守するのであれば、軍事的な対応を高めるのではなく、あくまでも外交によってあらゆる政治的な知恵を発揮して、周辺諸国との敵対関係を解消し、安定した信頼関係を醸成するような努力を必死でやるべき」である。「日本国憲法の理念からすれば、非軍事的な方途で平和を確保するという選択をしている、そしてそれは決して夢物語ではない、リアルな力もある」といえる[60]。

　日本国憲法は軍事によらない平和、安全保障を選択しているのである。この点、岡野八代は次のように指摘する。「軍隊によらない平和という、新しい平和の可能性があるはずである。平和と暴力とは本来相いれないものなのに、暴力によって平和を維持するというパラドックスの中で、国家は生きながらえてきた[61]。日本国憲法はこうした戦争と平和のパラダイムの転換をはかっているのである。

59　渋谷秀樹＝赤坂正浩『憲法2 統治［第6版］』（有斐閣、2016年）渋谷執筆336頁。
60　高橋哲哉＝岡野八代『憲法のポリティカ―哲学者と政治学者の対話』（白澤社、2015年）高橋発言89-90頁。
61　高橋哲哉＝岡野八代『憲法のポリティカ―哲学者と政治学者の対話』岡野発言106頁。

4　自衛権

（1）自衛権の肯否

　憲法は自衛権の有無について何ら規定し言及していない。そこで主権国家がもつとされている自衛権が、日本国憲法の下でもあるのかどうかが問題となる。この問題について、国家の固有の自衛権までも否定する説はほとんどない。例えば、①自衛権は、本来、国家が自国または自国民に対する急迫不正な危害を除くためにやむをえず行動する権利であり、独立国家としては放棄できないとか[62]、②自衛権は、国際法上の基本的な権利であるので、国内法である憲法によって制限、放棄できないという[63]。しかし、そこから、政府のとっている「武力による自衛権」を引きだすことについては、学説の多くは批判的である。

　そこで自衛権とはどのように定義できるのであろうか。芦部信喜は「外国からの急迫または現実の違法な侵害に対して、自国を防衛するために必要な一定の実力を行使する権利」[64]と説明する。〈それでは防衛の対象となる「自国」とは何を指すのか〉。渋谷秀樹は、「概括的にいうと、自衛戦争として行われたものでも、それはその国の領域、そしてその領域を統治する政府を守るための戦争、さらにはその政府の政策によって経済的利益などを得る者のために行われたのではなかったのか。その国の定住者を守ることを第一義としてなされた戦争が果たしてあったのか、それははなはだ疑わしい」とし、「アジア太平洋戦争もその実態はどうであったか。人間を守るための戦争というのであれば、政府が降伏したことによって、日本に住む人の生命に差し迫った危険がなくなったという、ある種のパラドックスがこの辺の事情を示唆している」と戦争の欺瞞性を鋭く指摘している。そして、「自衛権は、何よりも、国の統治権の及ぶ範囲で生活を営む人間を守るためのものであるということを明確にしておく必要がある」と述べる。さらに、自衛隊の任務を定める自衛隊法3条1項から、自衛隊が、国の三要素（領

62　宮沢俊義（芦部信喜補訂）・前掲書177頁、佐藤功・前掲書85頁、芦部信喜『憲法』（岩波書店、1993年）56頁、小林直樹・前掲書223頁。
63　横田喜三郎・前掲書187頁。
64　芦部信喜＝高橋和之補訂『憲法6版』（岩波書店、2015年）59頁。

域、定住者、統治権）のいずれを守ろうとするのか、あいまい・不明確というほかないという[65]。

〈日本に自衛権があるか否か〉。自衛隊を違憲とする判決（長沼事件札幌地判1973（昭和48）年9月7日）も、国家である以上は、その固有の権利として自衛権があると考える。個人に認められている正当防衛の権利を国家にも当てはめて考えるものである[66]。

「固有の権利」という表現は、国際連合憲章51条にも見ることができるが、「そもそも国家や政府は人権の享有主体になりえないのに、自然権のイメージを与えかねない表現を使用すること自体が大きなあやまり」[67]といえる。そうすると、「日本の領域にいる住む人の生命や権利・自由を守るために、政府は何をどのようにすべきかを探求するのが基本的アプローチ」となる。

渋谷秀樹は、〈自衛権があるとすれば、それはどのような場合に成立するかが問題となる〉と問い、この問題は、自然人の正当防衛と対比させて考えるとわかりやすいとして次のように述べる。刑法36条は、違法性阻却事由の正当防衛につき、「①急迫不正の侵害に対して、自己又は他人の権利を防衛するため、やむを得ずにした行為は、罰しない。②防衛の程度を超えた行為は、情状により、その刑を減軽し、又は免除することができる」と規定している。国の自衛権成立の要件も、①急迫不正の侵害の存在（＝違法性の要件）、②他の手段がなくやむを得ずなされた行為（＝必要性の要件）、③侵害を排除するため、つまり防衛のための必要最小限度の手段（＝均衡性の要件）とされている。もっとも、③の要件は、自衛権成立の要件というよりも、自衛権行使方法の限界といった方が正確である。国の自衛権の行使は、あくまでも自己つまり自国への侵害に対するものに限定され、他人つまり他国への侵害に対するこの権利の発動は集団的自衛権の行使とな

---

65 渋谷秀樹『憲法（第3版）』（有斐閣、2017年）68頁。
66 この点について樋口陽一の見解参照、「自衛権は『国家固有』だからもともと放棄不能なものだという議論がある。この主張は、個人の正当防衛権になぞらえてそのように説かれるが、近代立憲主義の立場に立つ解釈態度からすれば、『固有』の自明性を主張できるのは、人権主体としての個人だけであって、集合体としての国民も、それと同じものと説明される国家も、憲法によって明示的に与えられた権利・権能をもつにすぎないはずである」樋口陽一『憲法［第3版］』（創文社、2007年）141頁。
67 渋谷秀樹『憲法への招待新版』（岩波新書、2014年）183頁。

るが、これは国家固有の権利ではないとされる。こうして国の自衛権を容認している（注66の樋口陽一の見解も参照）。

　判例は自衛権の存在は認めているが、自衛権の内容・効果については結論を異にする。自衛権の存在から「武力による自衛権」論を引きだした判例に砂川事件上告審判決があり、憲法9条はわが国の主権国としてもつ固有の自衛権を何ら否定したものではなく、わが憲法の平和主義は決して無防備、無抵抗を定めたものではない、という。わが国が自国の安全と平和を維持しその存立を全うするために必要な自衛のための措置をとりうることは、国家固有の権能の行使として当然のことといわなければならないとしている（最大判1959（昭和34）年12月16日刑集13巻13号3225頁）。この系譜に属するものに百里基地訴訟第1審判決がある（水戸地判1977（昭和52）年2月17日判例時報842号22頁）。

　これに対して「武力による自衛権論」に批判的な判例として、砂川事件第1審判決があり、憲法9条は自衛権を否定するものではないが、侵略戦争はもちろんのこと自衛のための戦力を用いる戦争および自衛のための戦力の保持をも許さないとするものである（東京地判1959（昭和34）年3月30日下刑集1巻3号776頁）。また、長沼事件第1審判決は「自衛権を保有し、これを行使することは、ただちに軍事力による自衛に直結しなければならないものではない」として、非軍事的な自衛抵抗の種々の方法を提示している。

(2) 自衛権放棄の論理

　なお、これらの自衛権自体は認める説に対して、山内敏弘は、自衛隊を違憲とし、憲法9条の規範性を真に蘇生させようとする立場にたつ場合、「自衛権」の存在を是認することにはきわめて重要な問題があるとされる。第1に、「自衛権」の観念がそれ自体きわめて濫用されやすい概念であることは、満州侵略に際して日本政府がこの「自衛権」を援用した事例をもち出すまでもなく、つとに知られているとおりである。第2に、「自衛権」の概念内容に即して考えてみても、「自衛権」をいったん肯定してしまった場合には、そこから同時に自衛のための必要かつ相当な実力、つまり「自衛力」をもちうるという結論を導き出すことは極めて容易で、一般にもなじみやすい議論となってくる。第3に、より根本的に問題とせざるをえないのは、自衛隊のごとき戦力の保持が9条によって禁止され、自

衛戦争および自衛のための武力の行使も9条によって禁止されるという解釈をとる場合に、なにゆえにあえてなお「自衛権」の存在を肯定する必要があるのかということであると述べ、自衛権が不可避的に戦力の行使を伴わざるを得ないものである以上、戦力の保持を禁止された日本国憲法の下にあっては実質的に放棄されたものとみなさざるをえないとして、憲法は自衛権を放棄していると唱えられている[68]。共感を覚える見解である。

　もっとも、日本国憲法は自衛権を放棄しているとの考え方を明確に提起したのは星野安三郎である。その見解を確認しておく[69]。

　前文一段では、「政府の行為によつて再び戦争の惨禍が起こることのないようにすることを決意し」とある。「国民の行為」とは書いていない。戦争というのは「政府の行為」である。それにつづいて、「平和を愛する諸国民の公正と信義に信頼して」と書いてあって、「平和を愛する諸政府」とも「平和を愛する諸国家」とも書いていない。この点は、フランス革命以来の民主主義の原則がつらぬかれている。つまり「権力は戦争を欲し、人民は平和を欲す」。だから日本国憲法前文も「平和を愛する諸国民の公正と信義に信頼して」となる。これは言いかえれば、一国の政府が好戦的であり侵略の危険があっても、「平和を愛する諸国民」がそれを防止すれば、潜在的な危険はあっても顕在することはないであろうという確信である。

　歴史的にいうと、国連憲章との関係でみるときに、憲章51条にある「個別的又は集団的自衛の固有の権利」というのが、日本国憲法には書かれていない。つまり、「個別的・集団的自衛権」まで否定しているのが日本国憲法である。

　そのため日本の再軍備が必要となると、憲法を棚に上げて、外側から「自衛権」を持ち込むことになる。具体的には、対日平和条約（サンフランシスコ講和条約、1951年）で「固有の自衛権」を与えた。その第5条C項に、「連合国としては、日本国が……国際連合憲章51条に掲げる個別的又は集団的自衛権の固有の権利を有すること……を承認する」とある。同様に日米安保条約にも、前文に「両国が国際連合憲章に定める個別的又は集団的自衛の固有の権利を有していること

68　山内敏弘『平和憲法の理論』（日本評論社、1992年）122頁。
69　星野安三郎＝古関彰一『日本国憲法［平和的共存権］への道』（高文研、1997年）62-67頁。

を確認し」とある。

　日本国憲法では自衛権について直接は触れていない。ところがそれよりも以前の国連憲章51条には「個別的又は集団的自衛の固有の権利」と明確に書かれている。にもかかわらず、その後つくられた日本国憲法で全く書かれていないことは、それを含めて否定したものである。

　憲法には自衛権がないとは書かれていないが、自衛権があるとも書いていない。この問題を考えるさいに大事なのは、近代憲法の原則に立ち返ることである。つまり近代憲法では、政府と国民は対抗関係にあるとするのが原則で、例えば政府が軍隊を持つためには、軍隊の存在とその編成・装備権や指揮権、また宣戦布告権や講和権などの権限行使を明文化するか、あるいは他の条文から当然に予定されるようにしておかなければならない。政府の権限行使は、限定解釈・縮小解釈が原則である。すると、国家の自衛権については限定・縮小解釈が原則といえる。

　かりにも自衛の戦争を認めたのであるとすれば、当然軍隊をもつことになるわけで、すると次にそれをどうコントロールするかが問題となる。例えば、戦争状態に突入するさいの宣言や、軍隊の出動に対する国会の承認をどうするのかとか、あるいは志願兵にするのか徴兵制にするのかとか、あるいは特別軍事裁判所を設けるのか設けないのか、ということが問題となるわけである。軍隊をもつからにはそういうものは絶対に必要なもので、明治憲法ももちろんそうなっていた。しかし、それがないということは、日本国憲法は戦争や軍隊とは無縁の憲法になったということである。

　もう一つ重要なのは、およそ軍隊を持つということは、国際問題や国内問題が話し合いで平和的に解決できないことがあるという前提に立っているということである。平和的に解決できるとしたら、軍隊は不要である。したがって、軍隊というのは戦時非常事態に備えるものである。また戦時非常事態にしか役に立たない。日本国憲法はこの非常事態、緊急事態に関する条項はない。これは軍事力をもってする緊急事態を予想していないということである。

　以上のような山内敏弘説、星野安三郎説に共感を覚えるが、私は「自衛権」を問題にして議論すること自体が、憲法上無意味であり、問題となる余地がないと考える。そういう意味で、浦部法穂の自衛権の考え方を支持したい。浦部は自衛

権について、次のように理解する[70]。

　憲法は「自衛権」まで放棄しているといったならば、一般的な受けとめ方としては、おそらく、「それじゃ、外国から攻められたときに、なにもできずに白旗を上げるしかないのか。そんな憲法ならとんでもない憲法だ」ということになるであろう。「自衛権」否認論は、そういう意味で、不人気な議論とならざるをえない宿命をもっているように思う。これまでの憲法学説の多くが、「自衛権」そのものは放棄されていないという見解をとってきたことの背景には、この辺の事情がありそうである。

　一般受けという点でいえば「武力なき自衛権」という議論も、じつは、一般受けしない議論である。もともと、「自衛権」の議論の出発点は、どこかが攻めてきたときにどうするか、である。そのときに、武力行使はダメ、竹槍をもって群民蜂起だ、というのでは、いかにも説得力がない。むしろ、「自衛権」があるという以上、その必要がある場合には武力の行使も認められるとするのが筋ではないか、という議論のほうが、とおりやすい。かくして、議論の出発点は、いつのまにか憲法9条ではなく、「自衛権」になってしまい、自衛権がある以上「自衛力」をもてるとか、そのための武力行使や武力の保持も認められるといった本末転倒の議論が、わが物顔に横行することになる。

　「自衛権」があるといってもないといっても、9条の解釈には本来なんらの影響も及ぼさないのであるから、9条が「自衛権」まで放棄したものかどうかは、9条解釈において、そもそも問題となる余地はない。

　すべての戦争や武力行使が放棄され、「自衛力」を含めていっさいの戦力の保持が禁じられているという解釈をとるかぎり、憲法9条が「自衛権」を放棄したかどうかということは、9条の解釈とはなんのかかわりもない問題である。つまり、「自衛権」があるといってもないといっても、9条の解釈には、本来、なんらの影響も及ぼさないのである。逆に言えば、「自衛権」があるかないかの議論は、そこから一定の武力行使や武力保持を肯定するという結論を引き出すためにのみ、意味をもつにすぎない。憲法9条が「自衛権」まで放棄したかどうかは、9条解釈において、そもそも問題になる余地がないことになる。したがって、日本国憲法上「自衛権」があるかないかを論ずることは、解釈論的には無意味である。

70　浦部法穂『憲法学教室（第3版）』（日本評論社、2016年）441-443頁。

●ガルトゥングの専守防衛論

　本章最後に「自衛」と「専守防衛」を区別するガルトゥングの専守防衛論を紹介しておこう。

　武力など完全に放棄して丸腰で国を守れるなら、それに越したことはない。しかし歴史は、世界にはつねに戦争があり、他国を攻撃する国があるという事実を教えている。したがって、国を守るためには、外交努力だけではなく武力による防衛も必要である。もちろん武力は必要最小限のものでなくてはならない。

　武装解除（軍縮）が理想だと思っているが、防衛のためには一定の武器保有は必要と考えているので、現実的な判断として、専守防衛に向けた軍備転換―攻撃的な長距離兵器から防衛的な短距離兵器への転換―を訴えるのである。

　「専守防衛」と「自衛」は同じではないことを認識しておくことが必要である。ガルトゥングが考える専守防衛は次の三つの要素で構成される。

　(1)国境防衛―日本の場合は海岸線防衛ということになる。
　(2)領土防衛―自然環境や都市を使って、十分な装備を有する市民軍によって行う防衛。
　(3)非軍事的防衛―不幸にして外国から攻撃され、侵略され、占領された場合に、非暴力抵抗運動によって行う防衛。

　これら3条件を満たす国防のあり方を考えると、ほぼ現在のスイスのような形態に行き着く。大切なポイントは長距離兵器は保有せず、短距離兵器のみ保有するということ。長距離兵器とは、敵地攻撃能力を持つ航続距離の長い艦船、爆撃機、戦闘機（F-16、F-35）、長距離ミサイルといった兵器である。他国を刺激し恐怖や不安を与えるので、対抗する他国とのあいだで軍事力のエスカレーションを生じさせる。

　日本の自衛隊は長距離兵器を保有している。それは他国を刺激し得るし、実際に刺激している。短距離兵器とは、陸上ではジープ、海では魚雷艇（MTB）、空では航空距離の短ヘリコプター、精密誘導ミサイル（PGM）などである。これらは他国を挑発せず、恐怖や不安を与えない。

　・敵から攻撃を受けても当該敵国の領土を攻撃しない。
　・軍事行動は国境内で国民と領土を守ることのみに限る。
　・年齢が20歳から50歳までの健康な男性からなる市民軍を兵力とする。
　・国内に外国軍の基地を置かない。

・長距離兵器の非保有を証明するために第三者機関(国連)の査察を受け入れる。

　スイスに学ぼうとする国が少ないのは専守防衛に興味がなく、攻撃的軍事力の構築にだけ意識が向いているからである。

　ガルトゥングの願いは、平和というものについて、日本国民の多数がスイスのような非軍事的防衛の考え方をするようになることである、と述べる[71]。

71　ヨハン・ガルトゥング『日本人のための平和論』御立英史訳（ダイヤモンド社、2017年）44-52頁。

第 3 章　平和主義の現実
——日米安保体制・自衛隊と有事法制——

1　日米安保体制・自衛隊と有事法制
　（1）日本の再軍備と旧安保条約（1951 年）
　　　（ア）1950 年朝鮮戦争の勃発と「警察予備隊」
　　　（イ）1951 年サンフランシスコ平和条約と日米安保条約
　　　（ウ）1952 年保安隊・警備隊の成立
　　　（エ）1954 年 MSA 協定（日米相互防衛援助協定）の締結と自衛隊の発足
　（2）1960 年新安保条約
　（3）1978 年日米軍事協力関係の強化（「ガイドライン」）と自衛隊の増強
　（4）1989 年「冷戦」の終結と 1991 年「湾岸戦争」（自衛隊の海外派遣）
　　　（ア）1989 年「冷戦」の終結と 1991 年「湾岸戦争」勃発に伴う自衛隊の「国際貢献」
　　　（イ）1992 年「PKO 協力法」の成立
　　　（ウ）1995 年防衛大綱の見直し
　（5）1997 年「新ガイドライン」と有事法制
　　　（ア）1997 年「日米新ガイドライン」と 1999 年「周辺事態法」
　　　（イ）2001 年アメリカ合衆国同時多発テロと自衛隊海外派遣の拡大
　　　（ウ）2003 年「有事法」の整備
　（6）2014 年「集団的自衛権」の容認と安全保障関連法の成立
　　　（ア）2014 年集団的自衛権容認の閣議決定
　　　（イ）2015 年「平和安全法制整備法」および「国際平和支援法」の整備
2　安保・自衛隊関連裁判
　（1）日本の再軍備と司法審査
　　　（ア）警察予備隊違憲訴訟
　（2）安保条約と司法審査
　　　（ア）砂川訴訟
　　　（イ）梅田基地夜間飛行差止訴訟
　（3）自衛隊裁判
　　　（ア）恵庭裁判
　　　（イ）長沼訴訟
　　　（ウ）百里訴訟
　　　（エ）小西反戦自衛官裁判

　　　　（オ）イラク派遣差止訴訟
　　　　（カ）安保法制違憲訴訟
　　3　自衛隊改編への展望
　　4　平和のための予防学

　奥平康弘は『憲法を生きる』（日本評論社、2007年172-173頁）において自衛隊の解体を主張している。「規範を現実にあわせるのでなく、事実を規範に合わせるということを防衛問題に即していえば、自衛隊の解体を意味します。それには、とても長い時間がかかるでしょう。同時に問題となるのは、それでは誰がどのように防衛するかという問題です。これは、アメリカを含めて国際的な関わりあいをどう考えていくかということでもあります。ぼくは、敵が攻めてきたらどうする、敵が核武装を進めてきたらどうするのだという議論をしたくない。したくないというのは、それに乗れば負けるに決まっているというか、相手方はどんどんその仮定で攻めてくる。仮定に至ること自身を拒否すること、仮定に至る前に大事なことがたくさんあるはずだという議論をちっともしてくれない。そういうことにならないために何をなすべきかということがあるのに、そのことは別にしてというふうにいわれてしまったら、議論のレベルが違うと言わざるをえません。相手が戦争のあることを前提にして議論をしかけてきても、こっちはそれにのらないということです」。

　本章では憲法前文、9条の平和のうちに生きる権利、非武装平和主義が国家権力によってどのように歪曲されてきたのか、現在に至るまでの平和主義の現実を素描する。

1　日米安保体制・自衛隊と有事法制

（1）日本の再軍備と旧安保条約（1951年）
（ア）　1950年朝鮮戦争の勃発と「警察予備隊」
　憲法の非武装平和主義の現実は、東西の「冷戦」の激化によって軍事化へと変容する。それはアメリカの対日占領政策が、日本を共産主義に対する「防壁」へと方向転換されたことによっている。1950年6月朝鮮戦争が勃発すると、政府

は、GHQの指令により、8月10日、「警察予備隊令」を制定した。「わが国の平和と秩序を維持し、公共の福祉を保障するのに必要な限度内で、国家地方警察及び自治体警察の警察力を補う」（警察予備隊令1条）ことを目的として、迫撃砲やバズーカ砲を装備した7万5千名の警察予備隊をつくった。アメリカ占領軍の朝鮮半島への出動のため警察力が手薄となるので、新設の警察予備隊は国内の治安を維持するための部隊であるとされた。しかし、これが日本再軍備の第一歩となった。その実態は「警察」というようなものではなかった。大須賀明はこの「警察予備隊」について憲法上の脱法行為という分析手法で問題を解明している[1]。

憲法上の脱法行為とはいうまでもなく憲法上の規定を潜脱する行為である。つまりそれは、形式的には全く合憲な行為であるにも拘らず、実質的には違憲な事項を実現する行為であり、憲法上妥当なる手段によるならばある違憲な事項を実現できない場合に、憲法上の明文の規定に直接には違反しない他の手段により、結局はその違憲な事項を事実上実現する行為である。

この警察予備隊をめぐって憲法上問題になることは、警察予備隊が憲法9条2項によって保持を禁じられた「戦力」に該当するか、それとも、従来の警察の予備隊として、必要に応じて国内の治安確保にあたることを目的とする「戦力」に該当しない合憲な存在であるかどうかである。警察予備隊が装備する武器は、警察力の範囲を超えた、重機関銃、迫撃砲、榴弾砲、バズーカ砲ならびに戦車、飛行機に至っては、いかなる観点からしても、軍隊の武器であり、警察の武器であるとはいえない。

事実上の軍隊に警察という名称を冠して、それを警察隊であると説明することによって形式的には合憲な存在と化し、憲法9条2項の禁止する戦力＝軍隊を現実に設置したことは、明らかに同規定を潜脱するものといわざるを得ず、その行為は憲法9条2項の脱法行為であるといえる。

当初、政府の見解では、「自衛権」の実質的放棄説をとっていた（1946年6月25日の制憲議会における吉田首相答弁）。その吉田答弁とは次のようなものである。「戦争放棄に関する本条の規定は、直接には自衛権を否定しては居りませぬが、第9条2項に於いて一切の軍備と国の交戦権を認めない結果、自衛権の発動とし

---

1 大須賀明「憲法上の脱法行為」『憲法論（新訂版）』（敬文堂、1996年）53頁以下参照。

ての戦争も、又交戦権も放棄したものであります。満州事変然り、大東亜戦争亦然りであります。……故に我が国に於いては如何なる名義を以てしても交戦権は先ず第一、自ら進んで放棄する……ことに依って全世界の平和の確立の基礎を成す……決意を、先ずこの憲法に於いて表明したいと思うのであります」。

　しかし、1949年11月21日衆議院外務委員会の吉田首相発言において、日本国憲法の下で「武力によらざる自衛権はある」という見解に変わった。1950年の年頭には、マッカーサーも、「自衛権」の存在を強調したのである[2]。

（イ）　1951年サンフランシスコ平和条約と日米安保条約

　1951年9月、対日講和条約（正式には「日本国との平和条約」）がサンフランシスコで締結され、日本の占領状態は、1952年4月28日、対日講和条約の発効とともに終了し、独立を回復する。しかし、同時に、独立後もなお外国の軍隊であるアメリカ合衆国軍（以下「アメリカ軍」と略）が日本に駐留する根拠を設定するための条約、「日本国とアメリカ合衆国との間の安全保障条約」（旧安保条約）が締結される。

　この条約によると、アメリカ軍の駐留目的は「極東における平和及び安全の維持」および「内乱の鎮圧」としていた。また、基地協定において、日本がアメリカ軍に軍事基地を無制限に提供する義務を負うものであり、アメリカ軍には日本の防衛義務は明記されていなかった。それは日本が一方的に義務を負う片務的条約というものであった。この条約は、「相互防衛のための条約ではなく、軍事基地提供条約にすぎなかった」。「しかも、在日米軍基地の数や場所は一切指定されず、日本の基地提供義務は、無限定であった」[3]。要は、これによって、「日本の軍事的対米従属が決定づけられ、…憲法9条よりも、アメリカの軍事的都合が優先された」[4]ということである。

（ウ）　1952年保安隊・警備隊の成立

　1952年日米安保条約が発効した年、警察予備隊は保安隊・警備隊に改編され

2　浦部法穂『憲法学教室（第3版）』（日本評論社、2016年）451頁。
3　浦部・前掲書452頁。安保条約成立の詳細な分析は、豊下楢彦『安保条約の成立―吉田外交と天皇外交―』（岩波新書、1996年）を参照。
4　浦部・前掲書453頁。

(保安庁法)、定員は11万人に増員されて、大型火砲やシャーマン戦車などの重装備化がすすめられた。保安庁法4条には、この保安隊・警備隊を、「わが国の平和と秩序を維持し、人命及び財産を保護するため、特別の必要がある場合において行動する部隊」として位置づけた。また、同法68条では、「保安隊及び警備隊は、その任務の遂行に必要な武器を保有することができる」ことを明確に規定した。

(エ) 1954年 MSA協定（日米相互防衛援助協定）の締結と自衛隊の発足

1954年、日本再軍備の促進がアメリカ合衆国の緊急の課題となった。そこでMSA協定を結び、日本が「平和及び安全保障を促進する」目的でアメリカから援助を受け（1条2項）、その見返りとして日本は防衛力増強の義務を負うことが定められた（8条）。

これを受けて、政府は急遽、自衛隊法と防衛庁設置法を制定し、定員12万人の自衛隊を発足させた。自衛隊は「わが国の平和と独立を守り、国の安全を保つため、直接侵略及び間接侵略に対しわが国を防衛することを主たる任務」（自衛隊法3条1項）とし、さらに「陸上自衛隊は主として陸において、海上自衛隊は主として海において、航空自衛隊は主として空において、それぞれ行動することを任務とする」（同2項）ところの現代的装備をもつ本格的な軍隊となった。以後、毎年、着実に増強がはかられ、世界の水準をからいっても相当に強力な軍隊となっていく。

(2) 1960年新安保条約

1960年、旧安保条約を改訂し、「日本国とアメリカ合衆国との間の相互協力及び安全保障条約」(新安保条約)を締結し、相互協力的な条約に改正された。この条約は、アメリカ軍駐留目的を「日本国の安全（への）寄与」並びに「極東における国際の平和及び安全の維持」とし（6条）、軍事基地の提供を約し、地域的に「日本国の施政の下にある領域における、いずれか一方に対する武力攻撃」（5条）に限定し、また、「自国の憲法上の規定及び手続に従つて共通の危険に対処するように行動する」（5条）とした[5]。しかし、この条約は日本国憲法を無視した軍事同盟条約としての性格を明確にしたものであり、「5条、6条の規定

---

5 渋谷秀樹＝赤坂正浩『憲法2統治［第6版］』（有斐閣、2016年）渋谷執筆336頁。

は、日本のあずかり知らないところでアメリカが行っている戦争に、日本が自動的に巻き込まれ、否応なしにアメリカと一緒になって戦わなければならないことになるという危険きわまりない規定」[6]であった。

　条約中の取り決めに基づいて、1970年に再改定するかどうかが問題となったが、自動延長という道が選ばれた。日米安保条約に基づく米軍駐留の違憲性が争われた砂川事件において、最高裁は高度の政治性を理由として違憲・合憲の判断を行わなかった。そして、「終局的には、主権を有する国民の政治的批判に委ねられるべきもの」とした。それではその後の世論はどうであったろうか。樋口陽一は次のようにまとめている。ひとことで傾向を要約すれば、9条の条項の改正に反対し、かつ、自衛隊の「現状」は容認する、というのが大勢であった。そうしたなかで、一方では、次第に増強されてゆくその時どきの「現状」が追認され、しかし他方では、9条の存在によって、海外派兵や「集団的自衛権」行使が野放しにならないよう歯止めがかけられてきた。この二つの間の綱引きの中で、冷戦終結のあと、「国際貢献」、そして「テロ対策」が掲げられ、新しい状況が展開していく[7]こととなる。

（3）1978年日米軍事協力関係の強化（「ガイドライン」）と自衛隊の増強

　1978年、日米防衛協力のための指針（ガイドライン）が成立し、安保条約の実質的な内容は大きく変わっていく。ガイドラインは、①日本の防衛力の一層の増強と有事立法の必要性を促し、②アメリカ軍による日本への「核持ち込み」の必要性、③自衛隊とアメリカ軍が共同して作戦を行い、より緊密な関係を保つことなどがうたわれている。全体として、有事の際の日本とアメリカの協力関係の強化を図ることを目的としている。このガイドラインによって、日本とアメリカが共同してアジア・太平洋地域での安全保障の任務を果たすことが期待されている。特に、1980年以降は、自衛隊とアメリカ軍の共同演習や訓練が大規模かつ頻繁に行われ、自衛隊は環太平洋合同演習（リムパック）にも参加し、アジア・太平洋地域の防衛を担うものとして位置づけられている。

6　浦部・前掲書456頁。
7　樋口陽一『六訂　憲法入門』（勁草書房、2017年）45頁。

（４）1989年「冷戦」の終結と1991年「湾岸戦争」（自衛隊の海外派遣）

奥平康弘は『憲法を生きる』の「９条を抱きしめて」（日本評論社、2007年）という項目の中で次のように述懐している。冷戦の終了とともに、ああ、これで憲法９条は救われると思ったのですね。というのは、敵がいなくなっちゃった。自衛隊は困るだろうな、と愚かにも直観的に思いました。他方で、これで９条をめぐり政府の間で解釈をめぐり争われてきた長年の論争から解放され、あとは自衛隊の解体をどうするかといった問題になっていくだろうと、ぼくはそのように楽観的に考えたのです。そうしたら、湾岸戦争をきっかけとして、90年半ばには状況が一変しました。湾岸戦争を遂行する過程で、９条を改正するほうが良いのじゃないかという議論が、特に集団的自衛権にからめて出てくるようになった。ぼくの観測はきわめて甘かったとしかいいようがありません[8]。また次のようにも述べている。湾岸戦争をきっかけとして日本の「大国」性がますます強調され、「国際貢献」（その具体的中身は、自衛隊による「国際貢献」、すなわち「軍事貢献」にほかならなかった）が規定の"スローガン"となってしまうなかで、国民の一部にあった自衛隊"タブー"視傾向はほとんど消えてなくなり、逆に国民のあいだには、海上派兵も含めた自衛隊の"それなり"の是認がゆき渡るようになった、と政治支配層は観察した[9]。

以下、1989年以降を概観しておこう。冷戦の終結と1991年のソ連の崩壊により、ヨーロッパではNATOが解散に向かうと思われたが、そうはならず、共産主義に代わって新たな敵をイスラム諸国のテロリズムに見出し、冷戦に代わる新たな分裂が用意された。

（ア）1989年「冷戦」の終結と1991年「湾岸戦争」勃発に伴う自衛隊の「国際貢献」

1989年11月の「ベルリンの壁」崩壊後、1991年のソビエト連邦の解体により東西冷戦構造が終結する。このことは日米安保体制と自衛隊のあり方にも影響を及ぼす。

しかし、その後、1990年８月イラクのクウェート侵攻に端を発する湾岸戦争が

8　奥平康弘『憲法を生きる』（日本評論社、2007年）152頁。
9　奥平康弘『いかそう日本国憲法―第９条を中心に』（岩波ジュニア新書、1994年）59頁。

1991年1月に勃発すると、日本政府はアメリカを中心として結成された多国籍軍に130億ドルの財政支援を行い、この「湾岸戦争」は、「多国籍軍」側の圧倒的勝利というかたちで終結した。この湾岸戦争で、在日米軍が「極東」をはるかに超えて中東で戦ったということで、極東条項が空洞化し、在日米軍の活動範囲が「グローバル化」したことは、すなわち、安保体制が「グローバル化」への歩みを進めたことを意味する[10]。

　このあと、1991年4月、政府・自民党は自衛隊の海外派遣を行ったのである。自衛隊法第99条を根拠に、ペルシャ湾岸地域に施設された機雷の除去のため、自衛隊の掃海艇を戦闘以外の目的で派遣した。ここで初めて、日本の自衛隊が海外に出動した。ここに日本の安全保障政策は大転換をとげる[11]。

（イ）　1992年「PKO協力法」の成立

　従来（1980年）、政府（鈴木内閣）は、自衛隊の海外派遣につき、「国連軍の目的・任務が武力行使を伴うものであれば、自衛隊がこれに参加することは許されない」という解釈をとっていた。その後、1990年10月、武力行使を伴わず、国連軍と一体化しない、つまり、「参加」にいたらない「協力」は憲法に違反しないという解釈を打ち出して、「国連平和協力法案」を提出する[12]。しかし、これは廃案になるが、1992年6月には、自衛隊の海外派遣を可能とする「国際連合平和維持活動等に対する協力に関する法律（国連平和維持活動法・PKO協力法）」が強行可決され、成立した。この法案の審議過程では、自衛隊の海外派兵を行わないとしてきた政府方針との矛盾、あるいは、戦争の放棄をうたった憲法との矛盾が議論された。

　この法律に基づき、1992年9月、国連カンボジア暫定統治機構（UNTAC）に向けてはじめて自衛隊の派遣が行われた。その後、1993年5月アフリカの国連モザンビーク活動（ONUMOZ）に、1994年9月国連ルワンダ支援団（UNAMIR）に、1995年8月ゴラン高原の国連兵力引き離し監視軍（UNDOF）に、1999年11月、東ティモールの避難民救援に、それぞれ自衛隊員が派遣された。

　1950年代前期においては、「個別的自衛権」論に支えられて国内でその成立を

10　吉次公介『日米安保体制史』（岩波新書、2018年）139頁。
11　古沢・前掲書139頁。
12　星野安三郎＝古関彰一『日本国憲法［平和的共存権］への道』（高文研、1997年）168頁。

承認された自衛隊が、約40年後の1990年代前期において、海外派遣というルートを経由することにより、諸外国から軍隊として承認されるという一大飛躍をすることができた[13]。

（ウ）　1995年防衛大綱の見直し

1995年１月には阪神大震災、３月にはオウム真理教による地下鉄サリン事件、９月には沖縄で米海兵隊員による少女暴行事件が発生した。この年、防衛庁は、防衛計画の見直しを進め、11月に新たな防衛計画の大綱を発表した。この大綱の重要なポイントは、「『我が国周辺地域において我が国の平和と安全に重要な影響を与えるような事態』が発生した際には『日米安保体制の円滑かつ効果的な運用を図ること等により適切に対応』すると明記された。米国は、日本が『周辺事態』での対米協力に踏み込んだことに注目した」[14]。

（５）1997年「新ガイドライン」と有事法制
（ア）　1997年「日米新ガイドライン」と1999年「周辺事態法」

1997年９月、日米防衛協力のための新しい指針（新ガイドライン）が成立し、日米安保条約の一層の強化が図られる。これは日米安保体制を、アジア・太平洋地域における日米両国の「死活的利害」を守るものとして位置づけている。具体的には、日本周辺地域での紛争事態に際して、日本がアメリカ軍の後方支援などの軍事協力を行うことを内容としている。有事の際の対米協力を具体的に定め、より広い範囲で協力を行なえるようになったといえる。たとえば、後方支援の際には民間人の動員も想定されている。また、軍事協力は「日本周辺地域における事態で日本の平和と安全に重要な影響を与える場合」に行われると定められている。「日本周辺事態」について、旧ガイドラインでは「日本以外の極東における事態」と限定していたが、新ガイドラインではこの地域的限定が取り払われている。

1999年５月、新ガイドラインに基づいて「周辺事態法」が制定された。この法律は、自衛隊が後方地域支援に参加することを定め、地方公共団体や民間協力に

13　奥平・注９前掲書85頁。
14　吉沢・前掲書151頁。

ついても規定されている。しかしこの周辺事態法には根本的な疑問がある。次のような指摘が妥当する。軍に対する政治の優位という観点から見た場合、「周辺事態法」はその元になっている日米「新ガイドライン」の策定、および、それに基づく法律の作成両面について、防衛庁および外務省という軍および官僚がリーダー・シップをとってきており、その点だけでも、大きな問題点をもっているといわなければならない。すなわち、1997年9月に日米間で合意された「日米防衛協力のための指針」（いわゆる「新ガイドライン」）が、周辺事態法の下敷きとなっている。これは日米両国政府の中の防衛および外務担当の関係4人による日米安全保障協議委員会で合意されたものにすぎず、国会の審議・承認を得たものではなく、したがって何らの法的効力をもたないものである[15]といえる。

（イ） 2001年アメリカ合衆国同時多発テロと自衛隊海外派遣の拡大
①2001年「テロ対策特別措置法」

2001年9月11日、アメリカ合衆国に同時多発テロが発生した。当時のブッシュ大統領は「テロとの戦争」を宣言し、アルカイダが潜むアフガニスタンへの報復攻撃を決意した。そして、小泉政権により、より踏み込んだ協力を可能とする「テロ対策特別措置法」が同年10月29日に制定された（2007年11月1日をもって期限終了で失効）。PKO協力法や周辺事態法では、自衛隊がアフガン戦争を戦う米英軍を支援することができないため、新法が必要とされたのである[16]。

この法律は自衛隊が対テロ軍事行動をとる米軍等の後方支援を行うことを定めるものであり、自衛隊の活動範囲を、「我が国周辺の地域」から、公海、さらにはその国の領土（受入れ国の同意を条件とする）にまで広げ、戦闘地域以外のどこにおいても活動できるようになった（2条3項）。また、従来の海外派遣は停戦合意の成立が前提となっていたが、これを戦闘時にも広げた。そして、武器の使用も、自分たちの身を守る場合に限定されていたものが、「職務を行うに伴い自己の管理の下に入った者の生命又は身体の防護のためやむを得ない必要があると認める相当の理由がある場合」（12条1項）と対象が広げられた。さらに、実際の活動は、アメリカ軍などの「武力の行使」に対する物資の補給や輸送などによる支

15　藤井俊夫『憲法と政治制度』（成文堂、2009年）436頁。
16　吉沢・前掲書169頁。

援であり（3条1項）、その戦闘活動の一端を担い、外国軍の武力行使と一体化して行動することとなる。こうした活動は、従来の政府見解では憲法9条違反と解されていたものである[17]。

②2003年「イラク人道復興支援特別措置法」

　既存の法律では自衛隊をイラクに派遣することができなかった。そこで小泉政権は2003年7月、アメリカ・イギリス軍を中心とする対イラク戦争を支持するために、4年間の時限立法である「イラク人道復興支援特別措置法」を制定し、2004年12月には自衛隊がイラクのサマワに派遣された。この法律により、「非戦闘地域」での人道的な復興支援活動と補給や輸送などで米英軍を支援する「安全確保支援活動」を行うことが可能となった[18]。そして小泉政権期、自衛隊の海外での活動がなし崩し的に拡大された[19]。

　この派遣については、自衛隊のイラクにおける活動は憲法9条1項の禁止する武力の行使に当たり違憲であるとする名古屋高裁判決がある（名古屋高判2008（平成20）年4月17日）。この名古屋高裁判決は、請求は棄却したが、判決理由中において、「現在イラクにおいて行われている航空自衛隊の空輸活動は、政府と同じ憲法解釈に立ち、イラク特措法を合憲とした場合であっても、武力行使を禁止したイラク特措法2条2項、活動地域を非戦闘地域に限定した同条3項に違反し、かつ、憲法9条1項に違反する活動を含んでいることが認められる」とした。また、平和的生存権につき、「現代において憲法の保障する基本的人権が平和の基盤なしには存立し得ないことからして、全ての基本的人権の基礎にあってその享有を可能ならしめる基底的権利であるということができ、単に憲法の基本的精神や理念を表明したに留まるものではない。法規範性を有するというべき憲法前文が上記のとおり『平和のうちに生存する権利』を明言している上に、憲法9条が国の行為の側から客観的制度として戦争放棄や戦力不保持を規定し、さらに、人格権を規定する憲法13条をはじめ、憲法第3章が個別的な基本的人権を規定して

17　渋谷秀樹『憲法への招待新版』（岩波新書、2014年）194頁。
18　吉次・前掲書172頁、7月23日の衆参合同で行われた基本政策委員会合同審査会で、当時の小泉首相は、「非戦闘地域」はどこかと問われ、「私に聞かれたって、わかるわけない」と言い、2004年11月10日の同会でも「自衛隊が活動している地域が非戦闘地域」と開き直った合理性を欠く答弁をした。
19　吉沢・前掲書177頁。

いることからすれば、平和的生存権は、憲法上の法的な権利として認められるべきである。そして、この平和的生存権は、局面に応じて自由権的、社会権的又は参政権的な態様をもって表される複合的な権利ということができ、裁判所に対してその保護・救済を求め法的強制的措置の発効を請求し得るという意味における具体的権利性が肯定される場合があるということができる」（名古屋高判2008（平成20）・4・17判例時報2056号74頁）としたのである。

2007年11月1日、テロ対策特別措置法が期限満了で失効したことを受けて、2008年1月、新テロ対策特別措置法（テロ対策海上阻止活動に対する補給支援活動の実施に関する特別措置法、補給支援特措法ともいわれる）が制定された（1月11日成立、同16日公布・施行）。これはテロ対策特別措置法失効に伴う措置である。同法に基づいて、2008年1月24日および25日に、横須賀港、佐世保港から、海上自衛隊の護衛艦と補給艦が出港しインド洋における補給活動を再開した（なお、同法は2010年1月15日延長期限切れで失効）。

（ウ） 2003年「有事法」の整備
① 2003年有事3法の成立

2003年には、有事に関する基本法の性質をもつ「武力攻撃事態対処法」[20]とともに、「改正自衛隊法」「改正安全保障会議設置法」の有事3法を成立させた。

② 2004年有事7法の成立

2004年6月には、有事関連7法が成立した[21]。①国民保護法、②米軍行動円滑化法、③特定公共施設利用法、④国際人道法違反処罰法、⑥捕虜取扱法、⑦自衛隊法の一部を改正する法律、である。

③ 2006年防衛庁が防衛省へ

2006年12月、「防衛庁設置法」と「自衛隊法」が改正され、防衛庁は防衛省となり、自衛隊の任務の変更がなされた。このことは政策の根本的改変であり、「いわゆる文民統制がなされているとはいえ、実際には、在日アメリカ軍との密

---

20 詳しくは、藤井・前掲書444頁。
21 詳しくは、藤井・前掲書445頁。

接な情報共有の関係にある防衛省が、外務省と別ルートの情報を掌握してそれを操作する可能性が生まれ、日本の外交政策の立案・遂行に大きな影響力をもつことが懸念される」[22]こととなった。

④ 2009年「海賊対処法」の成立

2009年、「海賊対処法」（海賊行為の処罰及び海賊行為への対処に関する法律）が制定され、特別の必要がある場合、自衛隊の部隊に海賊対処行動を命ずることができるようになった。この法律は集団的自衛権行使への道を開いたものと評価されている。

2008年、海賊に関係する事件がソマリア近辺で増加するに及び、各国が海賊に対処するため軍を派遣するという事態になった。そこで、日本でも、2009年6月19日、海賊対処法（海賊行為の処罰及び海賊行為への対処に関する法律）を制定した（同年6月24日公布、7月23日施行）のである。この法律の問題について、渋谷秀樹は、憲法9条の下で禁止されている集団的自衛権容認への道を開いたものとして注意を喚起している。少し長くなるが引用して紹介しておこう[23]。この法律の目的は、日本の経済社会および国民生活における船舶航行の安全確保の重要性、国連海洋法条約100条がすべての国が最大限に可能な範囲で公海等における海賊行為の抑止に協力すると規定していることにかんがみ、海賊行為の処罰と海賊行為への適切かつ効果的な対処のために必要な事項を定め、海上における公共の安全と秩序の維持を図る点にある（1条）。この法律の問題点は、海賊行為への対処が本来は警察活動であり、船舶の装甲等の装備を強化すれば海上保安庁でも十分対応できるにもかかわらず、自衛隊の任務としたところにある。とりわけ7条1項後段が自衛隊法82条の海上警備行動に関する規定は適用しないと定めたことにより、保護対象が日本関係船舶に限定されないため、純然たる外国籍船であっても、7条・8条が規定する海賊対処行動の発令は可能となる。これは国連海洋条約100条の趣旨に沿ったものではあるが、憲法9条の下で禁止されている集団的自衛権容認への道を開いたことになる[24]。

その後、2009年3月、政府は、自衛隊法82条に基づき、ソマリア沖アデン湾に

22　渋谷秀樹『憲法への招待新版』（岩波新書、2014年）196頁。
23　渋谷秀樹＝赤坂正浩『憲法2 統治［第6版］』（有斐閣、2016年）渋谷執筆329-331頁。
24　渋谷・前掲330頁。

おいて日本関係船舶を海賊行為から防衛する海上警備行動のため、2隻の護衛艦を派遣した。こうして、この法律の施行後、海賊対処行動を行っている。

なお、2013年11月には、「海賊多発海域における日本船舶の警備に関する特別措置法」の施行により、一定の要件をみたした場合、警備員が日本船舶に乗船し、小銃を所持する警備が可能となったことに対し、渋谷秀樹はさらに次のように指摘する。「このように一見誰もが反対できないような人道的理由を根拠として、虎視眈々と自衛隊の海外派遣の根拠と攻撃行動の範囲を拡張していくと、自衛隊の本来の任務を希薄化させ、自衛隊の憲法9条との整合性の齟齬をますます拡張してしまう懸念がある」[25]。

(6) 2014年「集団的自衛権」の容認と安全保障関連法の成立
(ア) 2014年集団的自衛権容認の閣議決定

2014年7月1日、第2次安倍晋三内閣は「国の安全を全うし、国民を守るための切れ目のない安全保障体制の整備について」を閣議決定し、集団的自衛権を容認する憲法9条の解釈変更を行った。この中で、憲法は個別的自衛権のみを認め、集団的自衛権は行使できないという従来の解釈を変更した。それによると、「我が国に対する武力攻撃が発生した場合のみならず、我が国と密接な関係にある他国に対する武力攻撃が発生し、これにより我が国の存立が脅かされ、国民の生命、自由及び幸福追求の権利が根底から覆される明白な危険がある場合において、これを排除し、我が国の存立を全うし、国民を守るために他に適当な手段がないときに、必要最小限度の実力を行使することは、従来の政府見解の基本的な論理に基づく自衛のための措置として、憲法上許容されると考えるべきであると判断するに至った」とする[26]。

また、政府が集団的自衛権行使の合憲性の根拠としたのは砂川事件最高裁判決

---

25 渋谷・前掲331頁。
26 この閣議決定の詳細な問題点の指摘については、渋谷・前掲320頁以下、および、吉次・前掲書195頁参照。この閣議決定では、「武力行使の新三要件」が示された。従来は、①わが国に対する急迫不正の侵害があること、②この場合にこれを排除するために他に適当な手段がないこと、③必要最小限度の実力行使にとどまること、であった。これに対し、「武力行使の新三要件」は、①わが国に対する武力攻撃が発生したこと、またわが国と密接な関係にある他国に対する武力攻撃が発生し、これによりわが国の存立が脅かされ、国民の生命、自由および幸福追求の権利が根底から覆される明白な危険があること、②これを排除し、わが国の存立を全うし、国民を守るために他に適当な手段がないこと、③必要最小限度の実力行使にとどまるべきこと、である。

の「必要な自衛のための措置をとりうることは、国家固有の権能の行使として当然」という文言であり、筋ちがいのものである。「安倍政権は、集団的自衛権に関する国民的合意の形成に失敗し、国論を分裂させた」[27]のである。

(イ) 2015年「平和安全法制整備法」および「国際平和支援法」の整備

2015年9月19日、集団的自衛権の行使容認を含む安全保障関連法として、新たな1法律の制定と10の関連法律の改正が可決・成立した。この関連法の成立により、自衛隊の海外での活動が質的変化を遂げ、活動範囲が大きく拡大することとなった。

安全保障関連法とは、自衛隊法や武力攻撃事態法など既存の10本の法改正を一括して改正する「平和安全法制整備法」と、武力を行使する他国軍の後方支援を随時可能にする新法「国際平和支援法」の2本の法律で構成されている。

安保関連法は2014年7月の閣議決定の内容を具体化したものである。日本の立場が脅かされる「存立危機事態」で集団的自衛権の行使が可能となる。法改正は多岐にわたっているが、米軍と自衛隊の運用面での協力を強化し、他国が日本への攻撃を踏みとどまるよう、抑止力を高めるのが目的と述べられている[28]。

こうした違憲の立法と集団的自衛権の容認は、長期にわたって歴代政府が踏襲してきた憲法9条解釈を変更するものであった。このことに対する異論が憲法学者、内閣法制局長官経験者、元最高裁判事によって表明された[29]。内閣の解釈変更によって憲法改正が行われたと同様な効果をもつものであり、悪質な違憲行為という以外にない。

---

27 吉沢・前掲書197頁。吉沢は次のように述べる。政府が集団的自衛権行使の合憲性の根拠として持ち出したのは、驚くべきことに砂川判決の「必要な自衛のための措置をとりうることは、国家固有の権能の行使として当然」という文言であった。砂川判決は、在日米軍の合憲性が問われたものであり、集団的自衛権が争点になったものではなく、しかも、米軍基地が違憲とされることを恐れた米側が、藤山外相や田中最高裁長官に働きかけていたことが判明している。米側の介入で司法の独立が脅かされたおそれがある、いわくつきの判決を根拠とせざるをえないほど、安倍政権の立論には無理があった。

28 各法のポイントについては、吉次・前掲書200−201頁参照。

29 樋口・前掲書45頁。

2　安保・自衛隊関連裁判

（1）日本の再軍備と司法審査

　自衛隊に対する違憲審査基準について、藤井俊夫は傾聴に値する指摘をしている。自衛戦力合憲説をとる場合、現実の自衛隊の編成・装備などにおいて自衛隊そのものが合憲といえるかどうか、また、それが現実に行った軍事的・非軍事的活動が合憲かどうかという点の両者について、ともに厳格な審査が行われるべきである[30]。というのは、9条の本来の趣旨からみれば、自衛戦力の保持というのは、国際政治の現実とのかかわりでその規範的効力の範囲が限定されるために、あくまでも過渡的措置としてやむをえず許容されるものであるという位置づけを考えると、それが「真に自衛のため」のものに限定されるいう憲法的な拘束は、立法、行政および司法のそれぞれを厳格に拘束するものであると考えるべきだからである。したがって、自衛隊それ自体が「自衛のため必要最小限の戦力」であるといえるかどうか、および、その活動が「真に自衛のため」といえるかどうかが、裁判上問題となった場合には、その合憲性を支える立法事実についての主張・立証の責任は国側にある。また、かりに具体的な武力行使が行われて、それが訴訟で問題となった場合、その合憲性についての事後審査は、より一層慎重かつ厳格な審査がなされなければならない。

　それでは自衛隊の違憲審査について、統治行為論が適用されるであろうか。

　自衛戦力合憲説による場合には、自衛隊の合憲性について、それ自体の合憲性、および、その活動の合憲性ともに、原則として統治行為論を適用すべきではない。なぜなら、統治行為論の適用によって、その規範的効力を実質的にゆるめて「国民の政治判断」に委ねるとすれば、「自衛の名の下での侵略戦争」への歯止めがきかなくなるおそれがあるなど、9条の平和主義の趣旨を根幹から無視することになりかねない[31]。一切の戦争を放棄したとする通説に基づく違憲判決が出された場合には、究極的には軍備の廃止を求められることになるため、それ相応の政治的影響が生じる。しかし、自衛戦力合憲説の場合には、軍備の廃止を意

30　藤井俊夫『憲法と政治制度』（成文堂、2009年）440頁、平和主義の現実については、本章3節の「自衛隊改編への展望」を参照。
31　藤井・前掲書441頁。

味するわけではなく、単に軍備の縮小にとどまるものである。この場合には、そこで生じる政治的な影響は、比較的には小さいものといえる[32]。

　裁判所が積極的に違憲審査権を行使して、安易な自衛隊の合憲判決が出され、かえって平和主義が危機にさらされるという懸念がないわけではない。そこで、軍事の問題の「聖域化」を避け、絶えず自衛隊が真に「自衛のため」の戦力であるか否かを問い続けて軍事に対する憲法的コントロールをはかっていくためには、裁判所が積極的に違憲審査に取り組むことが望ましい。

（ア）警察予備隊違憲訴訟

　1950年6月、朝鮮戦争勃発に応じて、マッカーサーの指令により、「わが国の平和と秩序を維持し、公共の福祉を保障するのに必要な限度内で、国家地方警察及び自治体警察の警察力を補う」（警察予備隊令1条）ことを目的として、迫撃砲やバズーカ砲を装備した7万5千名の警察予備隊ができた。

　この警察予備隊は戦力に該当し違憲であるとする警察予備隊違憲訴訟が、直接、最高裁判所へ提起されたが、最高裁は、違憲審査権の行使には具体的事件性が必要であることを明示し、判断を行うことなく訴えを不適法として却下した（最大判1952（昭和27）年10月8日民集6巻9号783頁）。

（2）安保条約と司法審査

（ア）砂川訴訟

　旧安保条約による米軍駐留が憲法上認められるかどうかが争われたのが砂川事件である。

　当時の政治社会状況は次のようであった。1953年に朝鮮戦争が一応停戦という形となるが、アメリカはアジアでの冷戦政策を推し進めるために、日本の再軍備を本格化する[33]。こうした状況のなかで、1954年、日本とアメリカはMSA協定（日米相互防衛援助協定）を結び、日本の防衛義務を定める。それとの関係で同年、自衛隊が発足する。この年、フランスがインドシナでベトナムとの戦いにおいて敗戦を喫する。そこでアメリカがフランスに代わってベトナムに介入してい

32　藤井・前掲書442頁。
33　星野安三郎＝古関彰一『日本国憲法［平和的共存権］への道』（高文研、1997年）94頁。

く。そのために日本の米軍基地を強化しなければならない必要性が生じ、その中で砂川基地の拡張問題が起きるのである。

　1957年、アメリカ軍の使用する立川飛行場の拡張工事を始めたさいに、基地反対派のデモ隊が基地に侵入し、旧安保条約に基づく刑事特別法（日本国とアメリカ合衆国との間の相互協力及び安全保障条約第6条に基づく施設及び区域並びに日本国における合衆国軍隊の地位に関する協定の実施に伴う刑事特別法）違反として起訴された。

　砂川事件第一審判決は、1959年3月30日、安保条約による米軍の駐留は違憲、基地に侵入した人を無罪として、次のように判示した（東京地判1959（昭和34）年3月30日下刑集1巻3号776頁、判例時報180号2頁）。

①砂川事件第一審判決

1　被告人らは、正当な理由がないのに、アメリカ合衆国軍隊が使用する区域である立川飛行場内に立入った。この事実は日本国とアメリカ合衆国との間の安全保障条約第3条に基く行政協定に伴う刑事特別法（以下刑事特別法と略称）第2条に該当するが、これに対応する一般刑罰法規としては、軽犯罪法第1条第32号の正当な理由なく立入禁止の場所等に入った者に対する処罰規定を見出すことができ、従って刑事特別法第2条は右の軽犯罪法の規定と特別法、一般法の関係にあるものと解することができる。そこで、両者間の刑の軽重をみるに、軽犯罪法は拘留又は科料（情状により刑を免除又は併科し得る。）を科し得るに止まるに対し、刑事特別法第2条は1年以下の懲役又は二千円以下の罰金若しくは科料を科し得るのであつて、後者においては前者に比してより重刑をもつて臨んでいるのである。この差異は法が合衆国軍隊の施設又は区域内の平穏に関する法益を特に重要に考え、一般国民の同種法益よりも一層厚く保護しようとする趣旨に出たものとみるべきである。<u>もしこの合衆国軍隊の駐留がわが国の憲法に何等抵触するものでないならば、右の差別的取扱は敢えて問題とするに足りないけれども、もし合衆国軍隊の駐留がわが憲法の規定上許すべからざるものであるならば、刑事特別法第2条は国民に対して何等正当な理由なく軽犯罪法に規定された一般の場合よりも特に重い刑罰を以て臨む不当な規定となり、何人も適正な手続によらなければ刑罰を科せられないとする憲法31条及び右憲法の規定に違反する結果となるものといわざるを得ないのである</u>（下線引用者、以下同様）。

2　そこで合衆国軍隊の駐留と憲法第9条の関係を考察するに、わが国が現実的にはその安全と生存の維持を信託している国際連合の機関による勧告又は命令に基いて、わが国に対する武力攻撃を防御するためにその軍隊を駐留せしめるということであればあるいは憲法第9条第2項前段によつて禁止されている戦力の保持に該当しないかもしれない。しかしながら合衆国軍隊の場合には、わが国に対する武力攻撃を防禦するためわが国がアメリカ合衆国に対して軍隊の配備を要請し、合衆国がこれを承諾した結果、極東における国際の平和と安全の維持及び外部からの武力攻撃に対するわが国の安全に寄与し、且つ一又は二以上の外部の国による教唆又は干渉によつて引き起こされたわが国内における大規模な内乱、騒じょうの鎮圧を援助する目的でわが国内に駐留するものであり（日米安全保障条約第1条）、わが国はアメリカ合衆国に対してこの目的に必要な国内の施設及び区域を提供しているのである（行政協定第2条第1項）。従つてわが国に駐留する合衆国軍隊はただ単にわが国に加えられる武力攻撃に対する防禦若しくは内乱等の鎮圧の援助にのみ使用されるものではなく、合衆国が極東における国際の平和と安全の維持のために事態が武力攻撃に発展する場合であるとして、戦略上必要と判断した際にも当然日本区域外にその軍隊を出動し得るのであつて、その際にはわが国が提供した国内の施設、区域は勿論この合衆国軍隊の軍事行動のために使用されるわけであり、<u>わが国が自国と直接関係のない武力紛争の渦中に巻き込まれ、戦争の惨禍がわが国に及ぶ虞は必ずしも絶無ではなく、従つて日米安全保障条約によつてかかる危険をもたらす可能性を包蔵する合衆国軍隊の駐留を許容したわが国政府の行為は、「政府の行為によつて再び戦争の惨禍が起きないようにすることを決意」した日本国憲法の精神に悖るのではないかとする疑念も生じるのである。</u>

しかしながら、この点はさて措き、わが国が安全保障条約において希望したところの、合衆国軍隊が外部からの武力攻撃に対してわが国の安全に寄与するため使用される場合を考えて見るに、わが国は合衆国軍隊に対して指揮権、管理権を有しないことは勿論、日米安全保障条約上合衆国軍隊は外部からのわが国に対する武力攻撃を防御すべき法的義務を負担するものでもないから、たとえ外部からの武力攻撃が為された場合にわが国がその出動を要請しても、必ずしもそれが容れられることの法的保障は存在しないのであるが、日米安全保障条約締結の動機、交渉の過程更にはわが国とアメリカ合衆国との政治上、経済上、軍事上の密

接なる協力関係、共通の利害関係等を考慮すれば、そのような場合に合衆国がわが国の要請に応じ、既にわが国防衛のため国内に駐留する軍隊を直ちに使用する現実的可能性は頗る大きいものと思料されるのである。このことは行政協定第24条に「日本区域において敵対行為又は敵対行為の急迫した脅威が生じた場合には、日本国政府及び合衆国政府は、日本区域防衛のため必要な共同措置を執り、且つ安全保障条約第1条の目的を遂行するため、直ちに協議しなければならない」と規定されていることに徴しても十分窺われるところである。

　このような実質を有する合衆国軍隊がわが国に駐留するのは、アメリカ合衆国の一方的な意思決定に基くものではなく、わが国政府の要請と、合衆国政府の承諾という意思の合致があつたからであつて、合衆国軍隊の駐留は一面わが国政府の行為によるものということを妨げない。蓋し合衆国軍隊の駐留は、わが国の要請とそれに対する施設、区域の提供、費用の分担その他の協力があつて始めて可能となるものである。かようなことを実質的に考察するとき、<u>わが国が外部からの武力攻撃に対する自衛に使用する目的で合衆国軍隊の駐留を許容していることは、指揮権の有無、合衆国軍隊の出動義務に拘らず、日本国憲法第9条第2項前段によつて禁止されている陸海空軍その他の戦力の保持に該当するものといわざるを得ず、結局わが国内に駐留する合衆国軍隊は憲法上その存在を許すべからざるものといわざるを得ないものである。</u>

　もとより、安全保障条約及び行政協定の存続する限り、わが国が合衆国に対しその軍隊を駐留させ、これに必要なる基地を提供しまたその施設等の平穏を保護しなければならない国際法上の義務を負担することは当然であるとしても、合衆国軍隊の駐留が憲法第9条第2項前段に違反し許すべからざるものである以上、合衆国軍隊の施設又は区域内の平穏に関する法益が一般国民の同種法益と同様の刑事上、民事上の保護を受けることは格別、特に後者以上の厚い保護を受ける合理的理由は何等存在しないところであるから、国民に対して軽犯罪法の規定よりも特に重い刑罰をもつて臨む刑事特別法第2条の規定は、何人も適正な手続によらなければ刑罰を科せられないとする憲法第31条に違反し無効なものといわなければならない。

　このように、東京地裁第1審判決は、旧安保条約による米軍駐留を認めることは憲法の精神に反し、また、わが国の要請により米軍出動の現実的可能性が大き

いから9条2項の禁止する戦力の保持に該当し、違憲であるとした（東京地判1959（昭和34）年3月30日下刑集1巻3号776頁、判例時報180号2頁）。

② 砂川事件最高裁判決

国側は飛躍上告し、最高裁判決は、1959年12月16日、原判決を破棄して、外国軍隊の駐留は憲法9条に違反しないとし、安保条約の違憲性については統治行為論を採用して憲法判断を回避した。詳しくは、次のように判示している（最大判1959（昭和34）年12月16日刑集13巻13号3225頁、判例時報208号10頁）。

1　先ず憲法9条2項前段の規定につき判断する。

(1)　そもそも憲法9条は、わが国が敗戦の結果、ポツダム宣言を受諾したことに伴い、日本国民が過去におけるわが国の誤つて犯すに至つた軍国主義的行動を反省し、政府の行為によつて再び戦争の惨禍が起こることのないようにすることを決意し、深く恒久の平和を念願して制定されたものである。

かくのごとく、同条は、同条にいわゆる戦争を放棄し、いわゆる戦力の保持を禁止しているのであるが、しかしこれによりわが国が主権国として持つ固有の自衛権は何ら否定されたものではなく、わが憲法の平和主義は決して無防備、無抵抗を定めたものではないのである。わが国が、自国の平和と安全を維持しその存立を全うするために必要な自衛のための措置をとりうることは、国家固有の権能の行使として当然のことといわなければならない。

すなわち、われら日本国民は、憲法9条2項により、同条項にいわゆる戦力は保持しないけれども、これによつて生ずるわが国の防衛力の不足は、これを憲法前文にいわゆる平和を愛好する諸国民の公正と信義に信頼することによつて補い、もつてわれらの安全と生存を保持しようと決意したのである。そしてそれは、原判決のいうように、国際連合の機関である安全保障理事会等の執る軍事的安全措置等に限定されたものではなく、わが国の平和と安全を維持するための安全保障であれば、その目的を達成するにふさわしい方式又は手段である限り、国際情勢の実情に即応して適当と認められるものを選ぶことができることはもとよりであつて、憲法9条は、わが国がその平和と安全を維持するために他国に安全保障を求めることを、何ら禁ずるものではないのである。

(2)　そこで、右のような憲法9条の趣旨に即して同条2項の法意を考えて見る

に、同条項において戦力の不保持を規定したのは、わが国がいわゆる戦力を保持し、自らその主体となつてこれに指揮権、管理権を行使することにより、同条1項において永久に放棄することを定めたいわゆる侵略戦争を引き起こすがごときことのないようにするためであると解するを相当とする。従つて同条2項がいわゆる自衛のための戦力の保持をも禁じたものであるか否かは別として、<u>同条項が保持を禁止した戦力とは、わが国がその主体となつてこれに指揮権、管理権を行使し得る戦力をいうものであり、結局わが国自体の戦力を指し、外国の軍隊は、たとえそれがわが国に駐留するとしても、ここにいう戦力には該当しないと解すべきである。</u>

2 (1) 次に、アメリカ合衆国軍隊の駐留が憲法9条、98条2項および前文の趣旨に反するかどうかであるが、その判断には、右駐留が本件日米安全保障条約に基くものである関係上、結局右条約の内容が憲法の前記条章に反するかどうかの判断が前提とならざるを得ない。

しかるに右安全保障条約は、日本国との平和条約（昭和27年4月28日条約5号）と同日に締結せられた、これと密接不可分の関係にある条約である、すなわち、平和条約6条（a）項但書には「この規定は、一又は二以上の連合国を一方とし、日本国を他方として双方の間に締結された若しくは締結される二国間若しくは多数国間の協定に基く、又はその結果としての外国軍隊の日本国の領域における駐とん又は駐留を妨げるものではない。」とあつて、日本国の領域における外国軍隊の駐留を認めており、本件安全保障条約は、右規定によつて認められた外国軍隊であるアメリカ合衆国軍隊の駐留に関して、日米間に締結せられた条約であり、平和条約の右条項は、当時の国際連合加盟国60箇国中40数箇国の多数国家がこれに賛成調印している。そして、右安全保障条約の目的とするところは、その前文によれば、平和条約の発効時において、わが国固有の自衛権を行使する有効な手段を持たない実状に鑑み、無責任な軍国主義の危険に対処する必要上、平和条約がわが国に主権国として集団的安全保障取極を締結する権利を有することを承認し、さらに、国際連合憲章がすべての国が個別的および集団的自衛の固有の権利を有することを承認しているのに基き、わが国の防衛のための暫定措置として、武力攻撃を阻止するため、わが国はアメリカ合衆国がわが国内およびその附近にその軍隊を配備する権利を許容する等、わが国の安全と防衛を確保するに必要な事項を定めるにあることは明瞭である。

(2) ところで、本件安全保障条約は、主権国としてのわが国の存立基盤に極めて重大な関係をもつ高度の政治性を有するものというべきであつて、その内容が違憲なりや否やの法的判断は、その条約を締結した内閣およびこれを承認した国会の高度の政治的ないし自由裁量的判断と表裏をなす点がすくなくない。それ故、右違憲なりや否やの法的判断は、純司法的機能をその使命とする司法裁判所の審査には、原則としてなじまない性質のものであり、従つて、<u>一見極めて明白に違憲無効であると認められない限りは、裁判所の司法審査権の範囲外のものであつて、それは第一次的には、右条約の締結権を有する内閣およびこれに対して承認権を有する国会の判断に従うべく、終局的には、主権を有する国民の政治的批判に委ねられるべきものである</u>と解するのを相当とする。

3 よつて、進んで本件アメリカ合衆国軍隊の駐留に関する安全保障条約およびその3条に基く行政協定の規定の示すところをみると、右駐留軍隊は外国軍隊であつて、わが国自体の戦力でないことはもちろん、これに対する指揮権、管理権は、すべてアメリカ合衆国に存し、わが国がその主体となつてあたかも自国の軍隊に対すると同様の指揮権、管理権を有するものでないことが明らかである。わが国がその駐留を許容したのは、わが国の防衛力の不足を、平和を愛好する諸国民の公正と信義に信頼して補なおうとしたものに外ならないことが窺えるのである。

しからば、かようなアメリカ合衆国軍隊の駐留は、憲法9条、98条2項および前文の趣旨に適合こそすれ、これらの各章に反して違憲無効であることが一見極めて明白であるとは、到底認められない。そしてこのことは、憲法9条2項が、自衛のための戦力の保持をも許さない趣旨のものであると否とにかかわらないのである（なお、行政協定は特に国会の承認を経ていないが、……既に国会の承認を経た安全保障条約3条の委任の範囲内のものであると認められ、これにつき特に国会の承認を経なかつたからといつて、違憲無効であるとは認められない。）。

しからば、原判決が、アメリカ合衆国軍隊の駐留が憲法9条2項前段に違反し許すべからざるものと判断したのは、裁判所の司法審査権の範囲を逸脱し同条項および憲法前文の解釈を誤つたものであり、原判決は破棄を免れない。

しかしながら、この最高裁判決には疑問がある。憲法前文で、「政府の行為によって再び戦争の惨禍が起こることのないようにすることを決意」して、非武装

平和主義を定めたのであるが、国民の利益と無関係なアメリカの軍事的利益のために、日本国民が戦争にまきこまれる仕組みになっている安保条約は平和主義に反し、また、国民主権の原理から完全に切断されている在日米軍は憲法違反の存在であると考えるのが妥当であろう。

（イ）　横田基地夜間飛行差止訴訟

米軍基地の航空機騒音等の公害に対し、在日米軍横田基地周辺の住民が、夜間における離着陸の差止めと損害賠償を求めた事件がある。

第1審判決（東京地八王子支判1997（平成9）年3月14日判例時報1612号101頁）および第2審判決（東京高判1998（平成10）年12月25日判例時報1665号64頁）は、「それぞれ国際慣習法および在日米軍地位協定を根拠に、米国の民事裁判権からの免除を認めた」。最高裁は、「外国国家の主権的行為については、民事裁判権が免除される旨の国際慣習法の存在を引き続き是認することができる」として上告を棄却した（最判2002（平成14）年4月12日民集51巻4号729頁）[34]。

米軍横田基地（東京都福生市など）の周辺住民約千人が、米軍機などの夜間・早朝の飛行差し止めと騒音被害の損害賠償を求めた「第二次新横田基地公害訴訟」がある。2019年6月6日、控訴審判決が東京高裁であり、1審東京地裁立川支部判決に続き、飛行差し止めを認めなかった。損害賠償は1審から約1億5千万円増額し、過去の被害分として国に約7億6800万円の支払いを命じたが、将来見込まれる被害の賠償は再び認めなかった。（東京新聞2019年6月7日参照）。

米軍機や自衛隊の騒音被害を巡っては、厚木（神奈川県）や普天間（沖縄県）など横田を含む全国七基地の周辺住民が、飛行差し止めなどを求めて訴訟を起こしている。「米軍の公的活動に日本の民事裁判権は及ばない」とする最高裁判例に基づき、退ける判決が定着している（東京新聞同上）。

本事例の問題点は平たく言えばこういうことであろう。〈ひどい騒音であきらかな人権侵害が起きているのに、なぜ裁判所は飛行中止の判決を出さないのか〉（前泊博盛『日米地位協定入門』（創元社、2013年）130頁のQ&A⑦）。前泊は普天間基地騒音訴訟福岡高裁2010年（平成22年）7月29日判決（判例時報2091号162頁）について、次のように平易に説明している。

34　辻村みよ子『憲法［第6版］』（日本評論社、2018年）79頁。

訴訟は、激しい騒音（爆音）による住民の被害を訴え、補償を求めると同時に、今後被害を及ぼすような米軍機の飛行について差し止めてほしいというものであった。しかし判決は、「損害賠償は認めるが、米軍機の飛行差し止めは棄却する」というものである。「騒音被害と損害賠償は認めるが、原因となっている米軍機の飛行は止めない」というのである。たとえば、「暴走族による被害は認めるけど、暴走族の暴走行為は今後も止めない」といっているようなものである。これは普天間基地にかぎらない。沖縄の嘉手納基地や、本土の厚木基地、横田基地などでも起きている。米軍機を対象とした騒音訴訟に共通した判決結果である。

普天間基地や騒音訴訟の請求棄却の理由は、これまでの騒音訴訟と同じく「第三者行為論」といわれるものであった。第三者行為論とは簡単にいうと、米軍は日本の法律が及ばない「第三者」なので、米軍に対して飛行差し止めを求める権限を日本政府はもっていないというものである。

この「第三者である米軍の飛行を規制する権限は日本政府にはない」という「第三者行為論」は、第一次厚木基地訴訟最判1993年2月25日が示したものである。原告の住民たちは、国も米軍も「第三者」などではなく、安保条約を結んで基地を提供しているのであるから「共同不法行為者」であると主張した。しかし、裁判所はこれに対して「基地提供の拒否」などという根源的な措置は、国の「政治的責任を伴った広範な裁量にゆだねられた事項」であるとして、司法判断を回避している。

（3）自衛隊裁判
（ア）恵庭裁判

北海道の恵庭町（現在、恵庭市）で牧場（酪農業）を営んでいた野崎健美、美晴兄弟が自衛隊の通信線を切断したのは1962年12月11日のことである。自衛隊の演習による爆音のため牛が流産したり、お乳が出なくなったりする乳牛被害のため、野崎兄弟は自衛隊に抗議に行くがいっこうに耳をかさないためにこうした行動にでた。

野崎兄弟が通信線を切断したことに対して、国側は当初、刑法の器物損壊罪で起訴しようとするが、一転して自衛隊法121条で起訴することにした。刑法261条の器物損壊罪は「3年以下の懲役」となっているのに対して、自衛隊法121条は

「自衛隊の所有し、又は使用する武器、弾薬、航空機その他の防衛の用に供する物を損壊し、又は傷害した者は、5年以下の懲役又は5万円以下の罰金に処する」として、「5年以下の懲役」とずっと刑が重くなっているからである。

　1967年3月29日の判決で札幌地裁は野崎兄弟を「無罪」とした。その理由は、自衛隊法121条に「…航空機その他の防衛の用に供する物を損壊し…」とあるが、通信線は「その他の防衛の用に供する物」には該当しないとし、その結果、自衛隊が違憲であるかどうかについて判断する必要がないということで、憲法判断を回避した（札幌地裁1967（昭和42）・3・29判例時報476号25頁）。

　弁護人らは、野崎兄弟の行為が自衛隊法121条の構成要件にあたらないと主張するとともに、他方、同条およびこれを含む自衛隊法全般ないし同法によってその存在をみとめられている自衛隊が憲法9条、前文等の諸条項や平和主義の理念に反する旨を力説強調し、自衛隊法121条は違憲無効であると主張した。

　裁判所は両名の行為が、検察官が主張する自衛隊法121条の「自衛隊の…使用する…その他の防衛の用に供する物を損壊した」場合に該当するかどうかについて判断するとする。そして、121条を解釈すると、「その他の防衛の用に供する物は、同条の定める『武器、弾薬、航空機』という例示物件とのあいだで、法的に、ほとんどこれと同等に評価しうる程度の密接かつ高度な類似性のみとめられる物件を指称する」といい、本件通信線が自衛隊法121条にいわゆる「その他の防衛の用に供する物」にあたるか否かを検討してみるに、多くの実質的疑問が存し、「その他の防衛の用に供する物」に該当しないというのが相当であるとした。

　さらに、自衛隊の憲法判断につき、次のように述べている。弁護人らは、自衛隊法121条を含む自衛隊法全般ないし自衛隊等の違憲性を強く主張しているが、およそ、裁判所が一定の立法なりその他の国家行為について違憲審査権を行使し得るのは、具体的な法律上の争訟の裁判においてのみであるとともに、具体的な争訟の裁判に必要な限度にかぎられることはいうまでもない。このことを、本件のごとき刑事事件にそくして言うならば、当該事件の裁判の主文の判断に直接かつ絶対必要なばあいにだけ、立法その他の国家行為の憲法適否に関する審査決定をなすべきことを意味する。したがって、被告人の行為について、自衛隊法121条の構成要件に該当しないとの結論に達した以上、もはや、弁護人等ら指摘の憲法問題に関し、なんらの判断をおこなう必要性がないのみならず、これをおこなうべきでもない、という。

この後者の説示が後年、「憲法判断回避の準則」をめぐる憲法論争となるのである[35]。

また、前者の説示について、星野安三郎は、裁判所の判決は実にひどいごまかしをやっていると述べている[36]。「つまり、通信線は自衛隊法121条にいう『防衛の用に供する物』に当たらないという解釈なんですが、軍事常識からするととんでもない話」であるという。「通信線というのは軍事的にきわめて重要なんです。通信線がなければ、どんなに大きな大砲を装備していても、ものの役に立たない。それなのに恵庭裁判の判決では、通信線は『防衛の用に供する物』ではない、ということで処理した。ごまかし、まやかし以外のなにものでもないんです」。裁判官は法解釈の枠をあえて逸脱する無理をかさねても、自衛隊の憲法判断を避ける道を選択したのであった。

(イ) 長沼訴訟

その後、問題となったのが長沼事件である。この事件では、防衛庁が、北海道長沼町の山林にミサイル基地の建設を計画したが、それに反対する住民が、基地建設のための保安林指定解除処分の取消しを求めて争った。事案は次のようなものである。

防衛庁は、北海道の長沼町（現在、長沼市）の馬追山（まおいやま）の頂上に、自衛隊のナイキ・ミサイルの基地を建設する計画を立てた。しかし、この馬追山は森林法に定める保安林に指定されており、農林大臣の許可がなければ森林を伐採することができない。そこで、防衛庁は、1968年6月、農林大臣に対し、保安林指定解除の申請を行う。そして、農林省は、森林法に従って聴聞会を開き、近隣農民の意見を聞く。

馬追山は、戦前から保安林に指定されていた水源涵養林であるとともに、洪水防止の役割も果たしていた。農民は灌漑用水がなければ農業はやっていけないし、また、それは洪水を防止するためのものでもあった。それゆえ農民は、馬追山の頂上をけずってミサイル基地をつくると洪水が出るという危機感が強かった。これに対して、防衛庁はダムをつくるので大丈夫であるとして農民を説得し

35　芦部信喜「法律解釈における憲法判断の回避—恵庭事件—」憲法判例百選Ⅱ［第6版］（有斐閣、2013年）。
36　星野安三郎＝古関彰一・前掲書128-129頁。

ていた。農民はミサイル基地建設に反対の意見を表明したにもかかわらず、農林省は強引に保安林指定解除の処分を行ったことに対して、怒った農民は、186名を原告として、1969年7月、札幌地裁に行政訴訟を提起した。

　第1審判決（札幌地判1973（昭和48）年9月7日判例時報712号24頁）は、自衛隊は現在の規模、装備能力からみて、いずれも「陸海空軍」に該当し、違憲であると裁判史上初めての違憲判決をだした。

●「平賀書簡」問題
　長沼訴訟の途中で驚くべきことが発覚する。1969年8月、札幌地裁の平賀健太所長が、長沼事件を担当している福島重雄裁判長にあてて、「一先輩のアドバイス」と言いながら、国側の主張にそった判決を出すようにという手紙をだしたのである。このことが公になり、平賀所長は最高裁から注意処分を受け、東京高裁へ異動させられる。翌1970年1月には、石田和人最高裁長官が年頭の言葉で裁判官の団体（それは青年法律家協会）への加入を非難する。そして、同年4月、最高裁は、司法修習生裁判官任官希望者の中で、上記青年法律家協会会員であった2名の任官を拒否する。さらに、同年5月、石田最高裁長官は「軍国主義者、無政府主義者、はっきりした共産主義者は裁判官として好ましくない」という発言を行ったのである[37]。

　1973年9月7日に長沼訴訟第1審判決が下され、原告の申立て通り、主文は「保安林解除処分の効力を停止する」であったが、判決理由の中で憲法前文の「平和的生存権」をはじめて認める画期的なものであった。平和的生存権について次のように述べている。
　平和的生存権は、「たんに国家が、その政策として平和主義を掲げた結果、国民が平和のうちに生存しうるといった消極的な反射的利益を意味するものではなく、むしろ、積極的に、わが国の国民のみならず、世界各国の国民にひとしく平和的生存権を確保するために、国家自らが、平和主義を国家基本原理の1つとして掲げ、そしてまた、平和主義を取ること以外に、全世界の諸国民の平和的生存

---

[37] 星野安三郎＝古関彰一・前掲書133頁。

権を確保する道はない、とする根本思想に由来するものといわなければならない。…この、社会において国民一人一人が平和のうちに生存し、かつその幸福を追求することのできる権利をもつことは、さらに、憲法第3章の各条項によって、個別的な基本的人権の形で具体化され、規定されている」。

そして、次に自衛隊を憲法違反であるとした。9条2項の「陸海空軍その他の戦力」につき、「『陸海空軍』は、通常の観念で考えられる軍隊の形態であり、あえて定義づけるならば、それは『外敵に対する実力的な戦闘行動を目的とする人的、物的手段としての組織体』であるということができる」と定義づけ、「自衛力は戦力ではない」とする政府の憲法解釈を批判した後、自衛隊はその実態から、憲法9条2項で禁じられた「陸海空軍」という「戦力」に該当し、違憲であると判示した。

控訴審判決は、自衛隊が憲法9条に違反する否かの問題は統治行為に関する判断であり、それが一見きわめて明白に違憲・違法と認められない限り、司法審査の対象とならないと判示した（札幌高判1976（昭和51）年8月5日判例時報821号23頁）。最高裁判所は、訴えの利益の観点から原告の主張をしりぞけ、自衛隊の憲法適否の判断を行わないで訴訟を終結させた（最判1982（昭和57）年9月9日民集36巻9号1679頁）。

（ウ）　百里訴訟

1956年（昭和31年）、茨城県の百里に自衛隊の基地を作る計画が持ち上がる。この百里は戦前、海軍航空隊の基地があったところである。戦後、軍隊がなくなると、この地に復員した人たちが開拓民となり、民有地となる。

戦前の土地収用法は軍隊のために土地を強制的に収用することができたが、戦後改正された土地収用法では自衛隊は強制収用できない。そこで個々の土地の買収を行うことになる。多くの人は買収されて出ていったが、戦前の戦争体験を二度としたくないと思っている人たちが買収されないでいた。そして反対同盟を結成することになる。

これに対して、自衛隊の方は、買収したところをどんどん滑走路にしていく。滑走路の真ん中に住んでいた藤岡さんという人の場合、農民の売った土地がどんどん滑走路にされ周りの土地が固められていって、農業用水路が断たれることに

なる。そうした中で、基地反対を掲げる山西きよさんが町長となる。そこで藤岡さんは、ここでは農業はできないと考えて町長の山西さんに土地を売ろうと考える。それを聞きつけた自衛隊が、山西さんに売り渡されると絶対に戻ってこないので、藤岡さんを拉致同然にして何とか売買契約を書かせて仮登記までしてしまう。それを知った山西さんが、それはおかしいとし、自分に売りたいと言っていたと主張する。これに対して、防衛庁が、藤岡、山西両氏を被告として所有権確認の訴え、民事訴訟を起こす。こうして1958年（昭和33年）7月、百里基地訴訟が提起されることとなる。

　一審では、裁判所は藤岡さんと防衛施設庁との売買契約を認め、9条の判断をまったくせずに、藤岡さん側の主張をすべてしりぞける。これについて、古関彰一は次のように述べている。1977年2月の水戸地裁判決では、防衛庁に土地を売ったことは私人間の売買契約だ、とさらりと言っていますけれど、国によって売らざるを得なくさせられているのですね。施設庁に土地を売らざるを得ないようにさせられたわけで、「私人間の売買契約」なんてものではないのです。そこには「自由意思」なんてまったくない。それなのに裁判所はそういうことは何も見ずに、全くの形式論で判決を下している。だから農民から見ると、民事的な関係、私人間の問題だなんていうのはとんでもない話であって、事実は公権力が公費を使って農民の権利を侵害していったんですね。しかし1989年、最高裁も下級審の判決を支持し、農民の訴えを認めなかった。

　百里基地訴訟の第1審判決は、自衛隊に対する憲法判断は「統治行為論」をとって避けたものの、9条解釈では、政府と同じく自衛戦力合憲論を展開した（水戸地判1977（昭和52）年2月17日判例時報842号22頁）。控訴審判決では、「憲法9条の解釈について国民の間に客観的一義的な見解が醸成されるのを望むことは不可能に近い」として憲法判断を回避し、「かりに自衛隊が憲法違反としても、反社会的、反道徳的であることについて社会一般の認識として確立されているとはいえず、国の土地取得は公序良俗に違反して無効とはいえない」とした（東京高判1981（昭和56）年7月7日判例時報1004号3頁）。最高裁判決は、9条と自衛隊について、「憲法9条は本件のような私法上の行為に直接適用されない」として、自衛隊の憲法判断を回避した（最判1989（昭和64）年6月21日判例時報1318号3頁）。こうした判決によって、結果的に平和主義の空洞化が進行した。

（エ）小西反戦自衛官裁判

1969年10月15日、小西誠三等軍曹が、新潟県佐渡分屯地で、国民に銃を向ける自衛隊の「特別警備訓練」を拒否するよう同僚隊員に呼びかける「デモ鎮圧訓練、治安訓練を拒否せよ」などと書いたビラを撒いた。

小西三等軍曹のビラまきは、自衛隊法64条の怠業の教唆扇動罪に当たるとして逮捕、起訴されたが、自衛隊が「特別警備訓練」の内容を明らかにしなかったため新潟地裁で無罪となった（新潟地判1975（昭和50）年2月22日判例時報769号19頁）。

2審の東京高裁は原審を破棄して差し戻した（昭和（55）年1月31日刑月9巻1・2号14頁）。新潟地裁の差戻審では、自衛隊の違憲性には言及せず、被告人の行為は「政府の活動を低下させる怠業的行為の遂行の扇動」に該当しないとして無罪とした（新潟地判1984（昭和59）年3月21日刑月13・3・251）。検察官が控訴を断念したため無罪が確定した[38]。

（オ）イラク派遣差止訴訟

2003年7月のイラク人道復興支援特別措置法の制定により、2004年12月に自衛隊がイラクのサマワに派遣された。この派遣については、自衛隊のイラクにおける活動は憲法9条1項の禁止する武力の行使に当たり違憲であるとする名古屋高裁判決がある（名古屋高判2008年4月17日）。この名古屋高裁判決は、請求は棄却したが、判決理由中において、「現在イラクにおいて行われている航空自衛隊の空輸活動は、政府と同じ憲法解釈に立ち、イラク特措法を合憲とした場合であっても、武力行使を禁止したイラク特措法2条2項、活動地域を非戦闘地域に限定した同条3項に違反し、かつ、憲法9条1項に違反する活動を含んでいることが認められる」とした。また、平和的生存権につき、すでに本書の2003年「イラク人道復興支援特別措置法」の項で紹介したが、判決は次のように述べた。「現代において憲法の保障する基本的人権が平和の基盤なしには存立し得ないことからして、全ての基本的人権の基礎にあってその享有を可能ならしめる基底的権利であるということができ、単に憲法の基本的精神や理念を表明したに留まるものではない。法規範性を有するというべき憲法前文が上記のとおり『平和のうちに生存

---

38 辻村・前掲書78頁、及び、稲垣真美「自衛隊内での軍務拒否」『良心的兵役拒否の潮流』（社会批評社、2002年）163頁以下参照。

する権利』を明言している上に、憲法9条が国の行為の側から客観的制度として戦争放棄や戦力不保持を規定し、さらに、人格権を規定する憲法13条をはじめ、憲法第3章が個別的な基本的人権を規定していることからすれば、平和的生存権は、憲法上の法的な権利として認められるべきである。そして、この平和的生存権は、局面に応じて自由権的、社会権的又は参政権的な態様をもって表れる複合的な権利ということができ、裁判所に対してその保護・救済を求め法的強制措置の発動を請求し得るという意味における具体的権利性が肯定される場合があるということができる」（名古屋高判2008（平成20）年4月・17日判例時報2056号74頁）。

（カ）安保法制違憲訴訟

安保法制違憲訴訟とは、集団的自衛権の行使を可能にした安全保障関連法は違憲であるとして、同法に基づく自衛隊出動の差し止めや、憲法が保障する平和的生存権などの侵害に対する国家賠償を求めて争われている訴訟をいう。現在、東京や大阪、名古屋など全国22地裁で25件の集団訴訟が起こされている（東京新聞2019年3月29日）。

北海道の住民ら412人が安保関連法は違憲で平和的生存権を侵害したとして国に損害賠償を求めた訴訟で、札幌地裁2019年4月22日判決は原告の請求を退けた（東京新聞2019年4月23日）。現在、弁護士らでつくる「安保法制違憲訴訟の会」の呼びかけで、全国22の地裁・地裁支部で争われている集団訴訟で、本判決が初めての判決といわれる。

岡山忠広裁判長は判決理由で、同法に基づく自衛隊への出動命令などを差し止める請求については、行政訴訟の対象となる「公権力の行使」に当たらないとして不適法と判断し、損害賠償請求については「平和的生存権は憲法上の具体的権利とはいえない」などとして棄却した（東京新聞同上）。東京新聞社説では、砂川事件最高裁判決の統治行為論に言及し、「一見極めて明白に違憲」ならば、行政行為を無効とできる踏み込んだ表現もあるのであるから、裁判官は「一見極めて明白に違憲」かどうかチェックが求められていると述べる。また、自衛隊のイラク派遣訴訟で、2008年、名古屋高裁は「平和的生存権は基本的人権の基礎で、憲法上の法的権利」と認めたが、今回の判決はそれを後退させており、納得できないと述べている。全うな憲法感覚と憲法解釈に基づく評価といえる。

なお、本訴訟以前には、現職の陸上自衛隊員が国を相手に、安保関連法による

集団的自衛権の行使は違憲であるとして、「存立危機事態」になっても防衛出動の命令に従う義務のないことの確認を求めた訴訟がある。

　原告は1993年に陸自に入隊し、関東の補給部門に勤務。「後方支援部隊が敵から狙われる事態は多い。戦闘部隊に配属される可能性もあり、出動命令が出ると生命に損害が生じる恐れがある」と主張して、防衛出動命令に従う義務がないことの確認を求めて2016年に提訴した。2017年3月23日、東京地裁は、存立危機事態が近い将来に発生する明白な恐れを否定し、原告の所属が戦闘部隊でないことも踏まえ、「現時点で出動命令が出る具体的で実現的な可能性はなく、原告が主張する不安は抽象的なもの」として、訴えを「不適法」として却下した。

　これに対して2018年1月31日、東京高裁の杉原則彦裁判長は国側の「国際情勢を踏まえても隊員の所属部隊に出動命令が出るとは想定できない」との主張を退け、「すべての現職自衛官が命令の対象となる可能性が非常に高い」との判断を示した。また、命令に背けば懲戒処分や刑事罰といった重大な損害を受ける恐れがあり、第1審判決を取り消し、審理を地裁に差し戻した（朝日新聞2018年2月1日）。

3　自衛隊改編への展望

　浦部法穂は、『憲法学教室（第3版）』（日本評論社、2016年）の中で大略次のように述べている。〈軍事力による日本の防衛ということが現実的で憲法9条の掲げる「非武装平和」が非現実的だというのは、本当なのであろうか〉。私は、むしろ、軍事力によって日本を防衛できると考えることのほうが、非現実的であると思う。いくら自衛隊を増強しても、日本の国民と国土を守ることは不可能である。「非武装平和などと青臭いことをいっているが、どこかが攻めてきたらどうするんだ」という非難は、「現実主義者」たちからよく聞かれるが、攻められたらのみちおしまいなのである。だから、「せめてきたらどうするか」ではなく、「攻められないようにどうするか」を考えるべきなのである。それに、アメリカが自国の利益とかかわりなく日本を「守ってくれる」などということは、100パーセントありえない。軍事力によって日本の「防衛」が可能だというのは、日本の置かれている実情からすれば、まったく非現実的な幻想でしかないのである。日本の「安全」は、軍事力な対立・緊張をいっさい引き起こさないこと

によってのみ、日本の「安全」は確保されるのである。こうした観点からみれば、憲法9条は、決して非現実的な空想ではなく、日本にとって最も現実的な安全保障の方式をうたっているものというべきである[39]。

　それでは私たちは現にある「自衛隊」にどのように向き合うべきであろうか。
　藤井俊夫は平和主義の現実については次のように捉えている[40]。9条・前文をあわせ読んだ場合には、平和主義の問題は世界全体の平和の達成の問題と連動していると理解すべきである。第2次大戦後の米ソの冷戦体制を中心として動いてきた国際政治の現実は、各国家はあくまでもそれぞれの国益に基づいて行動しており、軍事的なバランス論が未だに今日の平和維持の一つの重要な要因となっていることは否定できない。このような現実の中では、ある国の一方的な軍備放棄は、本来、侵略する意思をもたなかった他国に対する侵略の誘引になることすらあるといわなければならない。今日の国際政治の現状の下においては、戦争その他の武力の行使に対する抑止力としての軍事力に対しても、なおそれ相応の正当な評価を与えた上で、それらを憲法的・法的なコントロールの下に置くように留意する必要がある。
　理念としての9条は、非武装平和、すなわち、一国の戦争を放棄し、一切の戦力を持たないことを要求しているのであるが、現実の日本の実定法体系の中の最高法規としての9条は、それぞれの歴史的な時期に対応して、現実に実行可能な内容に即した規範的拘束力をもつにとどまると解すべきである。9条は、今日においては、むしろ「過渡的措置」として「自衛のための戦争」を、したがって「自衛のための戦力」をやむを得ず許容していると解すべきである。この場合、当然、現実の戦力としての自衛隊が「自衛のために真に必要か」というきびしいチェックがかけられねばならない。したって、国には、例えば自衛隊の合憲性が問題となるような訴訟の場においてはいうまでもないが、より一般的にも、国民との関係で、国は常にその時々の自衛隊の戦力が「自衛のため真に必要」であることについて主張・立証する責任がある。ただ、あくまでも、究極的には非武装平和をめざすということが9条本来の理念である。その意味では、国には、常

39　浦部法穂『憲法学教室（第3版）』（日本評論社、2016年）463頁。
40　藤井俊夫『憲法と政治制度』（成文堂、2009年）428頁以下参照。

に、軍備縮小への努力義務、および、そもそもそれを可能とするような国際的な条件を率先して作り出すための外交その他の努力義務が課されているといわなければならない[41]。

1　また、軍に対する民主的コントロールが確保されなければならない。軍に関する法制度の本質論としては、法律による軍の活動を制限し、軍に対する民主的コントロールをはかることが重要である。

現実の自衛隊法では、自衛隊の任務を、「自衛隊は、わが国の平和と独立を守り、国の安全を保つため、直接侵略及び間接侵略に対しわが国を防衛することを主たる任務とし、必要に応じ、公共の秩序の維持に当たるものとする」(同3条1項) と定める。そして、自衛隊法の具体的行動としては、外部からの武力攻撃に際しての「防衛出動」(同76条)、防禦施設構築の措置 (同77条の2)、間接侵略その他の緊急事態に際しての「治安出動」(同78条および81条)、「海上における警備行動」(同82条)、「弾道ミサイル等に対する破壊措置」(同82条の2)、「領空侵犯に対する措置」(同84条)、「災害派遣」(同83条)、「地震防災派遣」(同83条の2) 等が定められている。

また、自衛隊の権限としては、武器の保有 (同87条)、防衛出動時の武力行使 (同88条) 等の定めがある。この他、対外的な活動として、例えば国際緊急援助活動 (同84条の2第2項3号)、国際平和協力義務 (同項4号)、外国での緊急事態における邦人の輸送 (同84条の3) などといった活動をすることが定められている[42]。

自衛戦力は放棄されていないとする説をとる場合には、単に自衛隊の規模とか装備などにとどまらず、自衛隊の活動に関する法的コントロールが十分になされうるような法制度が整備されているかどうかについて、より慎重に精査する必要がある[43]。

2　さらに、軍に関する情報公開が必要である。軍に対する民主的コントロールを確保するためには、軍を開かれたものとすることが必要である。たしかに、軍事秘密の重要性は否定することができないが、できるだけ情報公開をし、国民との関係で開かれているものとすべきである。

防衛情報については、可能な限り情報公開をすることが必要である。その理由

41　藤井・前掲書429頁。
42　藤井・前掲書437頁。
43　藤井・前掲書438頁。

は、情報の公開によって、国は常に自衛戦力について国民の納得・支持を得るべきである。このことは、周辺諸国の疑念による軍縮増強、それに対応した日本の軍備増強、さらにそれに対応する周辺諸国の軍備増強という悪循環を避けることができる。日本の保有しうる戦力はあくまでも他国からの侵略行為その他の武力行使をさせないための「抑止力」としての「過渡的な自衛戦力」として位置づけられるものであり、そうである以上、日本の軍事力に対する周辺諸国の疑念をできるだけ晴らすことが優先されなければならない[44]。

　かつて星野安三郎が防衛二法の成立に関し、興味深い指摘を行ったことがある。防衛庁設置法、自衛隊法という防衛二法が成立した時に（1954年6月）、参議院で自衛隊の海外出動禁止決議がなされる。その決議の中身は、国民の熱烈な平和愛好の精神に照らして、海外に出動しないことを決議するというものである。しかも、この提案理由には重要なことがあって、1つは、自衛隊はあくまで米ソの冷戦の所産であって、米ソの冷戦がなければこれほどの自衛隊も必要なかったと述べている。したがって、冷戦体制の崩壊後は自衛隊は廃止するというのが当然ということになるであろう。あくまでもこれは、米ソの冷戦体制があり、侵略される危険があるので自衛のために設けられた軍隊があって、外国に出してはならない。新しい自衛隊は憲法の枠の中に閉じ込めておかなくてはならないという提案理由が示されている[45]。
　国民は自衛隊について関心をもたない、あるいは、自衛隊がどのような組織であるのか、自衛隊の人権はどのようになっているのか、自衛隊の実態についてほとんど知らないというのが実情であろう。防衛二法・自衛隊法が発足したのは1954年である。自衛隊の生みの親も育ての親も米軍であった[46]。その後、再軍備が行われていくが、「自衛力」とか「防衛力」とか、あるいは「戦力なき軍隊」とかという言葉のごまかしの積み重ねであった。
　それでは自衛隊の任務はどのようなものであろうか。自衛隊法第3条（自衛隊の任務）は次のようになっている。「自衛隊は、わが国の平和と独立を守り、国の安全を保つため、直接侵略及び間接侵略に対しわが国を防衛することを主たる

44　藤井・前掲書430-440頁。
45　星野安三郎＝古関彰一『日本国憲法［平和的共存権］への道』（高文研、1997年）30頁。
46　星野＝古関・前掲書24頁。

任務とし、必要に応じ、公共の秩序の維持に当たるものとする」。

　自衛隊の主たる任務は「直接侵略・間接侵略」に対する任務であり、それは防衛出動と治安出動である。つまり、外国の軍隊が攻めてきた場合であるとか、あるいは、外国の指令で、国内で暴動が引き起こされた場合の対処である。

　また、この条文では、「国」と書いてあって、「国民」と書かれているわけではない。ただ、83条の災害派遣の規定では、「都道府県知事その他政令で定める者は、天災地変その他の災害に際して、人命又は財産の保護のため必要があると認める場合には、部隊等の派遣を長官又はその指定する者に要請することができる」となっており、ここで初めて「人命と財産」がでてくる。そして、「災害派遣」の時には、施行規則で「武器は携帯しないものとする」と書いてある。星野安三郎は自衛隊法を皮肉って、「僕は、自衛隊法で唯一の合憲規定は83条だけだと言っている」と述べている[47]。

　先述の自衛隊の創設そのものは、朝鮮戦争が起こることにより、日本を占領していた米軍が朝鮮半島へ出動するため、そのあとの国内の治安維持を担当する警察予備隊から始まったのである。間接侵略は、自衛隊法ができる以前の旧安保条約（1951年）で初めて出てくる。防衛出動は外国を敵視することであるけれども、治安出動は国民のある一部を敵視するということである[48]。戦後の自衛隊は海外派遣が禁止されているために、国内の治安維持が主たる任務となっているのである。

　自衛隊の役割と任務は大きくわけて、「防衛出動」「治安出動」「災害派遣」「民生協力」の四つがある。総理府広報室の世論調査によると、自衛隊が一番役に立ってきたものとして「災害派遣」が第一位である。また、今後、自衛隊に期待される役割としても「災害派遣」である。ということは、「軍隊としての自衛隊ではなく、非武装の災害援助、あるいは国土建設を、国民の多くは支持しているということである。つまり、ここに憲法第9条の精神が生きている」「自衛隊はこの半世紀近く、防衛出動、治安出動をしたことがない。つまり『軍隊』としては役に立たなかったのだから、もう『災害救助隊』に改編すればいいということになる。そしてまた隊員も、それをいちばん望んでいる」[49]ということである。

47　星野＝古関・前掲書37頁。
48　星野＝古関・前掲書39頁。
49　星野＝古関・前掲書45-46頁。

以上の星野の理解について、古関は、「自衛隊には二つの顔があり、その一つの顔は防衛出動、治安出動の軍事的・弾圧的な顔、その部分は否定する。けれども、もう一つの災害救助などで活動する自衛隊の顔については肯定する。つまり、そういうふうに憲法の視点から自衛隊を分けて見る必要があるのではないか」と述べる。答えて、星野は、「そうして肯定的な面を伸ばすことによって、自衛隊を改編してゆく。……さらにこのことは、国内だけではなく、国際的な非軍事の援助の問題としても考えてゆく必要がある」という。そして、今の自衛隊の組織そのものを、もういっぺん分解して考えてみることを提言している。

　この節では、星野安三郎と古関彰一の対談「Ⅳ　PKO協力法と有事立法」「Ⅵ　21世紀の憲法をめざして」『日本国憲法［平和的共存権］への道』（高文研、1997年）の自衛隊改編の論理を本節「自衛隊改編への展望」の結びとして紹介し、終えることとしたい。いささか古い時代の対論ではあるが、今日でもその認識は妥当であり、通用すると筆者は考えるからである。

　古関彰一は、1996年7月8日、当時の白井防衛庁長官が外国特派員協会で行った講演を次のように紹介する。「防衛庁長官がこう言っているんですね。『自衛隊は発足以来国民のあいだでしっかり受け止めてもらえなかったが、昨年の阪神大震災や地下鉄サリン事件などの極限状態において最終的に日本国民の生命財産をしっかり守っているのは自衛隊であるということが多くの国民に理解された』」と[50]。

　それで、自衛隊に対するアレルギーがずいぶん解けてきて、その後は、各自治体の防災訓練にも自衛隊が参加するなど環境が改善されたと、こう述べているわけです。つまり、さっきの自然的災害、これを使って、政治的あるいは軍事的緊急事態の方にも自衛隊は有用だというように持っていこうとしているわけでしょう。

　しかしまた、国民の方も、大規模な自然災害があったり、あるいは生命を脅かすような事件があった時に、緊急に救助活動を展開してくれるのが必要だというふうに思っているのは事実だと思うんですね。……僕は、このことと自衛隊の任

50　星野＝古関・前掲書196頁以下。

務、あるいは自衛隊がふだん訓練していること、あるいは自衛隊が実際に持っているの装備とは関係ないと思うんですが、その点をどう切り離して、どう議論するかということが、いま非常に大事だという気がします（下線引用者、以下同様）。

　この問題について、星野安三郎が面白い比喩で説明している。武力というのは、武器を持っている殺傷力から生じる。刑法学上、本来的凶器と用法上の凶器と二つの定義があるけれども、本来的凶器というのはドスとか匕首（あいくち）で、これらはじめから殺傷を目的としている。それに対して、たとえば手拭いは本来的には凶器ではないが、用法上、相手の首をしめて殺すことができる。マッチだって放火することができる。これが用法上の凶器というわけですが、軍隊の持っているものは、本来的凶器なんですね。つまり、殺戮と破壊を目的とした凶器だから、軍隊は、刑法上の犯罪行為しかやらないんですね。同時に自衛隊法では、「戦争」とか「戦闘」という用語は憲法違反だからいっさい使っていないけれども、……実際に訓練しているのはそれこそプロの殺し屋の訓練です。ですから、自衛隊の装備と訓練、その実態をちゃんと見ておく必要がある。要するに、市民的価値と軍事的価値の本質的な違いということです。

　星野安三郎と古関彰一の対論を続けて見ておこう[51]。

　古関　国内での自然災害での救出活動とか、あるいは外国で紛争があり、平和な暮らしを奪われた人たちに対してどうするのかという場合に求められていることは、いかに生命と財産を守るかということであって、それは軍隊ではできない。日ごろから人命救助訓練をしていかなければできないし、そういう装備を持ち、組織編成もそれにふさわしいものでなければならない。しかし、軍隊としての自衛隊は、もともと生命を救うことが目的ではなくて、逆に相手を撲滅し、生命を断って勝つことが本来の目的であるわけですから、そういう自然災害とか緊急援助に対しては別の組織を作るべきだということですね。

　星野　そのとおりだと思います。自衛隊法からしても、自衛隊法の3条「自衛隊の任務」には、「国の安全を保つため、直接侵略及び間接侵略に対しわが国を防衛することを主たる任務とし」と書いてある。つまり「国の安全」を守るのが第一義なんです。それに対して83条「災害派遣」では「天災地変その他の災害に際して、人命又は財産の保護のため必要があると認められる場合には」とあって、ここではじめて人命または財産の保護が出てくる。しかもこれの施行規則では、「災害派遣の時には武器を携行しないものとする」となっているんです

51　星野＝古関・前掲書198-199頁。

ね。………自衛隊は、災害出動は防衛出動と治安出動の演習としてやっているんです。たとえば豪雪なんかで出動しますが、民間の屋根の雪おろしはしない。あれはみんな何々作戦として行動しているから、鉄道沿線と重要道路の除雪しかしないです。要するに、自衛隊の行動に必要なところだけしかやらない。あるいは大腿部を怪我した受傷者を救済した時には、そこに「大腿部貫通銃創」という不札を付ける。だから戦傷者の救助なんですね。このような演習としてやるわけだから、地元では「もっといてくれ」と頼んでも、引き揚げてしまう。軍隊としての自衛隊の実体はそういうもんだから、その本質をちゃんととらえておかなくちゃいけない。

最終章で次のようにまとめている[52]。

古関　要するに北朝鮮を含め、いま日本に侵攻してくるほどの矛盾関係を日本との間にもっている国は、どこにもないと思うんです。国際関係の構造的変化を見れば、今後もそういう事態が生じることは考えられない。だとすると、戦争のための「軍事組織」である自衛隊は、もはや無用の長物となってしまったわけですから、これからそれをどうしていくのかということを、私たちは真剣に考えなくてはならない時代を迎えたと思います。

　その一つの切り口として、自衛隊法では、安保条約もそうですが、「国の安全」、あるいは「日本国の安全」と言っています。それに対して日本国憲法は「われらの安全と生存」と言っている。私は、やはりどんな組織であっても、何よりも守らなければいけないのは、「国民の生命と財産」だと思います。だから自衛隊も、そういう目的に沿って再編しなければいけない。先に紹介された世論調査でも国民が自衛隊に対して最も期待しており、また自衛隊員自身も誇りに感じているのは、災害派遣や人命救助の部分でした。したがって、自衛隊をまずそういう組織に再編する。

　自衛隊の任務と組織をこのように改編すれば、当然、災害時の救助訓練であるとか、あるいは難民に対して人命を損わないで安全を確保するといった技術の習得、訓練が必要になります。日本は地震国ですから、日本国民の生命と財産を守るための救出、震災復興の専門部隊があってもいいわけで、また自衛隊がそういう専門家の組織になれば、緊急の災害援助や民生協力で諸外国の災害の援助、さらには内紛状態にある国の人命援助なども可能になると思うのですが、いかがでしょうか。

星野　おっしゃるとおりだと思います。とにかく自衛隊が1954年に発足して40年以上になりますが、一度たりとも直接侵略に対する防衛出動、または間接侵略に対する治安出動をしたことはないのです。災害派遣、民生協力だけです。つまり

52　星野＝古関・前掲書247-250頁。

"軍隊"として存続しつづけるということは、資源と人力と税金の浪費であり、無駄遣いです。いまの自衛隊は、装備ひとつをみても、戦車一台が10億円、Ｐ３Ｃ対潜哨戒機一機が100億円と、べらぼうな金がかかる、

古関　AWCS（早期空中警戒機）なんてその四倍もかかりますからね。

星野　したがって、それを災害援助や民生協力に振り向ければ、できることはたくさんある。ところが、政府が現在とっている政策はまったく逆なんで、それが問題です。

古関　……イソップ物語にありますが、北風よりも太陽の暖かさを伝えることが最良だということで、人類の未来はけっして戦争や軍事力によっては開けないと思います。たしかに一触即発状態になると、防備を固めざるを得ないでしょうが、しかし相手はそれを上回る軍備をするわけで、結局は対立が鋭くなるだけで何の解決にもならないということを、戦争に明け暮れた20世紀の歴史が私たちに教えてくれているのではないかと思います。

● **自衛隊の災害派遣**

渋谷秀樹もまた、同趣旨のことを述べている。自衛隊法は、本来の任務ではない大規模・特殊災害への対応に関する規定を置いている[53]。①災害派遣（83条）、②地震防災派遣（83条の２）、③原子力災害派遣（83条の３）を定めている。

①については、都道府県知事等の要請に基づき、防衛大臣の命令により実施されるのが、特に緊急を要し、その要請を待ついとまがないと認められるときは、要請を待たないで防衛大臣の判断で部隊等を派遣することができる。

②については、大地震が発生し、大規模地震対策特別措置法に基づく警戒宣言が出されたときは、地震災害警戒本部長（内閣総理大臣）の要請に基づき、防衛大臣は、部隊等の支援のため派遣できるとする。

③については、原子力災害対策措置法に基づく原子力緊急事態宣言が出された時は、原子力対策本部長（内閣総理大臣）の要請に基づき、防衛大臣は、部隊等を支援のため派遣できるとする。

こうした国内における災害活動のような役割分担は本来の任務と矛盾しないものとして、法律上認められており、この種の付随役務自体は憲法の精神とも抵触しないといえる[54]。

53　渋谷秀樹＝赤坂正浩『憲法２統治［第６版］』（有斐閣、2016年）渋谷執筆327-328頁引用。
54　奥平康弘『いかそう日本国憲法―第９条を中心に』（岩波書店、1994年）72頁。

なお、大地震や原子力災害等の大規模・特殊災害に派遣された自衛隊は、ACSA協定（日本国の自衛隊とアメリカ合衆国軍隊との間における後方支援、物品又は役務の相互の提供に関する日本国政府とアメリカ合衆国政府との間の協力）に基づいて、在日アメリカ軍から緊急物資の提供や水・燃料等の支援を受けることができる。
　2011年3月11日に発生した東日本大震災における自衛隊派遣と在日アメリカ軍の支援活動は、これらの法律・協定に基づいて実施された。渋谷秀樹は、自衛隊の存在意義が、日本に居住・滞在する者の生命・財産の保護にある以上、日本で発生した大規模・特殊災害への対処こそ、自衛隊の主たる任務の一つに掲げられるべきではないか、というのである[55]。

4　平和のための予防学

　古関彰一は平和のための予防学を提唱した。戦争をいかに防止するのか、防止する段階でどういう努力をするのかということが、「平和的生存権」を実現させる一つのカギになる。平和憲法を守るには、ちょうど医学に予防医学という分野があるように、予防学を理論的にも政策的にも発展させることが不可欠である。自分の国のことだけ、つまり「日本国民が恐怖と欠乏から免れる」ことだけを考えていたり、自衛隊が憲法違反だと、ただただそれだけ主張していたのでは、平和憲法は守れない[56]。
　平和のためにわれわれは何をなすべきか、戦争防止のための予防学を検討しているのが宮田光雄であると考える。「非武装市民抵抗の構想」の「市民的抵抗とデモクラシー」の項目でこの問題を論じている。平和のためにわたしたちは何をしなければならないのであろうか。筆者なりに宮田見解を整理しておこう。
　1　先ず、予防として何が必要なのであろうか。ノルウェーやデンマークの第二次大戦の体験は、リベラル・デモクラシーが、かなりの程度、政治意識の高い統一的な抵抗運動を培いうることを立証している。平和を確立するための根本的な前提条件は、日頃から〈社会的デモクラシー〉の体制をつくっておくことが必要である[57]。

55　渋谷・前掲書328頁。
56　星野安三郎－古関彰一『日本国憲法［平和的共存権］への道』（高文研、1997年）81頁。
57　宮田光雄『山上の説教から憲法9条へ』（新教出版社、2017年）241頁。

2　国家として平和主義の政策をとることを宣言し、みずからの側から国家の名において対外的に〈殺し・殺されることがない〉国家であることを広く海外に伝え、国際的に認知されていることが重要である。こうした平和的外交の政治的イニシアチブは、非武装の原理を徹底して、グローバルな軍拡競争から脱却してこそ可能である。そのほか、他の諸国からみれば確実に脅威と受けとらえるような設備ないし措置（原発による大量のプルトニウムの蓄積）を除去ないし中止しておくことが必要となる[58]。

3　さらに、〈開放性〉原理に対応する平和外交を進める国づくりが重要である。たとえば、学問・文化の交流から、貿易、公式・非公式の各種の会合や訪問など〈建設的〉な接触の拡大（JICAの活動）。平等と公正の原理に立つ建設的な接触は、他の国々の民衆の生き方や考え方、政治の仕方にたいする理解を深め、国境を越えて人間としての連帯性に役立つことを強める[59]。

4　積極的な平和外交を推し進めるためには、たとえば、従来のようなヒモ付ODA（政府開発援助）や差別的な貿易条件を撤廃し、発展途上国の経済的・文化的自立化のための〈選択的〉開発の道に協力すること、第三世界の独裁的支配者や反動的勢力を助けるのをやめ、社会的解放をめざす民衆の運動を支援すること、そのための軍事技術の開発・研究を禁止すること、など創意に満ちた努力がなされなければならない[60]。

5　こうして非武装の原理に徹し、あくまでも平和的外交の努力を倦むことなく積み重ねていかねばならない。そのためには、日常的な非暴力の修練とともに、人間らしく生きることの意味をめぐる意識変革が不可欠である。武力にたよることなしに〈国家を守る〉決意と能力は、市民的連帯性の経験を踏まえ、戦争のない世界、いな、いっさいの生命あるものが平和に生きるグローバルな世界＝宇宙への想像力に養われることによって、はじめて生まれてくるものである[61]。

また宮田と同じような見地から、豊下楢彦は具体的に次のような提言を行う。東南アジア非核地帯条約という構想である。日本が歩むべき道筋は、少なくとも

---

[58]　宮田・前掲書243頁。
[59]　宮田・前掲書243頁。
[60]　宮田・前掲書244頁。
[61]　宮田・前掲書247-248頁。

論理的には、核の使用や威嚇ばかりではなく、核の保有それ自体を禁止する方向に国際世論を盛り上げ、NPTとNPT外を含む核保有諸国を包囲し"縛り"をかける、という外交戦略に踏み出すことである。つまり、北朝鮮の核問題が突きつけた課題は、世界中が「核抑止」の論理から離脱しなければならない、という論理的な帰結に他ならない。これを現実のものにしようとするのが、核兵器禁止条約である。この条約をめぐっては、2007年…以来議論が重ねられてきたが、2017年7月7日に122ヵ国の賛成を得て採択された。核兵器の全廃と根絶を目的として起草された当条約は、核兵器の開発・実験・製造・備蓄・移譲・使用ばかりでなく「使用するとの威嚇」をも禁止するという画期的な国際条約である。ところが、五大国ばかりではなく、事実上の核保有国であるイスラエル、インド、パキスタン、北朝鮮に加え、日本・韓国やNATO諸国など、米国の「核の傘」に依存する国々が参加を拒否した。とすれば、…「核の傘」の幻想に"呪縛"されているという現実をふまえつつ、東アジアにおいて核軍縮から核の全廃にむかう道筋を筋道たてて描きだすことが求められているといえよう。……まず検討すべきは、ASEAN10ヵ国が調印し1997年に発効した東南アジア非核地帯条約であろう[62]と述べる。

　日本国憲法の画期的な平和の問題提起をわたしたちは真摯に受け止める必要が痛感されるのである。ガルトゥングの次の言葉をもってこの章の締めくくりとしよう。「平和は過去を反省するだけでは実現しない。未来をつくろうとする意思によって実現するのである。戦争によって奪われた命を追悼するためには、昨日の過ちを繰り返さないという消極的平和の決意に加え、明日の平和を実現しようとする積極的平和の取り組みが必要である。とりわけ若い人々の積極的参加が求められている」[63]。

● 兵器産業の拒否

　作家の山崎豊子は二次防を取材して、『不毛地帯（２）』（新潮文庫、2009年）の中で、商社の受注競争を描き、「総額一兆円近い二次防の受注をめぐって、メーカー、商社、政治家、得体の知れない情報屋が百鬼夜行し、底なしの泥仕合を繰

62　古関彰一＝豊下楢彦『沖縄　憲法なき戦後―講和条約３条と日本の安全保障―』（みすず書房、2018年）豊下執筆325-326頁。
63　ヨハン・ガルトゥング『日本人のための平和論』御立英史訳（ダイヤモンド社、2017年）111頁。

り広げている」と述べ、のちのロッキード事件を予感したのであった（279頁）。奥平康弘も次のように述べる。戦争・武力衝突は兵器産業にとっては稼ぎ時ですから、この分野の人びとが戦争・武力衝突に向かって暗躍するのは見えすいた道理とさえいえる。しかもこの点については、国連安保理事会の常任理事国である国々の兵器輸出産業に占める比重が圧倒的であるといわれている[64]。

今日の高額な兵器の購入について、豊下は次のように問題点を指摘している。日本は不確定なミサイル防衛システムを、なぜ莫大な税金を投じて購入しなければならないのであろうか。問題の本質は、高額の兵器を売りまくるという、軍需産業の利害にあると言わざるをえないであろう。だからこそトランプ大統領は北朝鮮の脅威を煽りに煽り、日本や韓国に大量の兵器を購入させ、米国の軍需産業の儲けを最大限に利用して雇用を生み出すことに、最大の目標をおいているのであろう。まさに、大統領による壮大な兵器ビジネスの展開であるという[65]。

山口二郎も同様に、次のように述べる。安倍首相は北朝鮮ミサイルに対しては過剰に反応し、国民を守ると豪語した。しかし、ミサイルよりもはるかに高い確率で、災害によって人命は奪われる。国民の命を守るために金を使うことを優先するなら、米国の軍事産業をもうけさせるために高価な武器を買うなどもってのほかである（東京新聞2018年9月9日）。さらに、弁護士・伊藤真も次のように述べる。「今は、軍需産業のために戦争が引き起こされるという実態があるのではないでしょうか。防衛組織は、軍需産業と相互依存関係に陥り、組織・装備のための予算の拡大、人員増員、受注や天下り先の利潤拡大、需要創出のための国民の不安感創出などが常態化します」[66]。

防衛問題には、自国を守るというもっともらしい大義よりも、軍産関係（兵器産業）の問題が根底にあると筆者は考える。しかしながら、本問題に十分な関心をはらってきたとはいえない。今後、軍産関係の問題の分析・解明に力が注がれるべきであろう。

64　奥平康弘『いかそう日本国憲法―第9条を中心に』（岩波書店、1994年）194頁。
65　豊下・前掲書315頁。
66　伊藤真＝神原元＝布施祐仁『9条の挑戦―非軍事中立戦略のリアリズム』（大月書店、2018年）38頁。

第4章　沖縄と憲法——日本は主権国家か——

1　はじめに
2　沖縄の戦後憲政史
　（1）前史（琉球処分）
　（2）1945年日本の敗戦と沖縄の地位・天皇の戦争責任
　　　（ア）1945年2月近衛文麿「近衛上奏文」と8月天皇の「遅すぎた聖断」
　　　（イ）1945年4月米軍沖縄上陸、8月敗戦、12月選挙権・被選挙権の剥奪
　（3）1946年の沖縄
　（4）1947年日本国憲法制定と沖縄
　　　（ア）1947年5月「外国人登録令施行規則」（内務省令28号）
　　　（イ）本土の非武装化と沖縄の軍事基地化
　　　（ウ）1947年9月19日「天皇メッセージ」
　　　（エ）米軍統治下の沖縄と日本国憲法制定
　（5）1950年の沖縄
　（6）1952年対日平和条約と日米安保条約
　　　（ア）日米安保条約の特質
　　　（イ）駐留軍用地特措法
　　　（ウ）地位協定の特殊性
　（7）米軍用地の強制収用問題
　　　（ア）1953年土地収用令
　　　（イ）沖縄住民の土地闘争
3　沖縄の統治
　（1）米国による沖縄の統治体制の変遷
　（2）沖縄の法的地位
　（3）公法学者の沖縄認識
4　1972年沖縄返還
　（1）復帰直前——沖縄密約電文事件
　（2）復帰後の沖縄の人権と安保・地位協定
　（3）沖縄の軍用地使用の問題——公用地暫定使用特別措置法（いわゆる公用地法）
　　　および地籍明確化法
　　　（ア）1977年地籍明確化法・米軍用地特措法
　　　（イ）1982年以降の米軍用地特別措置法

第 4 章　沖縄と憲法

　　5　1995 年の米兵少女暴行事件
　　6　1995 年以降の普天間・辺野古基地移設問題
　　　（1）日米地位協定の問題
　　　　　（ア）憲法と安保条約・行政協定・地位協定との関係
　　　　　（イ）憲法体系と安保法体系
　　　　　（ウ）地位協定による日米合同委員会とその組織
　　　　　（エ）地位協定の運用の実際
　　　（2）米軍用地強制使用に関する代理署名の問題
　　　（3）普天間基地返還の問題
　　むすび

　作家の山崎豊子は「沖縄への旅が私を変えた」『作家の使命　私の戦後』（新潮文庫、2012年50頁以下）の中で次のように述懐している。
　「この旅より前に私がもっていた沖縄に対するイメージは、恥ずかしながら実に単純なものであった。沖縄戦では大変だったが、ともかく祖国復帰して良かった。邪魔な米軍基地もあるし、経済的には厳しいかもしれないが、少しづつ発展してきた人々は本土並みに幸せになっているであろう、というようなものです。しかし、どうでしょう。沖縄戦についての証言を聞き、那覇から北に向かって国道58号線を行くと、左右に長大なフェンスが延々と続きます。あの基地の大きさは、やはり実際に見ないと実感できません。この旅では『安保の見える丘』から嘉手納基地を一望しましたし、後の取材では嘉数の丘や宜野湾市の佐喜真美術館屋上から普天間基地を眺めました。沖縄の人々の住宅を押しのけるようにして、小さな島にどっかりと占拠し続ける巨大な米軍基地の禍々（まがまが）しさには、声を失いました。
　なぜこのようなことが許されているのであろう？　ここは日本ではないのであろうか？　疑問と怒りが湧いてきました。戦争末期に本土防衛の捨石として沖縄を使い、講和条約では本土と切り離して、米軍統治下に捨て置いた。国民の念願だった沖縄復帰も、現状のような基地のあり方を鑑みれば、結局、沖縄を三度捨てたことになりはしないか」。

　それでは、この沖縄について憲法学的にはどのように認識されてきたのであろうか。本章では「沖縄と日本国憲法」の問題を考えてみよう。

1　はじめに

　日本は2011年東日本大震災を契機として右傾化する。このことについて、作家の辺見庸は目取真俊との対談集『沖縄と国家』（角川新書、2017年）の中で次のように語り、近年状況を激変させた契機は東日本大震災だという[1]。もっとも樋口陽一は、東日本大震災とそれに伴う原子力災害の際の災害派遣活動は、自衛隊の国民生活防衛と国土整備の上での役割についてのコンセンサスを国民の間に広めたと認識している[2]。

　沖縄の海兵隊が東北にきて被災者支援を行った。いわゆるトモダチ作戦、オペレーション・トモダチ（Operation Tomodachi）である[3]。オペレーション・トモダチとは、2011年３月11日に発生した東日本大震災において米国軍が行った人道支援・災害救助活動の名称である。陸・海・空軍と海兵隊が連携し、人員２万人以上、艦船約20隻、航空機約160機を投入。自衛隊と連携して空港・港湾・学校などの復旧、救援物資の提供・輸送、行方不明者の捜索などを行った[4]。これも美談一色になる。ある意味で、日米両国政府の思惑と作為のとおりになってゆく。使いふるされた言葉だけれども、一気に右傾化していく。震災というのはしばしば、そういう契機になるわけだけれども、あたかも沖縄の基地反対をいうのがア・プリオリに悪いことで、お世話になっているんだから基地反対は言うべきではないという雰囲気が急速に強くなっていく。あのあたりから沖縄をめぐり視線、まなざしがずいぶん変わった、と述べている。

2　沖縄の戦後憲政史

（1）前史（琉球処分）

　現在の沖縄に当たる地域（琉球）は、1609年の薩摩藩侵攻以後、その支配を受けていたが、19世紀後半まで、清と日本（薩摩藩と徳川幕府）のあいだにあって、

1　辺見庸＝目取真俊『沖縄と国家』（角川新書、2017年）25頁。
2　樋口陽一『六訂　憲法入門』（勁草書房、2017年）45頁。
3　辺見庸＝目取真俊・前掲書25頁、49頁。
4　辺見庸＝目取真俊・前掲書49頁。

琉球王国として独自の存在を維持していた[5]。しかし、明治維新で成立した日本の新政府は琉球に軍隊を派遣し、軍事力で威嚇しながら琉球王国を廃止した。そして、琉球藩を設置し、その後、藩を廃止して沖縄県を設置、琉球を日本に組み込んだ。これが琉球処分である。琉球処分とは、明治政府の下で琉球が強制的に近代日本国家に組み込まれていった一連の政治過程、1872（明治5）年琉球藩設置に始まり、1879年の沖縄県設置に至る過程をいう。これによって約500年にわたる歴史をもつ琉球王国は滅びた。南方では沖縄が、近代日本最初の植民地になったということもできる。

以後、沖縄県は明治政府が推し進める同化政策の対象とされ、沖縄の人々は帝国臣民となるように迫られていく。このような植民地化、同化政策の果てに、沖縄戦という悲劇があった。アジア・太平洋戦争の最末期、日本の敗戦必至という状況のなかで、1946年3月26日の慶良間（ケラマ）諸島への米軍上陸をスタートとして、同年4月から6月まで約3ヶ月、沖縄は日米戦争の戦場となった。

当時の支配層にとって最大の課題は「国体の護持」だった。天皇制という国家の体制を維持すること、仮に敗戦になっても、天皇制だけは死守する必要があったから、「国体護持」が保証されるまでは戦争をやめることもできなかった。沖縄戦は「国体護持」の保証を得るまでの時間稼ぎだったという見方があり、『捨て石』にされたとはその意味である[6]。

（2）1945年日本の敗戦と沖縄の地位・天皇の戦争責任

先の『沖縄と国家』において、辺見と目取真は次のような対談を行っている。

> 辺見　沖縄戦というのは、戦略的・戦術的にやるべきではなかった。つまり軍事的にやるべきではない、とあの段階ですでに意見があった。45年2月に戦争終結を宣言した近衛の上奏文[7]が出ているわけです。それを覆して沖縄戦に進ませたというのは誰の力なのかを考えた時に、やはり僕は昭和天皇、ヒロヒトの意向というのがあったと思うんですよね。
>
> 目取真　ミッドウエイ海戦で機動艦隊は大損害を受け、戦局が大きく変わっていく。サイパン、テニアンが陥落して、絶対国防圏が破られて、日本本土までB29で

5　高橋哲哉『犠牲のシステム―福島・沖縄』（集英社新書、2012年）166-167頁。
6　高橋・前掲書168-169頁。
7　辺見庸＝目取真俊『沖縄と国家』（角川新書、2017年）126頁、143頁。

爆撃されるようになったわけですよ。あちこちの工場地帯が空襲で破壊され、その時点でも負けは明らかな段階だろうし、レイテ戦で特攻隊をやっていく段階はもう末期症状ですよ。すでに兵力も尽きているわけだから、沖縄戦なんてやる必要はなかったわけです。

広島、長崎にしてもですね。「遅すぎた聖断」というけれど、最初からもう遅すぎるくらいで、国力の圧倒的な差があるなかで、太平洋戦争に突入すること自体が愚かだったわけです。……日本の軍隊がいかに下級兵士を粗末に扱っていたかをみると、ちょっともう異常なくらいですよ。……最初から海の藻屑になることを前提に、なぜもっと日本人は、自分たちの息子や夫、父親、祖父がこんなにも無残な扱われ方をして、天皇のために死んでいったことに怒りを持たないのか。私には不思議ですよ[8]。

（ア）　1945年2月近衛文麿「近衛上奏文」と8月天皇の「遅すぎた聖断」

　ここに言及されている近衛上奏文とは次のようなものである。沖縄戦前の1945年2月14日、近衛文麿元首相が昭和天皇に上奏文を提出し、敗戦必至の現状で戦争終結が遅れると国家護持が危なくなるので早急に終戦工作をしたほうがよいと提案したところ、天皇がこれを退けた事実がある（「近衛上奏文」）。

　このときに近衛の上奏が聞き入れられて戦争が終結していれば、その後の沖縄戦、全国各都市への空襲、広島・長崎への原爆投下などはなかったことになろう。これらはすべての後に、8月14日の御前会議で天皇の「聖断」が下されて戦争は終結するが、これが『遅すぎた聖断』といわれる[9]。

　憲法学者・星野安三郎がこの近衛の言動に言及している。敗戦の年の1945年2月に近衛文麿が天皇に対して終戦工作の上奏文を出す。昭和天皇がそれを受け入れていたならば、3月下旬から始まる沖縄戦の悲劇は起こらなかった。さらに敗戦近く、近衛を特使としてソビエトに仲介をたのんで休戦に持込むということを

---

[8]　1959年、キューバ革命をフィデル・カストロとともに成し遂げたチェ・ゲバラがキューバ通商使節団の代表者として来日し、広島平和記念公園内の原爆資料館を訪れた（石井光太『原爆』（集英社、2018年）246頁以下）。展示コーナーの見学を終えると、ゲバラは県の職員にこう漏らした。「君たちはアメリカにこんなにひどい目に遭わされて、怒らないのか！」太平洋戦争での敗戦後、日本は米国の占領下に置かれたものの、さしたる抵抗もせずに核の傘に入ることをよしとした。ゲバラにしてみれば、原爆の惨状を目にして、ここまでされても米国に従属する日本人が理解できなかったのだろう、と記述している。

[9]　高橋・前掲書168-169頁。

画策する。そのときの条件として、北海道と沖縄は切り捨ててもいいということが含まれていた。沖縄戦研究者として著名な沖縄国際大学の安仁屋政昭が、その事実を明らかにしている。そのあとポツダム宣言を受諾して日本は降伏するが、そのポツダム宣言8項には、「『カイロ』宣言ノ条項ハ履行セラルベク又日本国ノ主権ハ本州、北海道、九州、及四国並ニ吾等ノ決定スル諸小島ニ局限セラルベシ」となっている。そのポツダム宣言を日本政府が受諾した時に、政府の中には「吾等ノ決定スル諸小島」の中から沖縄を除外してもいいというのがあったのではないか。少なくとも、連合国側——その中心はアメリカであるが——がそう切り出した時には受け入れてもいい、と。

太平洋戦争末期の1945（昭和20）年2月14日に、近衛文麿が昭和天皇に対して出した上奏文の内容は以下である。

「敗戦は遺憾ながら最早必至なりと存候（ぞんじさふらふ）。…敗戦は我国体の一大瑕瑾（かきん）たるべきも、英米の輿論は今日迄の所国体の変更とまでは進み居らず…随って敗戦だけならば国体上はさまで憂うる要なしと存候。国体護持の建前よりも最も憂ふべきは、敗戦よりも敗戦に伴うて起ることあるべき共産革命に御座候。

つらつら思うに我が国内外の情勢は今や共産革命に向って急速度に進行しつつありと存候。

（中略）

戦局への前途につき、何らか一縷でも打開の望みありというならば格別なれど、敗戦必至の前提の下に論ずれば、勝利の見込みなき戦争を之以上継続するは、全く共産党の手に乗るものと存候。随って国体護持の立場よりすれば、一日も速かに戦争終結の方途を講ずべきものなりと確信仕候・」等と述べている。

（イ）　1945年4月米軍沖縄上陸、8月敗戦、12月選挙権・被選挙権の剥奪

1945年以降、日本の敗戦における占領下で、沖縄はどのような地位に置かれていたのか、概観しておこう[10]。

1　1945年4月、米軍上陸と同時に発せられた「米海軍軍政府布告第1号」

10　古関彰一『平和憲法の深層』（ちくま新書、2015年）45頁以下、古関彰一『憲法9条はなぜ制定

(いわゆるニミッツ布告）によって「すべての政治および管轄権」が米国海軍の下に置かれることになる。ここで「日本帝国政府の総ての行政権の行使」が停止され、その後、8月に本土の戦闘が終結し、日本政府が降伏文書に調印した9月以降も、沖縄には日本政府の行政権が及ばなかった。

　土地収用について、戦時国際法である陸戦法規に拠るとされたが、現実には同法52条に定める地料支払いや損害賠償も行われず、「私有財産ハ之ヲ没収スルコトヲ得ズ」と規定する46条に違反するかたちですすめられた[11]。

　この悲惨な沖縄戦の体験から戦後が始まったが、以後、沖縄に対する非道がGHQ及び日本政府によって行われることになる。なぜこのようなことが許されたのか。

　2　その後、米軍の最高決定機関である統合参謀本部（JSC）は、45年10月時点で、「小笠原、沖縄を含む日本の旧委任統治領および中部太平洋の島嶼を日本から切り離して、米国の排他的な戦略的統治の下に置くべきである」と決定していた[12]。

　3　そのため、1945年12月に成立した「改正衆議院議員選挙法」では、女性の選挙権を付与するものであった一方、その付則の中で在日の旧植民地出身者（台湾、朝鮮人）と北方領土住民、沖縄県民の選挙権は停止された。1946年4月の選挙は、改正された憲法の是非を決める選挙であったから、沖縄県民は、この憲法の是非を争う選挙の埒外に置かれた。

(3) 1946年の沖縄

　GHQは、1946年2月段階で、本土在住の朝鮮人、台湾人と共に沖縄県民に対して住民登録を命じている（しかも「沖縄県民」という言葉は使用しておらず、原文では「琉球人（Ryukyuans）」を使用）。2月17日、次のような覚書を発した（日本政府の訳文による）

　　朝鮮人、中国人、琉球人及び台湾人の登録に関する総司令部覚書

　　されたか』（岩波ブックレット674号、2006年）、古関彰一＝豊下楢彦『沖縄　憲法なき戦後―講和条約3条と日本の安全保障―』（みすず書房、2018年）を参照して纏める。
11　豊下楢彦「3条をめぐる国会論戦」古関彰一＝豊下楢彦『沖縄　憲法なき戦後―講和条約3条と日本の安全保障―』（みすず書房、2018年）115頁。
12　我部政明『日米関係のなかの沖縄』（三一書房、1996年）39頁。

(SCAPIN-746)
1　日本帝国政府は、日本に居住するすべての朝鮮人、中国人、琉球人及び台湾人を昭和21年3月18日までに登録することを要する。
2　登録は次のことを含むことを要する。
　い　氏名、　ろ　年齢、　は　性別、　に　本国における住所、
　ほ　日本における住所、　へ　職業、〔以下略〕

これをみると、「琉球人」は植民地住民と同様に扱われている。しかし、琉球人は領土を分離されたが日本国籍を有する戸籍法の対象者であり、朝鮮人は「朝鮮戸籍令」、台湾人は「戸口規則」の対象者で、法的には別々の存在である。さらに、こうした分類によって琉球人への差別は植民地住民と歩調を合わせて続くことになる[13]。

(4) 1947年日本国憲法制定と沖縄
(ア)　1947年5月「外国人登録令施行規則」(内務省令28号)
1947年5月2日、日本国憲法が施行される前日に、「勅令」という明治憲法下でつくられた天皇の命令形式を用いて、次のような外国人登録令を発した(勅令207号)。
　第2条　外国人とは、日本国籍を有しない者〔以下略〕
　第3条　外国人は、当分の間、本邦に入ることができない。
　第11条　台湾人のうち法務総裁の定めるもの及び朝鮮人は、この勅令の適用については、当分の間、これを外国人とみなす。

この勅令により、朝鮮人、台湾人はこの段階では日本国籍を有する日本国民である(第2条)にもかかわらず、第11条によって強引に「外国人とみなす」とされてしまった[14]。

沖縄住民は「外国人とみなす」とはされなかったが、同日、さらに一般の目に

13　古関彰一「日本国憲法上の『国民』とは?」古関彰一＝豊下楢彦『沖縄　憲法なき戦後―講和条約3条と日本の安全保障―』(みすず書房、2018年) 14頁。
14　古関・前掲書14-15頁参照。

はふれにくい「外国人登録令施行規則」(昭和22年5月2日、内務省令28号)が発せられた。これによって、「外国人」は下記の「別表」に記載される「本邦中除外」された地域には「入ることができない」とされた。「別表」では、つぎのような地域が「除外対象」とされた。

1朝鮮、2台湾、3関東州、4樺太、5南洋群島、6北海道庁根室支庁管内占守郡〔中略〕、7東京都小笠原支庁管内、8島根県隠地郡五箇村の内竹島、9鹿児島県大島支庁管内、10沖縄県。

「沖縄県」も「本邦」の外におかれている。これによって本土に住む沖縄住民が沖縄県に入ることが、法令上できなくなった。

古関は次のように述べる。ここからはっきりするのは、この「別表」に掲げられた地域は、1951年の講和条約で「本邦」でなくなる地域、領土主権の及ばない地域なのである。つまり沖縄の主権は、「潜在主権」と呼ばれることになるが、すでにこの時点で、主権の及ばなくなる地域に含まれていたということである。

(イ) 本土の非武装化と沖縄の軍事基地化

戦後の沖縄について、マッカーサーあるいはアメリカの軍部はすでに腹案をもっていたといわれる。それは本土の非武装化と沖縄の軍事基地化である[15]。

マッカーサーにとって、戦争放棄を日本国憲法で定めることは、連合国に天皇制を認めさせることであり、そこから生ずる軍事力の空白を沖縄の軍事基地化によって埋め合わせるという、高度に軍事的、政治的戦略であったと古関は分析する[16]。

次のような認識である。マッカーサーは、沖縄はその位置において米国の防衛線の要にあり、「強力にして有効な空軍作戦を準備するのに十分な面積があること」を沖縄要塞化の理由として挙げて、沖縄を要塞化すれば「日本の本土に軍隊を維持することなく、外部の侵略に対し日本の安全保障を確保することができる」と、軍備不保持(9条2項)を定めたことの正当性を主張した。こうした考え方は、かならずしも冷戦政策には関係なく、それ以前に戦後日本の基本政策として、象徴天皇制・戦争放棄・沖縄の要塞化という三本柱が基礎に据えられてい

---

15 古関彰一『平和憲法の深層』(ちくま新書、2015年) 113頁。
16 古関彰一「代表権・選挙権を奪われた沖縄」古関彰一=豊下楢彦『沖縄 憲法なき戦後―講和条約3条と日本の安全保障―』(みすず書房、2018年) 36頁。

た[17]。

このような沖縄観は、憲法施行直後に昭和天皇も宮内省御用掛の寺崎英成を通してアメリカ側に伝えられている。こうして、対日講和条約3条で、琉球諸島を含む諸島に対して、米国があらゆる権力行使の権限をもつと、表明することとなったのである。

（ウ）　1947年9月19日「天皇メッセージ」

ここで「天皇メッセージ」(1)(2)についてふれておこう。終戦から2年後の1947年9月19日、昭和天皇が側近・宮内庁御用掛の寺崎英成を通じて、GHQ外交局長のウイリアム・ジョセフ・シーボルトに伝えたとされる意向。

それによると、米国が沖縄その他の琉球諸島の軍事占領を継続するよう天皇が希望していること、占領は、米国に役立ち、また日本に保護を与えることになること、軍事占領は日本の主権を残したままでの長期租借—25年ないし50年あるいはそれ以上—の擬制にもとづくべきであると考えていること、その手続きは、連合国の対日平和条約の一部をなすよりも、米国と日本の二国間条約によるべきであると伝えている。文書は1979年、アメリカ国立公文書館で見つかった[18]。

この経緯について、古関彰一は星野安三郎との対談『日本国憲法［平和的共存権］への道』（高文研、1997年213頁）の中で、紹介している。

> 古関　沖縄への戦後の政治的差別について、よく知られているのが、いわゆる「天皇メッセージ」である。1947年9月に、沖縄を「日本に主権は残すという形で、25年から50年あるいはそれ以上にわたる長期の貸与という擬制」で、つまり事実上無期限でアメリカに提供してもいいという提案をしていた。
>
> 星野　天皇の戦争責任を免罪した米国に対する恥ずべきお礼だと思いますが、あれは天皇が直接言ったのではなかったんでしたね。
>
> 古関　側近にいた宮内庁御用掛けの寺崎英成に言わせたんですね。言わせた相手はGHQ外交局長であったシーボルトで、そのシーボルトに口頭で「天皇はこう言っております」と伝えた。それをシーボルトがメモに書いて本国に送ってい

17　古関・前掲注16、37頁。
18　辺見庸＝目取真俊『沖縄と国家』141頁。

たわけです。その電文を、筑波大学の進藤榮一氏が見つけ出した。僕もこれまでいろいろな文書を見てきましたが、すべて「天皇はこう言っております」というもので、天皇が直接サインしたような文書は、きわめて形式的なもの以外はないんです。どれも「天皇は斯く言っております」という形になっている。

星野 責任の所在を明らかにしないひどいやり方だと思うのですが、それはその後だいぶたってから分かったのですね。

古関 1977年です。進藤さんが雑誌『世界』に発表しました。

〈資料1〉
　対日占領軍総司令部政治顧問シーボルトから国務長官マーシャルあての書簡（1947年9月22日付）
　主題　琉球諸島の将来にかんする日本の天皇の見解
　国務長官殿　在ワシントン

拝啓　天皇のアドバイザーの寺崎英成氏が同氏自身の要請で当事務所を訪れたさいの同氏との会話の要旨を内容とする1947年9月20日付のマッカーサー元帥あての自明の覚え書きのコピーを同封する光栄を有します。
　米国が沖縄その他の琉球諸島の軍事占領を続けるよう日本の天皇が希望していること、疑いもなく私利に大きくもとづいている希望が注目されましょう。また天皇は、長期租借による、これら諸島の米軍軍事占領の継続をめざしています。その見解によれば、日本国民はそれによって米国に下心がないことを納得し、軍事目的のための米国による占領を歓迎するだろう。　　　　　　　　　　　　　　　　　　　　　　敬具
　　　　　　　　　　　　　合衆国対日政治顧問　代表部顧問　W・J・シーボルト
　　　　　　　　　　　　　　　　　　　　　　東京　1947年9月22日

〈資料2〉
前記書簡に添付された総司令部外交部作成の「マッカーサー元帥のための覚え書」（1947年9月22日付）
「琉球諸島の将来にかんする日本の天皇の見解」を主題とする在東京・合衆国対日政治顧問からの1947年9月22日付通信第1293号への同封文書コピー
連合国最高司令官総司令部外交部
1947年9月20日
マッカーサー元帥のための覚え書
天皇の顧問、寺崎英成氏が、沖縄の将来にかんする天皇の考えを私に伝える目的で、時巳を約束して訪問した。
寺崎氏は、米国が沖縄その他の琉球諸島の軍事占領を継続するよう天皇が希望してい

ると、言明した。天皇の見解では、そのような占領は、米国に役立ち、また、日本に保護をあたえることになる。天皇は、そのような措置は、ロシアの脅威ばかりでなく、占領終結後に、右翼および左翼勢力が増大して、ロシアが日本に内政干渉する根拠に利用できるような"事件"をひきおこすことをもおそれている日本の国民のあいだで広く賛同を得るだろうと思っている。

さらに天皇は、沖縄（および必要とされる他の島々）にたいする米国の軍事占領は、日本に主権を残したままでの長期租借——25年ないし50年あるいはそれ以上——の確認にもとづくべきであると考えている。天皇によると、このような占領方法は、米国が琉球諸島にたいして永続的野心をもたないことを日本国民に納得させ、また、これにより他の諸国、とくにソ連と中国が同様の権利を要求するのを阻止するだろう。

手続については、寺崎氏は、（沖縄および他の琉球諸島の）「軍事基地権」の取得は、連合国の対日平和条約の一部をなすよりも、むしろ、米国と日本の二国間条約によるべきだと、考えていた。寺崎氏によれば、前者の方法は、押し付けられた講和という感じがあまり強すぎて、将来、日本国民の同情的な理解をあやうくする可能性がある。

W・J・シーボルト

出典：『沖縄から天皇制を考える』（新教出版社、1988年）、古川純『日本国憲法の基本原理』（学陽書房、1993年）132頁以下参照。

　豊下楢彦は昭和天皇の「沖縄メッセージ」について次のように評している。むしろ問われるべきは、「象徴天皇」が天皇の名において外国政府にみずからの「政策論」を送付し、それが当該国の政策決定過程に「大きな影響」をおよぼす結果になったという経緯に示される、驚くべき"無責任さ"ではなかろうか。いうまでもなく昭和天皇は、みずからの「メッセージ」によってどのような事態が生じようとも、いかなる政治的責任を問われることもないし、そもそも責任を負える立場にはない[19]。

　つまり、戦後、日本国憲法が制定されて、平和条約が発効する1952年までの占領期間、憲法の象徴天皇制が確立しても、天皇は政治的発言を行い、天皇の政治的介入は続いた。豊下楢彦は「天皇にとって、安保体制こそが戦後の『国体』として位置づけられた」[20]といい、「天皇は新憲法が施行され『象徴天皇』になって以降も、事実上の『二重外交』に踏み込み、吉田に強い圧力を加えてまでも、『自発的なオファ』による米軍への無条件的な基地提供という方向に突き進んだ」[21]と分析する。そして、「日本の政治の持つ病理は限りなく深く、日本の民主主義は救いがたく未成熟」であると述

19　豊下楢彦「講和条約第３条の成立過程」『沖縄　憲法なき戦後——講和条約３条と日本の安全保障——』65頁、詳しい論証については同書、及び、『昭和天皇の戦後日本——〈憲法・安保体制〉にいたる道』（岩波書店、2015年）参照。
20　豊下楢彦『昭和天皇・マッカーサー会見』（岩波現代文庫、2008年）128頁。
21　豊下・前掲175頁。

べる[22]。

● **天皇の戦争責任**

1975年、初めて訪米した天皇は帰国後、記者会見に応じた。その時、外国紙の記者から「陛下は、いわゆる戦争責任について、どのようにお考えになっておられますか」という質問が出た。昭和天皇は「そういう言葉のアヤについては、私はそういう文学方面はあまり研究していないので、よくわかりませんから、そういう問題についてはお答えできかねます」と答えた。

これについて高橋哲哉は次のように評する。アジア2000万人、日本だけで300万人を超える昭和天皇の名で死に追いやられたというのに、「言葉のアヤ」とはどういうことか。この発言は許せないという表現では足りない[23]。また、広島・長崎への原爆投下についてのやりとりで、天皇は「原子爆弾が投下されたことに対しては遺憾に思っていますが、こういう戦争中であることですから、どうも、広島市民に対しては気の毒であるが、やむを得ないことと私は思っております」と述べている。マス・メディアは、前者は大々的には取り上げず、後者については被爆者団体の「納得できない」というコメントを報じたのみである。メディア自体が天皇の戦争責任、天皇制自体についてタブー視しているのである。

さらに高橋哲哉は、叙勲、文化勲章といった栄誉システムに絡め取られているために、憲法学者や護憲派の知識人であっても天皇制の否定までは言わない人が多いと述べ、それに岡野が応答して、「憲法論のなかで、……天皇制そのものが憲法のなかで合わないという議論はほとんど目にしません。……天皇制の存在自体が憲法の三大原理に反しているという議論を憲法論のなかですることが難しいのだとしたら、憲法第１条の批判は憲法論のなかでタブー視されてきたと言えるのではないか」ときわめて全うな指摘をしている[24]。

22　豊下・前掲129頁、岡野八代は、この『昭和天皇・マッカーサー会見』（岩波現代文庫、2008年）を沖縄問題と天皇制の問題が切っても切れない問題であることを学んだ一冊として挙げている（高橋哲哉＝岡野八代『憲法のポリティカ―哲学者と政治学者の対話―』（白澤社、2015年）129頁）。
23　高橋＝岡野・前掲119頁。
24　高橋＝岡野・前掲122頁。

（エ）　米軍統治下の沖縄と日本国憲法制定

　沖縄においては、米軍統治下、日本国憲法は適用されず、基本的人権がさまざまな形で侵害されていた。米軍による沖縄住民への人権侵害を救済するための裁判権は、米軍には及ばず、米軍の自主的対応を待つ以外にはなかった[25]。

　沖縄の犠牲、広島、長崎の原爆被爆により戦争が終結した。日本本土では日本国憲法が制定施行されたが、沖縄では憲法が適用されず、米軍の発する命令が最優先されることとなった。日本国憲法前文では、「そもそも国政は、国民の厳粛な信託によるものであつて、その権威は国民に由来し、その権力は国民の代表者がこれを行使する」と規定し、これを「人類普遍の原理」と述べている。〈この国民の中に沖縄住民は入らないのであろうか〉高良鉄美は言う。「沖縄住民の厳粛な信託によらずして、住民の代表でもない米軍が権力を行使していた」[26]のである。

①　沖縄と憲法

　この日本国憲法の制定過程に関連して、古関彰一は、当時の議員、憲法学者、政治学者について痛烈な批判を加えている[27]。

　国民代表を選出する、しかも憲法を審議するための代表を選出する議会で、ある選挙区の候補者だけが選挙権とともに被選挙権も奪われる、このようなことはまずありえないことだ。
　改正選挙法が成立し、総選挙が施行され、憲法の政府草案全文が発表された。政府草案の中には次の一条があった。
　第39条　両議院は、全国民を代表する選挙された議員でこれを組織する。

　日本国憲法では、43条に該当するが、条文は政府草案と同様である。ここには、国民国家としては当然なことではあるが、「有権者を代表する」とも「選挙区を代表する」とも書かれていなく、「全国民を代表する」とある。
　憲法43条の「両議院は、全国民を代表する選挙された議員でこれを組織する」

25　高良鉄美『沖縄からみた平和憲法』（未来社、1997年）66頁。
26　高良・前掲67頁。
27　古関彰一『平和憲法の深層』（ちくま新書、2015年）116頁以下。

は、そもそもGHQ案にはなく、日本政府との協議で、参議院の設置との関係で挿入されたものである。この時、「GHQも日本政府も、議会も、『沖縄県民は全国民に含まれないのか』と誰一人として疑問を呈していない」のである[28]。

　この憲法を審議する段階で、沖縄県民が「国民」であると考えれば、沖縄県民を除いて「全国民を代表する」議員の選挙を実施することは、沖縄ばかりでなくすべての全国の選挙区での選挙が実施できなくなると考える議員が出てこなかったことが不思議でならない。しかし議員ばかりか、憲法学者も政治学者も、現実の沖縄問題になにも発言していない。まさに沖縄県民は「全国民」ではないと判断して憲法39条（日本国憲法43条）を作ったのであろうか。
　当時は、今と違ってなにかと「国民」が議論の対象になることが多かった。とくに、国民と天皇の関係などはきわめて関心が高かった。そんな折、憲法学者で貴族院議員の宮沢俊義も、政治学者で貴族院議員の南原繁も、「国民」について多くを語ってきたが、「沖縄の民」についてはなにひとつ言っていないのである。
　古関は次のように述べる。こう考えてみると、日本国憲法が誕生した時点で、沖縄は完全に本土から分離され、「全体としての国民」である憲法の下で、「沖縄は当然日本国民である」と公言していた政府権力の下で、憲法施行から沖縄返還直前まで沖縄県民を除いて選挙がどうしてできたのであろうか。その時、政治家や憲法学者は何を考えていたのであろうか[29]。
　沖縄から見て日本国憲法は、沖縄県民をその出発点から論外の存在としてきたことになる。沖縄の問題を憲法問題であると考えもせず戦後を歩んできた。その後の沖縄の基地への本土の無関心ぶりの源泉も、この辺にあるのであろうか。また、「日本国憲法の前文にも条文にも『沖縄』という言葉はどこにも現われていないが、沖縄は日本国憲法の常に根元にあって呻吟し続けている」[30]。

　さらに、この経緯について先述したが、さらに言及しておこう。
　憲法制定議会である1946年の第90帝国議会には沖縄の代表者はいなかった。1945年12月の第89帝国議会で衆議院議員選挙法を改正する。この改正により女性

28　古関彰一『日本国憲法の誕生増補改訂版』（岩波書店、2017年）439頁。
29　古関・前掲360頁。
30　古関・前掲440頁。

の選挙権は認められたが、同時に、旧植民地出身者の台湾、朝鮮人の選挙権と、沖縄県民の選挙権が剥奪された。この選挙法付則には「戸籍法ノ適用ヲ受ケザル者ノ選挙権及被選挙権ハ当分ノ内之ヲ停止ス」「沖縄県ニ於テハ勅令ヲ定ムル迄ハ之ヲ行ハズ」という2項目が含まれており、沖縄県民の選挙権が停止された。

したがって、憲法制定議会に沖縄の代表者は全くいないし、沖縄は議論の対象にもなっていない[31]。GHQは1946年2月段階で、本土在住の朝鮮人、台湾人と共に沖縄県民に対して住民登録を命じている（しかも「沖縄県民」という言葉を使用しておらず、原文では「琉球人（Ryukyuans）」を使用）。これぞ沖縄県民と旧植民地住民とから「移動の自由」を奪うためだったことは明白である。しかも、基地建設は、米軍の沖縄上陸と共に始まっている[32]。日本側から昭和天皇が、1947年9月に、宮内庁御用掛の寺崎英成を通じて米国務省に宛てて、沖縄を米国に長期貸与するメッセージを送った（いわゆる「天皇メッセージ」）。

（5）1950年の沖縄

1　1950年に軍政は民政に改組され、「琉球米国民政府」（民政府）を組織し、米軍—民政府—住民による間接統治が始まる。民政府は、「琉球列島米国民政府憲章」を定め、その3条で「琉球住民とは琉球の戸籍簿にその出生及び氏名の記載される自然人」と定めた。「琉球の戸籍簿」とあることは、かつて旧植民地住民に対し、日本国籍があるとしながら、住民の具体的な権利義務はそれぞれの戸籍によると定め、日本の戸籍法が適応されなかった場合と全く同様であった。

2　その一方で、1952年の対日講和条約で、日本の占領を終了し、本土の独立を認め、沖縄を本土から分離した（3条）。しかし、沖縄住民はじめ日本国民の反対を意識して、日本と沖縄の政府は、沖縄を分離したが、「沖縄には日本の潜在主権」があり、「沖縄住民は日本国民である」と言われてきた。

しかし、この「潜在主権」は、単なる米国政府の見解であり、しかも米国側と日本側との口頭合意にすぎなかった。しかも、戸籍上の扱いなどは、植民地に対して日本が行ってきた手法となんら変わるところがない。

潜在主権について、国際法学者の横田喜三郎等の議論では、沖縄の領土は、事

31　古関彰一『日本国憲法［平和的共存権］への道』（高文研、1997年）217頁。
32　古関彰一『日本国憲法の誕生増補改訂版』438頁。

実上米国の占有状態、しかも無期限の占有状態ではあるが、米国に領土処分権がないという意味で、「潜在的に」きわめて限定的な「主権」が日本の一部の沖縄にも残されたという結論であった。

　実際には、沖縄は植民地の扱いをうけてきた。沖縄の場合、日本政府からは日本国民と言われつつ、その内実は琉球政府立法院による戸籍法で支配されており（沖縄の立法機関であった琉球立法院が、立法院府として戸籍法（1956年12月31日、立法第87号）を制定した）、それは米軍による命令の一環であった。したがって、日本の国籍の対象外で実質的には日本国民ではなく、かといって米国民でもなかった[33]。

　この点について、古関は次のように問うている[34]。米国政府は日本の「潜在主権」を主張してきた。米国に沖縄の領土を「処分」する意図がなく、いずれ返還の意図があったという意味で、領土主権は「潜在」していたのであり、この点が植民地との違いであると、従来識者は主張してきた。しかし、植民地でないとすると沖縄は何であったのであろうか。沖縄の場合、返還期限は無期限であった。植民地でも租借地でもなかった沖縄は、何であったのか。

　その後、1971年の沖縄返還協定によって米国から日本に返還されるまで米国の統治下に置かれることとなった。

（6）1952年対日平和条約と日米安保条約

　1951年9月、平和条約（サンフランシスコ講和条約）が調印された。そして、国際法的には、沖縄・奄美は日本本土から分離されることとなった。1952年4月28日、この条約が発効されたが、「日本本土では独立回復の祝賀が行なわれ、奄美・沖縄では絶望のどん底に貶められた嘆きと怒りの声が発せられた」[35]。日本本土では平和条約と同時に調印された日米安全保障条約がこの日に発効された。一方、沖縄では軍事上の条約がない状態で、米軍の軍事政策が直接に適用される

33　「琉球住民」が日本本土に渡航するさいには、米軍人である民政副長官に任命された琉球政府の行政副主席の許可を得た「日本渡航証明書」を携行し、「日本国」へ入るさいには証明書に「日本国への帰国」と記載されなければならない（古関「国籍を奪われた沖縄」古関彰一＝豊下楢彦『沖縄　憲法なき戦後』23頁）というものであった。

34　古関・前掲28頁。

35　高良・前掲68頁。

こととなった[36]。

対日講和条約3条で、琉球諸島を含む諸島に対して、米国があらゆる権力行使の権限をもつと表明することとなった[37]。こうして、占領終了とともに、GHQはいなくなったが、「新たな権力者となった米国政府は、再軍備を推進し始めた」のである[38]。

1952年日米安全保障条約が発効されたが、これはアメリカが日本の防衛義務を負う一方で、日本はアメリカに基地提供義務を負う。この年に制定された駐留軍用地特措法は、日本の基地提供義務を確実にするために制定されたものであり、国内におけるいかなる土地も有償で収用して、在日米軍に提供できるとされた[39]。

(ア) 日米安保条約の特質

安全保障条約について、例えば、隣国であるフィリピンの場合のように、「米比相互防衛条約」（1951年）と「米比軍事基地協定」（1947年）から成り立っている。安全保障（防衛）条約と基地条約は別であるという考え方に基づいている。しかし、日本の場合、安全保障とは基地の設置であり、基地によって安全保障が確保されるという考え方に基づいている。

それでは基地を提供するという場合、どのような原則によらなければならないであろうか。古関によると、「安全保障条約と基地協定は別個にある場合が通例だ。基地協定を結び、個々の基地について締結するか否かという『選択』ができるということは、近代法の契約の原則に適っていると考えることができる」[40]。「そもそも基地という土地を提供するわけであるから、近代国家は、国民の土地（不動産）を確保する場合は、その重要性に鑑みて『登記』をする。その土地の安全（所有権）を守るため、他者がその土地を侵した場合は対抗できるようにするため、『登記』の制度をつくったのである。日本も明治初期に『登記法』（明治4年）を制定している。これに対し戦後日本の場合、米軍への土地の提供を安全保

36　高良・前掲68頁。
37　古関彰一『平和憲法の深層』116頁。
38　古関・前掲236頁。
39　宮城大蔵『普天間・辺野古歪められた20年』（集英社新書、2016年）24頁。
40　古関彰一「沖縄から問われる日本の近代」古関彰一＝豊下楢彦『沖縄　憲法なき戦後』275頁。

障条約のなかに定め、個々の基地の提供は両国間で定めるのではなく、アメリカ側が日本側に必要な基地をどこでも要求できる（全土基地方式）。植民地と同じこの土地の簒奪は近代法に反し、勝者と敗者という構図が残っているとしても、日本は近代主権国家が当然もつべき土地＝領土に対する考え方をもっていないのではないか、という疑問が湧いてくる」[41]と指摘している。これでは日本はまさにアメリカの植民地といっても過言ではないであろう。これで果たして主権国家といえるのであろうか。

　1951年9月に調印されたこの安保条約は改定されることとなるが、どのような問題性を孕んでいたのか。その問題点について豊下は次のように纏めている。まず、日本には基地提供義務があるが米国には日本を防衛する義務がないという不平等性の問題である。また、日本で内乱が発生した時には米軍が介入して「鎮圧」できるという植民地的な「内乱条項」である。さらに、条約の期限が条文上は、米国の意思次第で無期限になる問題である。より重要な問題は、米軍が日本の基地を「極東における国際の平和と安全の維持に寄与」するために使用することができると定めている「極東条項」である。さらに、米軍の配備を規律する「条件」を定めた「治外法権」そのものといえる行政協定である、という[42]。

（イ）　駐留軍用地特措法

　日本国憲法下での土地収用法では、例えば、自衛隊が基地（土地）を取得する場合、国有地は別として、私有地を入手するさいには、民法上の売買契約による以外はなく、土地所有者との合意がなければ基地建設を行うことはできない。

　これに対して米軍基地の土地取得は全く異なる。日米安保条約とそれに基づく日米地位協定により、米国は日本のどこの土地でも、日本政府に土地の提供を要求することができる。そのためにつくられたのが「駐留軍用地特措法」である[43]。つまり、米国が基地提供を日本政府に申し入れ、土地収用法の手続きによって収用し、土地所有者の同意が入れられなければ、特措法に基づいて強制収用することができる。

41　古関・前掲276頁。
42　豊下楢彦「翻弄される沖縄」古関彰一＝豊下楢彦『沖縄　憲法なき戦後』212頁。
43　古関・前掲277頁。

（ウ）　地位協定の特殊性

　地位協定とは、日米安保条約に基づき、在日米軍に施設や用地を提供する方法を定め、米国軍人・軍属等に一般の米国人と異なる特別な地位を与えるものである。正式名称は「日本国とアメリカ合衆国との間の相互協力及び安全保障条約6条に基づく施設及び区域並びに日本国における合衆国軍隊の地位に関する協定」である。

　日米安保条約6条に基づく日米地位協定は種々大きな問題をかかえているが、特に重要なのは、沖縄での犯罪事件から生じる裁判権の問題である。

第17条5（C）　日本国が裁判権を行使すべき合衆国軍隊の構成員又は軍属たる被疑者の拘禁は、その者の身柄が合衆国の手中にあるときは、日本国により公訴が提起されるまでの間、合衆国が引き続き行なうものとする。

　この規定によれば、日本の警察は被疑者を取り調べることはできない。この規定は、地位協定以前の旧安保条約の下でつくられた日米行政協定以来の規定であり、1952年以来、変更されていない条文であり、「こうした制度的保障は、欧州などの米軍用地ではありえない」[44]といわれる。

　平和条約と沖縄の関係について、先の星野安三郎と古関彰一の対論を見ておこう[45]。

　　星野　1951年9月8日にサンフランシスコで調印された平和条約（サンフランシスコ講和条約）3条で、沖縄を切り捨てるということがあった。
　　　　そしてこの平和条約をめぐっては、政府がとった単独講和に対して全面講和という主張があったけれども、それは対外的な面だけで、国内的には「本土」だけの"単独講和"だったんですね。沖縄を含めた全面講和ではない。沖縄は切り捨てたんだから。
　　古関　いまの平和条約ですが、そこではアジア諸国の賠償請求権を認めてないわけです。ところがそういう問題も実は全面講和論の中に入っていなかった。ということは、沖縄のことを落としていると同時に、アジアの視点も欠落していたんですね。

44　古関・前掲279頁。
45　星野安三郎＝古関彰一『日本国憲法［平和的共存権］への道』219頁以下。

星野	一方の米英に対し、いま一方もソ連や中国だけしか視野に入っていなかった。
古関	やはり大国意識に支配されていたと思うんです。そういう私たちが抱いてきた戦後世界観—少なくとも私などは沖縄とかアジアなどもあまり見ずにアメリカやソ連ばかり見てきた感が強いわけですけれども—沖縄の人たちが提起している問題には、そういう私の戦後世界観をもう一ぺん見直すという大きな意味も含まれているのではないかという気がします。つまり、いまの沖縄の問題は本土にいる私たち自身の問題だと考えなければならない。
星野	そうなんですね。1960年に改訂される（現行）安保条約を見ても、その第5条には「日本の施政の下にある領域における、いずれか一方に対する武力攻撃」には日米共同で対処すると書かれている。ところが60年当時、沖縄は「日本の施政の下」にはなかったわけだから、沖縄は安保条約でも切り捨てられていた。いわゆる60年安保闘争の中でも、沖縄は議論の中に入ってこなかった。
古関	まったく問題にならなかったのでしょうか。
星野	ならなかった。沖縄が浮上してくるのは、65年以降、ベトナム戦争が本格化して、沖縄が米軍の出撃基地、補給基地になり、大変な状況になっているということで、初めて意識されてきたと思うんです。

　ここまでのまとめを行っておこう。筆者は鈴木裕子の次のような総括が妥当であると考える。すなわち、日本政府は、米占領軍のマッカーサー司令部と取引して象徴天皇制へと衣替えすることで天皇制を維持した。天皇裕仁は沖縄を半永久的に米国に提供してもよい旨の伝言をして米国の歓心を買った。さらに講和条約交渉にあたっても天皇は当時の吉田茂首相を飛び越えて米国務省顧問のダレスと交渉を行い、米軍の駐留を希望し、米国の極東戦略・世界支配に加担して戦争賠償を回避した。こうして象徴天皇制のもとで天皇裕仁は巧みに戦争や植民地支配における自らの責任を隠蔽した[46]。

（7）米軍用地の強制収用問題
（ア）　1953年土地収用令

　対日講和条約3条によって沖縄が分離されたが、翌年の1953年に「土地収用令」（布令109号）が公布され、「収用の告知」や請願権の保障などが規定された

---

[46] 鈴木裕子「天皇制とフェミニズム―『明治150年』を考える」福音と世界2018年8月号（新教出版社）22頁、及び、豊下楢彦・前掲『昭和天皇の戦後日本』、同『安保条約の成立―吉田外交と天皇外交―』を参照。

が、内実は、「米軍が白羽の矢を立てた土地は、地主の意思にかかわらずいつでも権利を獲得できる」というものである[47]。しかし、米軍側は各地に武装米兵や戦車を使って強制的に土地収用を進め、米軍が事実上、暴力的に土地を取上げた。

（イ）　沖縄住民の土地闘争

　1954年4月30日、沖縄の住民代表議会である立法院が「軍用地処理に関する請願決議」を採択した。これは米軍の軍用地一括払い方針[48]に反対し、軍用地4原則を決議した。内容は、(1)一括払い反対、(2)使用中の土地の適正補償、(3)米軍による損害への適正補償、(4)新規接収反対、である。

　1956年6月にはブライス勧告が発表され、米国視察団が地料一括払いと新規接収を勧告した。それは米軍が反省するというようなものではなく、4原則を全く無視した過酷な施策を沖縄に押しつけるものであった[49]。その結果、沖縄土地闘争へと発展した。米軍は布令109号「土地収用令」を公布し強制撤収を始めた。このことについて、「中には適正な手続によらずに強制的に収用された土地も多かった。いわゆる『銃剣とブルドーザー』による財産権の不当な侵害であった」[50]と言われている。

　こうした沖縄情勢を受けて、国会では、ブライス勧告から一か月を経た1956年7月9日、社会党の穂積七郎議員が衆議院外務委員会において厳しく非難した。「これは明らかに国際法並びに国連憲章の精神に反するものである」と指摘し、「一国が敵国を占領した場合に、その敵国の人民が持っております私有財産は、これを没収すべからず」とハーグ陸戦法規46条を挙げ、沖縄では「政治は軍政から民政に移っておる」にもかかわらず、沖縄の住民は「ハーグ条約以外の取り扱い」をうけているとして、政府を追求した。「要するに、穂積が強調したことは、沖縄では米国によって、世界人権宣言や国連憲章や信託統治の規定はもちろ

47　豊下楢彦「3条をめぐる国会論議」古関彰一＝豊下楢彦『沖縄　憲法なき戦後』116頁。
48　収用された土地への軍用地料について、アメリカ当局は当初、地代増額のコストを低減するため、低額による一括払い方針をとった。これに対する抗議が後に、「島ぐるみ闘争」となる（宮城大蔵『普天間・辺野古歪められた20年』26頁）。
49　豊下楢彦「3条をめぐる国会論議」古関彰一＝豊下楢彦『沖縄　憲法なき戦後』127頁。
50　高良・前掲70頁。

ん、戦時の国際法さえ遵守されない統治が行われている」[51]ということであった。

3　沖縄の統治

（1）米国による沖縄の統治体制の変遷

すでに本章で、断片的にこの経緯についてふれてきたが、ここでは、豊下の整理に従い、沖縄の統治体制の変遷についてトレースしておこう[52]。

1945年4月、沖縄本島に侵攻した米軍は、ニミッツ提督の名で、読谷村に米国海軍軍政府を樹立し軍政を施行することを宣言した。これがニミッツ布告である。

1949年10月に中華人民共和国の建国が宣言される前後に、米国は沖縄に恒久的な基地を建設することを決定した。

1950年12月5日、朝鮮戦争勃発を経て、米極東軍総司令部が「琉球列島米国民政府に関する指令」と題する書簡（いわゆるFEC指令）を発した。この指令により、米軍政府は米民政府に名称を変更、極東軍司令官が琉球民政長官に、琉球軍司令官が民政副長官に就いた。そして、民主主義の原理にもとづいた立法、行政、司法の三機関を備えた自治政府の樹立を掲げた。ただ、「民政副長官の命令が実施されない場合又は安全のために必要と認めた場合には、琉球行政の一部又は全部につきその執行の全権を自ら掌握する」と規定された。それゆえ本質は軍事最優先の軍政であった。

1952年4月1日、講和条約の発効を前にして、琉球政府が発足し、米民政府によって初代の行政主席が任命された。しかし、米民政府が統治する法的根拠は不明のままであった。

1954年4月、FEC指令に代わるものとして、「琉球列島米国民政府指令」が取りまとめられた。ただ、この指令は極秘扱いにされ、その本質は「国防省の指令」そのものであったといわれ、琉球諸島の管理は、国防省が発する訓令に従う

51　豊下・前掲129頁。
52　豊下楢彦「翻弄される沖縄」古関彰一＝豊下楢彦『沖縄　憲法なき戦後―講和条約3条と日本の安全保障―』（みすず書房、2018年）187-189頁参照。アメリカによる沖縄占領統治の1960年代までを分析するものとして、吉田善明「沖縄占領統治の歴史」『憲法と沖縄』（敬文堂、1971年）1-18頁、及び、そこにおける分析の時期区分も参照。

ものとされた。米民政府は必要な場合には琉球政府の法を拒否することができ、さらに裁判所の決定・判決も修正することができ、政府職員を解任する権限をもつとされた。

　1957年6月5日、「琉球列島の管理に関する行政命令」がアイゼンハワー大統領の名で発せられた。第1節では、講和条約3条によって米国に付与された行政・立法・司法上の権力が、この「行政命令」にしたがって行使されねばならないとされた。第2節では、この権力は大統領の指揮監督にしたがって国防長官が行使するとされた。その行使にあたっては、「民主主義の原理を基礎とする」こと、「住民の福祉及び安寧の増進のために全力を尽くす」ことが求められた。第3節では、国務長官が、沖縄に関する対外関係に責任を負うとされた。第4節では、米民政府の機構について、民政長官に代わって高等弁務官が設置されること、同弁務官は大統領の承認を得て米国軍隊の「現役軍人」のなかから選任されることが規定された。11節では、高等弁務官は、任務の遂行に必要であれば、琉球政府によるすべての立法を無効とし、いかなる公務員も罷免できるものとされた。さらに、「安全保障のために欠くべからざる必要があるときは、琉球諸島におけるすべての権限を全面的又は部分的に自ら行うことができる」と規定された。よって、1954年4月の「国防省の指令」と本質は変わるところはなかった[53]。

　この大統領の行政命令は、米国側からすれば、沖縄の「事実上の憲法、あるいは基本法」と目された。しかし、それは次のように評価できるものであると豊下は述べる[54]。それは米国による沖縄支配の国際法的正当性が提示されたのではなかった。さらに、「民主主義の原理」が謳われてはいたが、実態は「軍政」の延長であった。この行政命令により、主席公選の道は閉ざされ、高等弁務官による任命制度が定められた。沖縄の主席公選が実現するのは、11年を経た1968年11月のことであった。

　米軍統治下においては、高等弁務官が沖縄統治の最高機関として君臨していた。当時、沖縄では行政主席（現在の知事のようなもの）は高等弁務官によって任命され、住民は選出することができなかった。民意を反映する立法機関として、

53　豊下・前掲191頁。
54　豊下・前掲193頁。

住民によって選出された議会からなる立法院があったが、法案審議には事前または事後に高等弁務官と調整するようになっていた。市長村長は住民によって選ばれていたが、1957年、米軍が介入する事件が起こった。瀬長亀次郎沖縄市長が公職から追放された[55]。

● 「瀬長亀次郎」問題

　1956年12月25日に行われた那覇市長選挙において沖縄人民党委員長の瀬長亀次郎が当選した。「共産主義者」の市長当選に驚愕した米民政府は、12月27日、あらゆる手段を講じて瀬長市長の追放に乗り出した。1957年11月24日、ムーア高等弁務官が市町村長選挙法を改正して瀬長の被選挙権を剥奪したことで、内外世論をさらに刺激した。瀬長が追放をうけた後の1958年1月12日の那覇市長選では、米民政府に批判的で瀬長の政治的立場を引き継ぐ社会大衆党の兼次佐一（かねしさいち）が当選した。

　こうした事態をうけて、沖縄を訪問したマッカーサー駐日大使は、「軍部の尊大な態度」に激怒し、2月1日付ダレス宛の書簡で沖縄政策の転換を訴えた[56]。

（2）沖縄の法的地位

　豊下楢彦は、古関彰一との共著『沖縄　憲法なき戦後』（みすず書房、2018年）の「はしがき」において、表題テーマを検討するにつき、次のような文章で始めている[57]。

　1965年9月7日、佐藤栄作政権は「沖縄の法的地位に関する政府統一見解」をまとめた。その2項「日本国憲法の沖縄における適用」では、「同地域〔沖縄〕の施政権は、平和条約により米国が行使しているので、憲法の適用はない」との見解が示された。つまり日本政府は、「平和条約」（サンフランシスコ講和条約第3条）によって米国が施政権を行使しているため、沖縄には日本の憲法が適用されないことを公的に認めた。

　それでは、米国の憲法が適用されたのであろうか。断じて否である。それどころか、米軍支配下の沖縄では「軍事的必要性」が最優先され、戦時国際法も世界

55　高良鉄美『沖縄からみた平和憲法』（未来社、1997年）71頁。
56　豊下・前掲194-195頁。
57　豊下・前掲vii頁。

人権宣言も国連憲章さえも遵守されない事態が日常化していた。

　かつて政府側は、沖縄県民は「日本人であり日本国籍を有している」と繰り返し答弁していた。しかし現実には沖縄県民は、「国籍を喪失した者」として「外国人」の扱いになった在日朝鮮人・台湾人と事実上同じ立場におかれていた。だからこそ、日本人としての選挙権も代表権も剥奪され、日本の施政権がおよばない「国外」に居住していても日本人であれば与えられるはずの外交的保護権からも、沖縄県民は排除された。

　その地位は、本質において「軍事植民地」であった[58]。日本政府はこれを否定したが、実は1950年代のアイゼンハワー政権以来、米国の側は、沖縄が「植民地主義」の象徴として国際社会から批判に晒されることをなによりも危惧していた。そもそも、1955年から翌年にかけて、本土に駐留していた米海兵隊が沖縄に移駐したのは、反基地・反核・反米運動の抑圧も土地の強制収用も、憲法なき沖縄では一切の法的枠組みを無視して強行できるからであり、地政学的な理由は二次的な問題であった。

（3）公法学者の沖縄認識

　憲法学者は、沖縄をどのように認識してきたか。有倉遼吉編によって1970年に公刊された『別冊法学セミナー基本法コンメンタール憲法』（日本評論社）で、「第10条〔国民の要件〕日本国民たる要件は、法律でこれを定める」を担当したのは樋口陽一である。

　そこにおいて沖縄住民の法的地位について言及されているので、聞いてみよう。

　1　本条で「日本国民」とは、日本国を構成する諸個人――わが国籍をもつ者たち――の総称である。……本条で言う国民と、前文1項および1条でいうそれとは同じものではなく、前の意味の日本国民とは、国家作用が本来的に及ぶ人的範囲を指し、その意味で受動的な地位に着目した名称であり、後の意味での日本国民が主権の保持者としての能動的地位に着目した名称であるのとはちがい、前者の範囲は後者の範囲よりは広いといえる。

58　豊下・前掲ⅷ頁。

2 「日本国民たる要件」とは、日本国民たる資格すなわち国籍を有する要件であり、「法律でこれを定める」とは、形式的意味の法律で―命令等ではなく―定めるべきことを意味する。そのような法律として国籍法がある。ただし国籍を有する要件を条約で定めることを禁止する趣旨とは解されない（98Ⅱ参照）。

それではこの定義に照らしてみた場合、沖縄住民の法的地位はどのようになるのであろうか。

なお、<u>今日の沖縄住民の法的地位は特殊である。沖縄には日本国憲法が適用されず、平和条約3条によってアメリカ合衆国が「行政、立法及び司法上の権力の全部及び一部を行使する権利」をもっている結果、沖縄住民は、あたかも二重国籍をもつような観を呈しており、しかも、日本の国籍をもちながら、現実には日本の外交保護権すら受けられずに変則的な地位におかれているのである</u>（下線引用者、以下同様）[59]。

ここで示された二重国籍という樋口陽一の認識はどこから導き出されているのか。むしろ無国籍の十分に権利が保障されない状態に置かれてきたのではなかったのか。沖縄80万人の人々が、日本の憲法も米国の憲法も適用されず、植民地同然の状況で、国籍も不明確という異様な状態に置かれていたのである。

この点、憲法教科書でかなり詳しく論述しているのは小林直樹であろう[60]。「国民と領土」という節の中で、次のように説明している。

領土の変更によって、多数人が一度に国籍の変更を生ずることがある。太平洋戦争の結果、朝鮮人・台湾人・樺太人等が日本の国籍を失ったのは、その端的な例であるが、こうした国籍の得喪の仕方は、領土変更の条件の違いに応じてさまざまである。

沖縄の復帰（1972年）以前、沖縄の人民は、ほんらい日本人でありながら、日本国憲法を始め日本の国法との関わりを持たず、実際上アメリカの施政権下に置

---

[59] その後、1986年、前著の改訂版である有倉遼吉＝小林孝輔編『別冊法学セミナー基本法コンメンタール憲法［第3版］』（日本評論社）においても、基本的に説明の変化はないが、沖縄住民の法的地位は削除されている。

[60] 小林直樹『［新版］憲法講義（上）』（東京大学出版会、1980年）174頁。

かれ、きわめて限られた範囲で「自治」を認められるにとどまり、憲法の保障する基本的人権を享受できないまま、変則的な地位を強制されつづけていた。この変則状態は、いわゆる本土復帰によってむろん消滅した。

　それではなぜこのような変則的な地位を強制されつづけてきたのか。小林直樹は次のように続けている。

　<u>サンフランシスコ平和条約3条は、沖縄の「領域及び住民」に対して、アメリカ合衆国が「行政、立法及び司法上の権力の全部及び一部を行使する権利を有するもの」とした。この結果として、沖縄人はアメリカの属人的な統治権の下に服することになり、「その点でアメリカ人と実質的にひとしい地位にある」とされ、「実質的二重国籍」をもつような形になっていたのである</u>[61]。

　当時の状況について国際法学者の高野雄一は、『日本の領土』（東京大学出版会、1962年）第4章「沖縄と住民」で詳しい叙述を行い、次のように述べている。沖縄の「現実の統治作用は全面的にアメリカに認められている」結果、そこにおける「外国人」（＝非アメリカ人）は、すべて「アメリカの立法・司法・行政の全権に服する」（121頁）。ただ、日本人である沖縄人は、少なくとも形式的には自国領にいるわけだから、「その本国の統治作用が少しは及んでもよさそうである」。租借地でさえも、その租貸国の国民には国の支配が例外的に認められることがあるのに、「平和条約第3条はそれを否定し、そのような例外を認めていない」[62]のであると。

　さらに小林直樹は「領土内の諸法域」という項目の中でも言及している。――明治憲法下の日本も、内地と外地（台湾・朝鮮・南樺太等）が区別され、それらの諸法域のコンフリクトを規律する共通法があった。これらの外地は、降伏とともに消滅したから、今日ではもちろん、法域の差はない。

　先にも述べたとおり、沖縄が「本土返還」になる前には、アメリカの施政下におかれ、本国の国法の施行区域外に残されていたが、これは「平和条約」に基づくきわめて特殊な例外状態であって、そこに内地・外地の法域の差があったわけでは、もちろんない。

61　高野雄一『日本の領土』（東京大学出版会、1962年）130頁。
62　高野・前掲122頁。

3　沖縄の統治

　憲法教科書において、憲法制定議会における議論の中で沖縄について言及されることは残念ながらない。それでは戦後の憲法制定議会、第90帝国議会において沖縄のことが議論になったのかどうか、沖縄県民は直接にも間接にも日本国憲法の制定には参加していない。当時の議会議事録ではどうなっているのか。古関がこれに答えて言う。

　憲法制定議会—1946年の第90帝国議会であるが—そもそもここには沖縄の代表者はいなかったのである。というのは、その前の第89帝国議会で—これは敗戦の年の12月であるが—衆議院議員選挙法が改正になる。これはGHQの政策である「婦人の解放」の一環として、それまで男性のみに認めていた選挙権を女性に認めることにした画期的な改革であった。私たちはこの「民主化」された側面のみを強調してきたのであるが、それはきわめて一面的な評価で、実はこの改正によって旧植民地出身者の台湾、朝鮮人の選挙権と、そして沖縄県民の選挙権を奪ったのである。

　この選挙法の附則には「戸籍法ノ適用ヲ受ケザル者ノ選挙権及被選挙権ハ当分ノ内之ヲ停止ス」、「沖縄県（その他いわゆる「北方領土」等）ニ於テハ勅令ヲ以テ定ムル迄ハ選挙ハ之ヲ行ハズ」という2項目が含まれていて、前者の規定によって旧植民地出身者の選挙権が、後者の規定によって沖縄県民の選挙権が、それぞれ停止された。

　この改正法案を審議した委員会には、漢那憲和（かんな　けんわ）という沖縄出身の衆議院議員がいた。漢那議員はこの90帝国議会の委員会で、沖縄県民がこの戦争で多くの犠牲を強いられ、かつ最も戦争に協力したにもかかわらず、選挙権を奪われることに対して、その理不尽を切々と訴えたが、政府は沖縄が米海軍の直接占領下にあることを理由に、この訴えを取上げなかった。また彼の所属していた進歩党の議員も何の発言もしなかった。

　古関はこのことについて次のように述べている。

　「僕はこの議事録を読みながら、自分の知っている『戦後民主主義』の底の浅さとともに、占領期の研究をそれなりにやってきたつもりでしたが、まさに『我が不明を恥じる』思いでした。しかもこれは私だけの問題ではなくて、たとえばいま手元にある宮沢俊義、田中二郎著『新憲法関係法規集』（国立書院）を見ても、この『附則』の部分は『略』となっているわけですから、こうした戦後を代表する憲法学者、行政法学者も、これらの人々が選挙権という重大な基本的人権

を奪われたことにまったく関心がなかったのでしょうね」。

「したがって、憲法制定議会には沖縄の代表者はまったくおりませんでしたし、沖縄は議論の対象にすらなっておりません。……しかし、審議の過程で、それこそ秘密会であったわけですから、審議することも、あるいは占領終了後『沖縄県民の意見が反映されていないから自主憲法を制定しよう』と、ある『改憲派』の人々が唱えることもできなかったわけではない。むしろ、あれだけ『民族』にこだわるならば、当然そう言うべきだったのに、残念ながらそれもなかったのですね」。

古関が指摘するように、憲法学、行政法学は戦後、初発のときから問題意識の大きな欠落をかかえていたのである。

しかし、高柳信一は1969年、月刊誌『世界』（岩波書店）の「戦後民主主義と『人権としての平和』」と題する論文を次のような言葉で締めくくっている。「人権としての平和」の理論は、国民主権・人権・平和の日本国憲法が、日本国の領土内に、国民主権もなく人権もなく平和もない沖縄を包摂していて平気でいられる事態—このようなグロテスクな事態を揚棄しうる強力な梃となると述べ、「人権としての平和」を確立することを、日本国憲法が私どもに課している最大の課題であるとしたのである[63]。残念ながら50年後の今日においてもこの課題が十分に果たされているとはいえない。

4　1972年の沖縄返還

（1）復帰直前——沖縄密約電文事件

沖縄返還協定の調印に際し、在沖縄米軍基地につき、①復帰後も米軍に長期使用を認める基地、②復帰後数年で返還を求める基地、③復帰時点での返還を求める基地があり、日本側の方針は、大半の基地の長期使用を認めるというものであった。[64]。

軍用地の復元補償費の支払について、米軍が接収して軍用地として使用していた土地は、元通りにして戻すのが当然である。復元補償の支払は米側ということ

63　高柳信一「戦後民主主義と『人権としての平和』」世界283号（1969年）深瀬忠一編『文献選集日本国憲法 3 戦争の放棄』（三省堂、1977年）所収197頁。
64　山崎豊子『運命の人(1)』（文春文庫、2011年）28頁。

になる。

　沖縄密約電文事件で問題となったのは、本来ならアメリカ側が支払うべきこの復元補償費を日本がこっそり肩代わりして、沖縄の地主へ補償するのではないかということであった。アメリカ側はベトナム戦争で戦費を使い果たし、日本へ支払う金はないし、議会は沖縄を日本へ返還してやるのだから全く支払う理由がないという論理であった[65]。

（２）復帰後の沖縄の人権と安保・地位協定

　1972年、沖縄が日本国憲法の下に復帰したが、米軍基地から派生する人権侵害は一向になくならなかった。

　それでは裁判制度はどのようになっていたのか。復帰後、那覇地裁が置かれ、一般的な裁判管轄権は日本がもつようになった。米兵との間の裁判について、原則として、沖縄県民が排除されることはなくなった。しかし、実質的には、沖縄県民が求めていた状態とはほど遠かった[66]。

　米軍の駐留は、①安保条約によって根拠づけられ、②地位協定によって、裁判管轄権の問題など米軍人・軍属の地位に関する取り決めがなされている[67]。

　この安保条約および地位協定に基づいて、25の特別法をはじめとして多くの取り決めがなされ、軍事に関する法律体系が出来上がっている。日本国憲法の平和主義は、安保条約・地位協定によって侵害されている[68]。

　それでは沖縄の土地使用はどのようになっているのであろうか。軍用地強制収用の問題について、復帰後は、いわゆる公用地法および駐留軍用地特措法によって強制使用が行われている。また、米軍に提供された土地は、地位協定に基づく米軍の包括的な管理権に服することとなる。

65　山崎・前掲55頁。この沖縄返還交渉での密約を分析するものとして、澤地久枝『密約―外務省機密漏洩事件―』（岩波現代文庫、2006年）参照。
66　高良鉄美『沖縄からみた平和憲法』（未来社、1997年）73頁。
67　高良・前掲74頁。
68　高良・前掲75頁。

○憲法体系　　　　　　　○安保法体系
　　憲法　　　　　　　　　　安保条約
　　法律　　　　　　　　　　地位協定
　　政令・省令　　　　　　　特別法
　　条例・行政協定　　　　　交換公文・合意議事録
　　書簡、各種取決め　　　　密約

　一方、本土の日米安保条約は、米軍の駐留を認め、その条件を日米行政協定で定めたが、米軍基地は、沖縄同様なんら特定化されず、米軍は本土のどこにおいても基地提供を要求できる全土基地方式となった。米比軍事基地協定が、「特定化された用地」においてのみ米軍の基地提供使用を認めたことに照らすと、日本は「フィリピン以下」になったと古関は評する[69]。

（3）沖縄の軍用地使用の問題——公用地暫定使用特別措置法（いわゆる公用地法）および地籍明確化法

　沖縄の米軍基地は、本土と異なり、民有地が多くを占めている。日本政府は、沖縄の本土復帰後も、米軍への基地提供を可能にするため、個々の地主と賃貸借契約を結ぶ必要がある。そこで、1971年、同意を得られない場合のことを考え、とりあえず土地の使用権限を取得しておくために公用地暫定使用法を制定し、同法は5年間の時限立法とされた。正式名称は「沖縄における公用地等の暫定使用に関する法律」である。この法律は、沖縄協定発効の1972年5月15日以降、地主との契約が成立しない場合でも、5年間にわたり、沖縄の「公用地」すなわち「米軍の軍用地」をそのまま継続使用できるとするものである[70]。この法律は沖縄のみに適用されるものであるから、憲法95条の「地方自治特別法」に該当するものである。

　日本国憲法95条は、「一の地方公共団体のみに適用される特別法は、法律の定めるところにより、その地方公共団体の住民の投票においてその過半数の同意を得なければ、国会は、これを制定することができない」と規定する。

---

[69]　古関彰一「ANZUS・米比・日米、そして『琉球』の米軍」古関彰一＝豊下楢彦『沖縄　憲法なき戦後—講和条約3条と日本の安全保障—』（みすず書房、2018年）82頁。
[70]　星野安三郎＝古関彰一『日本国憲法［平和的共存権］への道』（高文研、1997年）224頁。

それではこの公用地法は「特別法」に該当するであろうか。この「特別法」については、前提に一般法が存在し、それに対する例外を定める法律でなければならない。その意味では、特定の地方公共団体の本質的要素に影響を与えるものでなければならない。特定の地方公共団体の区域のみに適用されるが、主として国の責務について規定し、地方公共団体の組織運営とは関係ない法律はここでの特別法ではないとされている[71]。

　学説のこうした解釈によると、「沖縄の公用地法は、たしかに沖縄県の地方自治体に関わるが、その自治体の『組織あるいは権能』に関わるものではなく、軍用地地主に関わるものであり、特別法には該当しない」[72]ということになる。佐藤功は、公用地法と憲法上の地方自治特別法との関係につき、公用地法は「沖縄県という地方公共団体そのものを対象とし、その組織・権能・運営について特例を定めたものではなく、沖縄県という地域を押さえてその地域における国の行政・施策についての特例を定めるもの」であるから、「特別法に該当するものではない」と述べている[73]。こうした解釈について、古関彰一は、〈憲法95条があるにもかかわらず、国会で公用地法がさしたる反対もなく通過した背景には、単に沖縄を差別するなどということ以前に、憲法制定以降の地方自治への無理解・無頓着があったといわざるをえない〉と批判を加えている[74]。特別法にしなかった真の理由は、特別法にすると沖縄県民の住民投票が必要となり、住民投票すれば過半数をとれないということで特別法にしなかったのが本音であるといわれる[75]。

　この法律は復帰後、即座に沖縄に適用されたのであるが、今日まで、まだ一度も沖縄県民の意思が問われていないのである。復帰後も、沖縄は従来と実質的には変わらず、米軍が統治を行い、日本政府がそれをささえているようなものであるといわれるのである[76]。

71　学説については、有倉遼吉＝時岡弘『条解日本国憲法［改訂版］』（三省堂、1989年）582頁参照。
72　古関・前掲288頁。
73　佐藤功「憲法第95条の諸問題」杉村章三郎先生古稀記念『公法学研究上』（有斐閣、1974年）399頁。
74　古関・前掲289頁。
75　古関・前掲225頁。
76　高良・前掲78頁。

（ア）　1977年地籍明確化法・米軍用地特措法

　この公用地法は暫定5年の時限立法であった。政府は、この5年間に沖縄側を説得しようともくろんだが、違憲とする沖縄側の意思は強固で、1977年を迎える。そこで政府側は、「地籍明確化」を口実に基地確保のための新法を準備する。これは1945年の沖縄戦により地形がかわってしまった沖縄の土地の地籍（位置境界）を明確にする必要があるとして、明確になるまでは軍用地の強制使用をつづけるというものである。

　これに対して、沖縄側は激しい抵抗をつづけ、地籍明確化法案が未成立であり、5月14日、公用地法の期限が切れ、政府による"不法占拠"状態が生じることとなった。こうして法的空白期間が生じたが、4日間を過ぎ、やっと地籍明確化法は成立する。その「附則」には公用地法の強制使用期間5年を10年に改めるという1項があった。それは期限切れでいったん死んだ公用地法が、新法の「附則」で息を吹き返し、5年間延命させられたのである[77]。

（イ）　1982年以降の米軍用地特別措置法

　こうして1982年まで軍用地の強制使用を確保し、その後は、安保条約6条に基づく「米軍用地特別措置法」を発動する。そして、この米軍用地特別措置法を使って、今日まで強制使用をつづけている[78]。

5　1995年の米兵少女暴行事件

　筆者は、以前（1995年）、メルボルン大学比較憲法研究所（Centre for Comparative Constitutional Studies The University of Melbourne）の Cheryl Saunders と Graham Hassall が編集した『Asia-Pacific Constitutional Yearbook 1995』の1995年・日本の憲法状況を担当したが、その中で沖縄に言及し、次のように述べた。

　1995年は、戦後50年目の年にあたる。日本国憲法に関しては、1997年には憲法施行50年を迎える[79]。

　沖縄県には、日本全国の米軍基地の75％が集中している。これらの基地は、沖

---

[77]　古関・前掲226頁。
[78]　古関・前掲227頁。
[79]　「戦後50年目の憲法——立憲主義の危機」という表題の「(3)米兵犯罪と『主権』国家」という項目。

縄本島の全面積の約20％を占めている。まさに「基地の中に沖縄がある」という状況である。1995年9月4日、この沖縄で、米兵による日本人少女暴行事件が起こった。ここには米兵犯人に対する不逮捕特権の問題がある。さらに、人権侵害は、地位協定・安保体制の見直しという国家主権の問題にかかわるものである。地位協定は、1952年の旧安保の「行政協定」をほとんど引き継いだものである。これによると、米軍基地には日本の主権は及ばず、米軍人・軍属はあらゆる特権をもっている。10月21日には、復帰後、最大の8万5000人の参加者を集めた「米軍人による少女暴行事件を糾弾し日米地位協定の見直しを要求する」沖縄県民総決起大会が開催された。この種の犯罪は、主権侵害の地位協定のもとで、今後もくり返されるであろうことが危惧されている。

この問題は、アメリカ側の冷戦後のアジア太平洋軍事戦略の建て直しと結びついている。米国のペリー国防長官は、在米通信各社との会見で、「アジア太平洋地域に展開する約10万人の米軍兵力を削除する考えはない。」「日本に駐留する兵力は変更しない」と言明した。このスタンスは、米国政府が1994年秋から進めてきた日米安保条約の見直し―「再定義」―を反映するものである。

「再定義」は、冷戦時代に、ソ連の脅威に対抗してきた日米安保体制を、ソ連解体・冷戦崩壊後の新しい状況のなかで、いかに再構築するか、さらには、安保をアジア全域から広範囲の事態に対応するものへと、その枠組みを質的に変化させるかなどの問題を検討するものである。なお、ペリー国防長官は、9月12日のジャパン・ソサエティー年次総会で米国のアジア太平洋安全保障戦略に関する演説を行い、日米安保の新しい意義を「アジアの地域安保に対する貢献の拡大」「地域規模の安保イニシアチブの発揮」に求めた。

このような方向で安保条約が条文改定なしに変更させられる危険性が極めて高くなっている。人間の尊厳を基調にして、環境・人口・貧困・戦争の問題を世界的規模で解消するための国家主権の壁を超えようという考え方での、国家主権の制限とは異なっているのである。安保体制論は、今日では、憲法学の片隅のテーマになっているが[80]、しかし、現実政治においては、日本政治の中心部に位置している問題である。

---

80 安保体制に関する文献については、さしあたり深瀬忠一＝山内敏弘編『文献選集日本国憲法・安保体制論』（三省堂、1978年）参照。

●**沖縄の摩文仁（まぶに）の「平和の礎（いしじ）」**

　1995年、沖縄戦50年を記念して沖縄島南端の摩文仁に、「平和の礎」は建立された。これについて、星野安三郎のつぎのようなことばを聞いておこう。

　「沖縄戦で命を落とした人たちの氏名を、日本、アメリカ、韓国、北朝鮮、台湾といった国籍や軍人、民間人の違いを超えて、すべて一緒に石碑に刻んで『平和の礎』とした。こういうことは、世界の歴史にないのではないか。これに対して、それでは加害者と被害者の立場を見えなくさせる、という批判もあると聞いていますが、どんな人であれ戦争で死ぬために生まれてきた人はいないわけで、自由で平等で平和な社会で自分の生命を全うして、人間とはなんと美しく、人生とは何と素晴らしいかという、そういう思いでこの世に別れを告げてゆくのが本来の姿であるわけでしょう。戦争での死というのは、何と言っても非業の死なんです。だから、もう二度とそういうことはさせまいという、国境とか人種とか皮膚の色とかを超えて戦争犠牲者を弔うという点では、これはまったく新しい素晴らしいことではないか。そしてそれは、地上戦であれだけの犠牲を払った沖縄だからこそ、そういう思いが生まれたんだと思うんですね」[81]。

6　1995年以降の普天間・辺野古基地移設問題

　1995年以降、今日（2018年）まで、この問題をどのように捉えるべきかについて、宮城大蔵は、「1995年の少女暴行事件と翌年の日米両政府による米軍普天間基地の返還合意が原点であり、その後の今日に至る約20年を俯瞰しなければ、問題の本質的な所在は明らかにならない」という[82]。そして、その際、以下の3点を考慮しなければならないと述べている。第一は、少女暴行事件が改めて浮かび上がらせることになった日米地位協定の問題である。第二は、大田昌秀沖縄県知事による米軍用地強制使用に関わる代理署名の拒否の問題である。第三は、普天間基地返還（移設）問題である。以下、この問題について検討する。

81　星野安三郎＝古関彰一『日本国憲法［平和的共存権］への道』（高文研、1997年）208頁。
82　宮城大蔵「歴史的経緯から見る普天間・辺野古問題」法律時報2017年6月号（1112号）51頁。

（1） 日米地位協定の問題

　1972年5月、沖縄の本土復帰が実現すると沖縄の基地負担の問題が全国的に希薄なものになっていった。そして、70年代には、本土における米軍基地の再編、縮小とともに、沖縄への集中がかえって高まることとなった。こうした状況を一変させる契機となったのが、1995年9月に発生した米兵による少女暴行事件である。

　本土復帰以前の沖縄の統治の最高責任者は高等弁務官であり、米軍人の兼務であった。そして、基地関連の事件は容疑者が基地内に逃げ込んでしまえば地元警察は手が出せない。また、米軍当局に委ねられた裁判で、賠償を受けられるということも希であった[83]。それゆえ、人権が保障された日本国憲法の下にある本土への復帰が渇望された。しかし、現実は異なり、戦後50年、米軍による犯罪事件が繰り返され、米軍基地のある限り続く「悲劇の一つ」として捉えられた。この少女暴行事件を契機として、防止策として日米地位協定の改定要求へと向かった。

　そこで、地位協定とはどのようなものか、確認しておこう。正式名称は、「日本国とアメリカ合衆国との間の相互協力および安全保障条約第6条に基づく施設および区域並びに日本国における合衆国軍隊の地位に関する協定」である。地位協定は安保条約第6条を具体化したものである。

　なおそのまえに、地位協定の根拠となる安保条約について歴史的経緯をみておく。1947年5月3日、日本国憲法が施行された。しかし、その時点では、日本は国際的に独立した主権国家として認められていなかった[84]。1952年4月28日、対日平和条約が発効し、敗戦後の占領管理体制が終わり、ようやく国際的に主権を回復した。しかし、この平和条約第3条により、奄美・沖縄は米国の統治下におかれることとなった。奄美は翌年、復帰するが、沖縄は27年間、米国に統治されたのである。この平和条約と同時に締結されたのが安保条約である。

　平和条約6条には、占領軍の撤退が義務づけられており、占領軍は日本からいなくなるはずであった。しかし、安保条約を締結し、あらためて米軍が日本に駐留することを日米間で合意した。これは実質的に占領米軍が駐留米軍としての継

83　宮城・前掲52頁。
84　高良鉄美『沖縄からみた平和憲法』（未来社、1997年）100頁。

続が図られたものである[85]。

　建前上は、日本は主権国家として独立の地位を回復したが、実質的には「極東の安全」という名の下に駐留米軍が居座ったのである。

（ア）　憲法と安保条約・行政協定・地位協定との関係

　安保条約3条によって、在日米軍の配備に関する条件は日米間の行政協定で定めるとされた。ただ、沖縄の米軍基地は沖縄が日本に復帰するまで米軍の直接統治によって管理運営されることとなった。安保条約は1960年に改訂され、それに伴い行政協定の役割を地位協定が継いだ。今日の日本における米軍基地は、改訂安保条約とそれに基づく地位協定によって規律をうけているといえる。

　それでは地位協定は、従来の行政協定に比べてどこが変わったのであろうか。大きな違いは在日米軍が効果的に機能するために果たす日本政府の責任を増大させたと指摘されている[86]。

　もっとも、地位協定が根拠をおいている安保条約自体、日本国憲法との関係で疑義があるものである。また、この地位協定をうけて多くの特別法が制定されている。例えば、刑事特別法が制定されて、日本人の同一の行為について、米軍に対するものは、日本の法令より重い処罰規定が置かれているのである。さらに、地位協定に関する各種の合意文書、地位協定に基づく日米合同委員会での取決めなどの法的文書によって、「米軍に特権を与える法体系が網の目のようにはりめぐらされている」[87]とされる。

（イ）　憲法体系と安保法体系

　主権国家と建前上は言われる日本であるが、二つの法体系が存在している。憲法体系と安保法体系である。

　安保法体系とそれに基づく地位協定は、日本国民より米軍を特別扱いしていることが本質的問題である。地位協定は、米軍に基地管理権を与え、「日本の領域には日本の法令が適用されるという国家主権の原則の例外を認めている。一般的には基地は治外法権のような理解がされているが、米軍の基地管理権は、その不

85　髙良・前掲100頁。
86　髙良・前掲101頁。
87　髙良・前掲102頁。

法な行使まで容認される絶対的なのかが問題となる」[88]のである。

●**憲法より優位の安保条約**
　2018年5月31日毎日新聞のメディア時評で江上能義（早稲田大学名誉教授）が次のような投稿を行った。
　1972年に本土復帰し、沖縄の人々は「これで沖縄も憲法に守られる」と思ったが、現実は違った。復帰して46年にもなるのに、沖縄はいま「憲法番外地」と揶揄（やゆ）されている。日本国憲法は前文で「平和のうちに生存する権利」をうたっている。復帰後も米軍基地が集中する沖縄では、米軍機による事故や墜落の恐怖と隣り合わせの日常生活が続き、平和的生存権の侵害を受けている。保護者らが署名運動をして米軍機の学校や保育園の上空飛行禁止を求めても、国は日米地位協定を理由に米軍への要請すら後向きである（毎日新聞2018年5月3日）。日本の現実においては、日米安保条約や日米地位協定が日本国憲法より優位に立っている。「日米不平等の源流」と指摘される日米地位協定の締結から半世紀以上になるのに、一向にその差別的内容が改定されない。この地位協定の改定になぜ日米両政府が着手しないのか、メディアはその理由や背景についてもっと追及してほしい。併せて日本国憲法を超越した米軍による日本支配の総本山である日米合同委員会の実態を解明してほしい。

　(ウ)　**地位協定による日米合同委員会とその組織**
　地位協定25条により、この協定を実施する協議機関として、日米合同委員会の設置が定められる。この合同委員会により、米軍基地と日本国民の人権や国家主権の問題が扱われるが、こうした重要問題を一協議機関にすぎない日米合同委員会で扱っていいのかどうかが問題となる。
　日米合同委員会の組織は次のようになっている。この合同委員会は日米両政府の代表者各一名、日本は外務省北米局長、米国は在日米大使館参事官で組織される。各代表者はそれぞれ数名の代理および職員をもつ。日本側は防衛施設庁長官などであり、米国側は在日米軍参謀長などが参加する。もっとも議論がどのようなものであるのかは公表されないし、日米合同委員会の存在についても多くの人

88　高良・前掲104頁。

（エ） 地位協定の運用の実際

　地位協定は、基地管理権を米軍に与えることにより、日本の領域には日本の法令が適用されるという国家主権の例外を認めているとして、次のように指摘されている[89]。

　一般的に基地は治外法権であるかのごとく理解されているが、地位協定は米軍人の日本の法令遵守を義務づけているので、基地管理権も日本の法令に従って行使することが要請され、大使館のような治外法権ではない。それゆえ本来ならば、日本政府は地位協定を厳格に適用し、日本の法令に従って適切な措置をとらなければならないのに、米軍基地を治外法権であるかのごとく扱って、国民の生命・財産・自由を保障する政府の基本的義務を放棄しているのである。

　日米地位協定について再度、ここで確認しておこう。日米地位協定は日本での米軍の権限を定めるもので、1960年に新日米安保条約と同様に日米間で結ばれた。その原形は、日本が独立を回復する1952年4月28日の2カ月前に調印した日米行政協定であり、米軍の狙いは、「占領軍」から「駐留軍」に変わっても、制約なく基地を使いつづけるというものであった。こうして行政協定は地位協定に改められた。

　地位協定は、対象となる米軍人や軍属の範囲や米軍施設の管理権、事件・事故についての裁判権などを定める。協定の運用については日米合同委員会で話し合う。事件・事故のたび、事実上の「治外法権」を認める内容が批判されてきたが、締結以来、一度も改定されていない（朝日新聞2019年1月24日〜2月2日、日米地位協定(1)〜(6)参照）。

　沖縄県はずっと、地位協定の抜本的見直しを求めてきた。2017年9月には、当時の翁長雄志知事が改定案を日本政府に提出、見直しを訴えるが、日本政府に改定をめざす動きはない。

　それでは他の国と米国との地位協定はどのようになっているのか。2019年2月2日付朝日新聞によると、米国が各国と地位協定を結ぶ最大の目的は、海外駐留の米軍兵士が受け入れ国側の法律によって裁かれることを防ぎ、米国の兵士の人

89　髙良・前掲104頁。

権を米国の法律によって保障するためであるという。

　米国務省の諮問機関、国際安全保障諮問委員会（ISAB）が2015年にまとめた報告書では、「もし米軍兵士が米国の概念とは根本的にかけ離れた不公平な制度のもとで裁判にかけられるリスクをもてば、米軍が海外展開する意思が大きく阻害される」と指摘し、米国法による米軍兵士の保護は、米国の世界戦略と密接に関係している点を強調している。

　米議会調査局（CRS）の報告書によると、米国は現在、100超の地位協定を関係国と結んでいる。上記、朝日新聞の「行政協定」レポートの最後で、同問題に詳しいアメリカン大のデイビット・バイン教授のコメントを紹介している。同教授は「米政府は、米軍の受け入れ国側の統治と法律に極力従わなくてすむように、地位協定の交渉を進めた」と語り、地位協定の問題点について、「米国が民主主義のルールの適用外を作っているという意味で、本質的には反民主主義的な性格をもつ」と述べている（2019年2月2日）。

　2019年4月13日朝日新聞によると、沖縄県は米国が駐留する欧州4カ国について、米国と結ぶ地位協定の内容などの報告書を発表した。英国、ベルギー、ドイツ、イタリアの4カ国は、いずれも米軍が参加する北大西洋条約機構（NATO軍）と地位協定を結んでおり、いずれも米軍の活動に原則国内法が適用されており、日米地位協定とは大きな差異があると指摘している[90]。

（2）米軍用地強制使用に関する代理署名の問題

　1995年、米軍用地の契約切れを2年後に控え、駐留軍用地特措法に基づく軍用地の強制使用手続が始まっていた。

　この駐留軍用地特措法の正式名称は、「日本国とアメリカ合衆国との間の相互協力および安全保障条約に基づく施設及び区域並びに日本国における合衆国軍隊の地位に関する協定の実施に伴う土地等の使用に関する特別措置法」である。駐留軍用地特措法は、在日米軍基地の確保という軍事目的のための土地収用について定めたものである。

　この法律が制定されたとき、沖縄は米軍の統治下にあった。この法律は専ら本

90　この地位協定の問題性については、前泊博盛『本当は憲法より大切な「日米地位協定入門」』（創元社、2013年）が必読文献である。及び、山本章子『日米地位協定』（中公新書、2019年）も重要である。

土における米軍基地を確保する際に土地を収用（使用を含む）するために用いられた[91]。しかし、安保条約、地位協定、駐留軍用地特措法が批准、あるいは制定されたときは、沖縄はまだ復帰していなかった。当時、安保条約も地位協定も特措法も沖縄に適用されなかった。これらの法律をはたして、沖縄に適用できるものであろうか、また特措法は沖縄にだけ適用される法律なのである。

なお、本法によれば、①地主が契約拒否をした場合には、市町村長が代理署名を行うことになっており、さらに、②市町村長が代理署名を拒否した場合には、都道府県知事が代理署名を行うことになっている。ところで、起業者である防衛施設庁は、沖縄県知事が代理署名を行うことと思い込んでいた[92]。

しかし、1995年9月4日、三米兵による少女暴行事件が起こり、沖縄県民の怒りが爆発した。こうした中で、大田沖縄県知事は9月28日、県議会で代理署名拒否を表明した。なお、少女暴行事件に抗議する10・21県民総決起大会には85000人が参加した。

大田知事が駐留軍用地特措法に基づく代理署名を拒否したことにより、村山内閣総理大臣は地方自治法151条の2により、職務執行命令訴訟を福岡高裁那覇支部に起こした。3ヶ月で4回の口頭弁論によりスピード審理で結審し、1996年3月25日、国側勝訴の判決が下った。

敗訴した知事は最高裁に上告し、最高裁は小法廷での審理予定を変更して大法廷に移した。最高裁は上告を棄却し、知事敗訴の判決を下した。判決は安保条約・地位協定が合憲であることを前提として、それらに基づく駐留軍用地特措法は合憲であるとした[93]。

最高裁は、1996年8月28日判決で、米軍用地特措法と憲法の関係について、次のように述べる。米軍用地特措法を根拠づける「日米安保条約及び地位協定が、違憲無効であることが一見極めて明白でない以上、裁判所としては、これが合憲であることを前提として駐留軍用地特措法の憲法適合性について審査をすべきである」とし、米軍用地特措法は憲法前文、9条などに違反しないと判断した。

本判決の特徴的なことは、日米安保条約が合憲であることを前提としているこ

91　高良・前掲136頁。
92　代理署名とは、端的にいうと、米軍用地への提供を拒む地主に代わって、県知事が代理で署名を行って、民有地への強制使用を可能とする手続といえる（宮城大蔵＝渡辺豪『普天間・辺野古歪められた20年』（集英社新書、2016年）24頁）。

とである。砂川事件最高裁判決は、日米安保条約は高度の政治性を有し、「司法裁判所の審査には、原則としてなじまない性質のものであり、従って一見極めて違憲無効であると認められない限りは、裁判所の司法審査権の範囲外」にあると判示した。いわゆる統治行為論を使い違憲・合憲の判断を回避した。しかし、本判決は、かなり踏み込んで、「一見極めて明白でない以上、裁判所としては、これが合憲であることを前提」として判断を下している。それゆえ、最高裁判決は砂川事件判決を意図的に読みかえたものであると指摘されるのである[94]。

　以上の経緯を要約すると、次のようになる。1982年、公用地暫定使用法の延長期限切れのため、駐留軍用地特措法の適用に踏み切った。1990年、県知事に就任した大田昌秀知事は、契約を拒否する地主の土地を強制使用する場合、県知事が代理署名や公告・縦覧という手続を行わなければならないが、この時は行った。4年後の1995年、大田知事は、軍用地を強制使用するための代理署名について応じない決定を行った。そして、国から代理署名の職務執行命令訴訟が提起され、1996年、最高裁によって上告が棄却されて、県の敗訴が確定する。これを受けて大田知事は公告・縦覧代行に応じた。

　しかし、沖縄の要求する日米地位協定の改定要求に消極的な日本政府に対して、大田知事が代理署名を拒否する意向を固めたことが、「日米安保体制を揺さぶり、打開策として普天間基地返還合意という『サプライズ』が浮上する。……一方で、日米地位協定については改定ではなく運用見直しで改善策を図ることとなった」[95]と言われる。

　1997年4月、橋本内閣は特措法改正を閣議決定し、同月中に成立させた。その結果、県知事が代理署名を行うという抵抗の手段が閉ざされてしまったのである[96]。

　その後、1998年11月の県知事選挙で稲嶺恵一が自民党の支持を受けて当選した。1999年11月、稲嶺は普天間移設の候補地として、名護市辺野古沿岸域とする旨を決定した。これを踏まえて、政府は12月28日、辺野古への代替施設建設を閣

93　高良・前掲83頁。
94　星野安三郎＝古関彰一『日本国憲法［平和的共存権］への道』（高文研、1997年）古関229頁。
95　宮城・前掲論文53頁。
96　宮城・前掲論文55頁、吉次公介『日米安保体制史』（岩波新書、2018年）162頁。

議決した[97]。

（3）普天間基地移設返還の問題

1　以上の移設計画は、辺野古への新基地建設に匹敵するもので、当該地域の自然環境を破壊するだけではなく、沖縄県内での米軍基地のたらい回しにすぎないという批判の下に反対運動が起き、自民党政府は米国との約束を果たすことができないでいた。

2　2009年夏の衆議院議員総選挙によって、本格的な政権交代が実現した。2009年民主党の最初の政権となった鳩山政権[98]は、沖縄県宜野湾市の米軍普天間基地（普天間飛行場）を、名護市辺野古以外の場所へ、また、「最低でも県外」、最終的には国外へ移すという方針を掲げた。しかし、鳩山は2010年5月4日に発言を撤回し、辺野古移設方針を沖縄県知事に伝え、28日に辺野古移設を閣議決定し、県外移設は挫折した。県民の失望は大きく民主党政権への信頼が失墜した[99]。

3　その後、2013年12月、第二次安倍政権下、首相と会談した仲井眞弘多知事は、辺野古への基地を移設する際の関門である公有水面埋め立て申請に応じることを示唆した。

4　2014年11月の沖縄県知事選では、仲井眞知事は翁長雄志に敗れた。そして、2015年10月、翁長知事は埋め立て承認の取消しを行い、その後、国と県との訴訟合戦という事態に進んだ。2015年11月2日、沖縄県は、石井国土交通省が翁長知事による埋立て承認取消の効力を停止した決定に対し、総務省の第三者機関「国地方係争処理委員会」に審査を申し出た[100]。石井国土交通相は翁長知事の埋立て承認取消について、知事に代わって撤回する「代執行」に向けた代執行訴訟を福岡高裁那覇支部に提起し、法廷闘争に入った。国が沖縄県知事を提訴するのは、1995年の米軍用地強制使用の代理署名をめぐり、当時の村山首相が大田知事を提訴して以来20年ぶりのことであった。沖縄県は2015年12月25日、石井国交相が沖縄県知事に対して埋立て承認取消の執行停止は違法であるとして、抗告訴訟

97　吉次・前掲163頁。
98　高橋哲哉『犠牲のシステム―福島・沖縄』（集英社新書、2012年）163頁。
99　吉次・前掲190頁。
100　宮城＝渡辺豪・前掲208頁以下参照。

を那覇地裁に起こした。さらに2016年2月1日には、沖縄県の審査申し出を却下した国地方係争処理委員会の決定を不服として、沖縄県が国に対して福岡高裁那覇支部に提訴した。

これにより国と沖縄県は辺野古新基地建設をめぐって三つの訴訟合戦を繰り広げるという事態になった[101]。さらに、今後も再び法廷闘争が繰り広げられることとなるのが確実となる。

以上につき、地位協定の改定、運用の見直しは十分に行われず、また、代理署名については特措法の改正で抵抗の手段が奪われ、辺野古移転への途は混迷しているというのが現状であろう。

宮城大蔵は次のように総括している。沖縄基地の「固定化と恒久化があからさまになったこの20年であった」と。「このままの反対を押し切って辺野古に新基地を建設したとして、果たして沖縄米軍基地をとりまく政治的環境の安定は確保できるのか。日米安保の長期的な安定に資するものになるのか。軍事上の必要性は政治的な許容範囲の中にあってこそ、持続可能なものとなる。それは沖縄という一地域だけではなく、日本全体の安全保障に直結する問いである」[102]。

大状況についてはガルトゥングの説を聞くべきであると考える。彼は次のようにいう。沖縄の人びとを苦しめる基地問題は一見解決不可のように見えるが、じつは解決策がある。すべての米軍基地を日本から撤退させればよい。この撤退を提案する理由は、日本は米軍基地がなくても安全を確保できる。むしろない方が創造的な平和政策を遂行しやすくなり、東アジアの調和と安定に貢献できる[103]。しかし、それは必ずしも安保廃止を意味するものではない。日本ははるかに望ましい政策—紛争を解決し、積極的平和を構築し、安保を引き出しにしまっておく—を採用できる可能性があると考える[104]。

101　宮城＝渡辺豪・前掲210頁。
102　宮城・前掲論文58頁。
103　ヨハン・ガルトゥング『日本人のための平和論』御立英史訳（ダイヤモンド社、2017年）33頁参照。
104　ヨハン・ガルトゥング『日本人のための平和論』39頁。

むすび

　本章で述べてきた沖縄と本土の戦後史を振り返るとき、今日まで、日本は果たして主権国家であるといえるのか、が問われてきたということである。日本は1945年8月15日以来、今日まで米国に占領され続けている。占領は日本の奥深くまで浸透し、植民地レベルに達している。この状態から脱しない限り、日本は独自の方法で東アジアの平和に貢献することはできない[105]。このガルトゥングの認識に同意する。

　再度繰り返すと、米国に従属していては、日本は主権国家・独立国とはいえない。まず米軍基地を引き上げてもらうこと、そして安保条約を休眠化すること、加えて、日本が再び食糧の自給ができる国になるということが必要である[106]。

　筆者の主張は先ず自衛隊を改編して、それと同時に、日米安保条約の休眠化・有名無実化が展望されるべきであると考えるものである。

　田畑忍はかつて次のような提言を行った。安保条約（これは日米軍事同盟条約であるが）があって、この下に自衛隊法ができている。田畑はこれらを廃止する主張には、これを脱するための平和政策論、脱安保の方法論がないことを指摘し、「脱安保を可能にし、憲法9条を完全に実施する方法はただ1つ、第9条に従って永世中立国日本を実現する以外にない」とし、これが最も容易にできる方法であると述べた[107]。また、田畑は「非武装永世中立の宣言をして、米国との違憲の軍事同盟を友好親善の平和条約にきり変え、また戦力たる自衛隊（陸海空軍等の大戦力）を戦力でない治安救援部隊に改造」することが必要であるという[108]。

　本章はノンフィクション作家・澤地久枝の次の言葉をもってしめくくりとしたい。「アメリカの運命共同体となって、世界の孤児になり、核兵器をふくむつぎなる戦争の当事者になる道から、日本は抜け出すべきであり、それは可能なはずである。容易ならない転換であっても、滅亡への選択を排する以上、その困難に

105　ヨハン・ガルトゥング『日本人のための平和論』116頁。
106　ヨハン・ガルトゥング『日本人のための平和論』122-123頁参照、ガルトゥングは、食糧自給は、戦争が起こって輸入がストップしても食べていけるという意味だけではなく、食糧確保のための戦争を始める必要をなくすという意味でも、国の安全保障の根幹をなすものであり、独立国の条件であるという。
107　田畑忍『世界平和への大道』（法律文化社、1982年）116頁。
108　澤野義一「憲法9条の世界化と非武装永世中立論の考察—田畑忍博士の平和論に即して—」『平和憲法と永世中立論』（法律文化社、2012年）78頁参照。

耐え、現憲法を最高法規とする独立国として生れなおしたい」(『密約―外務省機密漏洩事件―』(岩波現代文庫、2006年) 324頁)。今日 (2019年3月) においても、生きている言葉である。

第 2 部

戦争廃絶・軍備撤廃の平和思想

第 5 章　良心的戦争拒否（Conscientious Objection）の思想

1　問題の所在
2　良心的兵役拒否の生成と展開
　（1）CO（Conscientious Objection）の今日的定義
　（2）CO（Conscientious Objection）免除の背景
3　宗教の自由と兵役拒否
　（1）一般的兵役拒否とシーガー判決
　（2）選択的兵役拒否と修正 1 条の宗教条項
　（3）政治的兵役拒否
4　選択的兵役拒否と憲法上の根拠
5　結語

　評論家・佐高信は、作家・澤地久枝との対談『世代を超えて語り継ぎたい戦争文学』（岩波現代文庫、2015年）の中で、木村迪夫（きむらみちお）詩集を紹介している。
　山形の農民詩人、木村迪夫（みちお）は『木村迪夫詩集』で、逆縁に泣く「祖母のうた」をうたう。

　　しゆっせぐんずん（出征軍人）は
　　いくさのかどに
　　ははつまよんで
　　わしのいねあど
　　このこたいせつに
　　もしもせんそうにでたとのしらせ
　　きいたとて
　　なくな

　　なだて（どうして）なきましよ

わしもあなたのははじゃもの
　　みくにのおんためすすみゆけ
　　のこるこのこはいとわねど
　　のこるははつま
　　みのほまれ

　木村の祖母は、木村の父と叔父、つまり、二人の息子を次々といくさによって奪われた。「みくにのおんためすすみゆけ」と言われ、そして、自らも言ってである。戦死の知らせは叔父の方が早く届いたが、続いて父の死を知った祖母は「三日三晩泣きとおした」のだった。
　「ばばはん、まま（飯）くてけろ」
と木村の母親である嫁が呼びかけても泣き続け、食わないと死んでしまうと言うと、
　「死んだほえ（死んだ方がいい）、死んだほえ」
と食膳に向かうことを拒否した。そして、
　「天子さまのいたずらじゃあ！」
　「むごいあそびじゃあ！」
と叫びながら、以後、神棚に手を合わせることがなくなったのである。

　　にほんのひのまる
　　なだてあがい
　　かえらぬ
　　おらがむすこの　ちであがい

　「祖母のうた」はさらにこう続く。
日本の日の丸はどうして赤いのか。こう問いかけて、木村の祖母は自ら答える。還らぬ自分の息子の血で赤いのだ、と。

　　ふたりのこどもをくににあげ
　　のこりしかぞくはなきぐらし
　　よそのわかしゅう（若衆）みるにつけ

うづ（家）のわかしゅういまごろは
さいのかわらでこいしつみ

この祖母おはんと共に木村は「泣いたって仕方がないと知りながら、泣きながら生きてきた」という。

佐高信「何を学ぶべきか」澤地久枝＝佐高信『世代を超えて語り継ぎたい戦争文学』（岩波現代文庫）vii 頁。

1　問題の所在

　人々が国家をもたざるをえなくなって以来、国家の政策と個人の良心の衝突は、デリケートで難しい問題を引き起こしてきた。とりわけ国家の戦争政策と個人の良心が相克する場合にいちじるしかった。それゆえ。国家の政策 v. 個人の良心の対立・葛藤は、〈忠誠相克〉の問題として、あるいは、〈抵抗権〉〈悪法論〉の問題として、政治学・政治哲学・法哲学・憲法学の諸分野において、永遠のテーマとして論じられてきたのである。しかし、どのような論であれ、その歴史的・社会的状況の刻印をまぬかれることはできない。

　本章では良心的兵役拒否（Conscientious Objection）の問題を扱う。主としてアメリカ合衆国における問題を、とりわけ最高裁判所の判例法理を問題とするが、必要な限りで日本の問題にも言及する。

　1960年代のアメリカのベトナム戦争への介入は、人々の良心・理性をして国家の戦争政策に疑念をもたせたものはなかった。国家は選抜徴兵制度の下に、良心的な人々をして厳しい立場においた。人々は沈黙して法を守るのか、あるいは法を破るのか、二者択一を迫られた。そこにおいて、良心的戦争拒否者といわれる人々は自らを困難な道におきながら政府にするどい疑問をつきつけドラスチックな形で国家主権と対峙し、個人の良心の正当性を主張しつづけたのであった。

　そのような中で、古典的兵役拒否から選択的兵役拒否・政治的兵役拒否へという展開がみられた。本章では、平和と人権の接点に位置する〈良心的兵役拒否（者）〉の問題を、その母国であるアメリカ合衆国に焦点を当てて、それにまつわる諸問題を検討してみよう。

　日本においては、平和の思想である良心的兵役拒否の思想は十分に定着した思

想となることはなかった[1]。それ自体、考究に値するテーマであろう。戦後、徴兵制のない日本においては、良心的兵役拒否の思想の現代的発現形態と考えられる〈良心的軍事費拒否〉が一般の市民によって試みられた[2]。兵役義務をもたない日本で、一般市民が軍事とかかわりあうのは納税義務においてであるが、この一般的納税義務を前提として、良心的兵役拒否の思想の展開を試みようとしているのが良心的軍事費拒否論者である。この思想と運動の動向は、平和の思想を受け入れる風土が不十分である日本において注目してよいであろう[3]。

　この良心的兵役拒否を受け入れる風土ということについて、例えば、憲法9条の改正問題に関し、「安全保障体制のあり方は憲法ではなく民主的立法で決定し、憲法は『もし戦力を保有するなら徴兵制を採用し、良心的拒否権を保障すべし』という条件付きの制約を課すべき」という法哲学者・井上達夫の主張がある。保阪正康は、この「良心的拒否権を保障すべし」について、「日本人はそれ

1　日本において、良心的兵役拒否に関する研究が集中的にあらわれ出すのは1960年代半ばころからである。主要な研究文献を若干あげると、阿部知二『良心的兵役拒否の思想』（岩波新書、1969年）、日本友和会編『良心的兵役拒否』（新教出版社、1967年）、大熊信行『兵役拒否の思想』（第三文明社、1972年）、高田哲夫「良心的兵役拒否について」『わだつみの声』1965年12月号、佐藤功「良心的反戦論者の問題」『憲法研究入門（中）』（日本評論社、1966年）、宮田光雄『非武装国民抵抗の思想』（岩波新書、1971年）、滝沢信彦「良心的兵役拒否における抵抗の原理」『徳山大学論叢』1巻1号（1971年）、同「良心的兵役拒否における良心の問題」『徳山大学論叢』2号（1972年）、笹川紀勝「良心的兵役拒否権―ボン基本法第4条第3項の構造と特質(1)(2)(3)」『北大法学論集』18巻1、2、3号（1967年、1968年）、結城光太郎「良心的反戦論と良心の自由」『続憲法演習』（有斐閣、1967年）、稲垣真美『兵役を拒否した日本人―灯台社の戦時下抵抗』（岩波新書、1972年）、阿部照哉「良心の自由と反戦平和運動」（田畑忍教授古稀記念論集）『現代における平和と人権』（日本評論社、1972年）、高柳信一「宗教の自由―神に対する義務と国家に対する義務の衝突」（有倉遼吉教授還暦記念）『体系・憲法判例研究Ⅱ』（日本評論社、1974年）、古川純「良心的戦争拒否の意味するもの」『国家論研究』12号（論創社、1977年）、内田晋「米国における良心的兵役拒否」『レファレンス』64号など。
2　1972年10月、名古屋の伊藤静男らの弁護士が憲法上の抵抗権を主張して、自衛隊のための税金支払拒否訴訟を名古屋地裁に提訴した。また、1974年11月23日、絶対的平和主義をモットーとするメノナイト派のクリスチャンを中心として「良心的軍事費拒否の会」が設立され、実践的な活動を行った。1976年に、納税拒否についての処方箋を示した大野道夫『おりぶのめばえ―良心的軍事費拒否のハンドブック』が同会からだされている。日本における良心的軍事費拒否の思想と実践を知ることができる有益な文献である。及び、稲垣真美「奉仕活動と軍事費拒否の間」『良心的兵役拒否の潮流―日本と世界の非戦の系譜―』（社会批評社、2002年）189頁以下参照。
3　この運動に一定の評価を与えるものに、星野安三郎『平和に生きる権利』（法律文化社、1974年）、古川純「良心的戦争拒否の意味するもの」『国家論研究』12号38頁。

を許しませんね。そんなことが可能ですか。この国はそれほど個人が自立していますか」[4]と述べ、続けて、「井上氏が主張するように『厳しい代替的役務を課す』としたところで、兵役を拒否したらこの社会で生きていけないです。そこまでこの国の民主主義体制はできあがっていません」「この国の地域共同体というのは『良心的兵役拒否』が通じるような社会じゃないです。良心的拒否権の行使を阻む最大の理由は、そんな不公平は許されないといった類いの、非情に情緒的な感情なのだと思う。国のために死地に赴く者がいるのになんでお前は、と憤るような感情が反射的に生まれるのではないか」[5]という。

これに対して、政治学者の宮田光雄は、良心的兵役拒否を次のように位置づける。良心的兵役拒否は、一般的にいえば、国家や社会の迫害にさらされながらも、みずからの信じるところに従って、武器を手にする戦争への参加を拒否する行為を意味する。それは、たんなる厭戦感情とか、消極的な動機からする兵役忌避とは異なり、流血と戦争にたいする反対という明確な良心的決断に貫かれている。このように規定することは、むろん、良心的根拠にもとづく行動のみを英雄主義的に賛美しようというのではない。他者の生命を殺すことを拒否する、〈積極的な〉動機づけに注目しようというのである[6]。

本章と次章では、日本の社会的風土を念頭に置きながら、前者の問題性（保阪正康）を十分に意識しつつ、後者の立場（宮田光雄）に共感し、その意義を重視する立場から本問題を考えてみよう。

2　良心的兵役拒否の生成と展開

（1）CO（Conscientious Objection）の今日的定義

良心的兵役拒否というのは　Conscientious Objection　の訳語である[7]（以下、

4 　半藤一利＝保阪正康『憲法を百年いかす』（筑摩書房、2017年）保阪・193頁。
5 　保阪・前掲194頁、なお、第二次世界大戦下の良心的兵役拒否者の国家からの逃亡生活を描き、良心的兵役拒否を重要なテーマとしたのが、丸谷才一の小説『笹まくら』（新潮文庫、1974年）である。文芸評論家の川本三郎は本書の解説の中で「皮肉なことに、彼は、戦後社会のなかで自分の居場所がない。せっかく徴兵忌避に成功し、平和な時代に帰還したのに、彼の心は弾まない。……そして、彼は、戦争が終って20年たつのに、徴兵忌避を取り沙汰され、職場から放逐されていく。平和な筈の戦後社会も、結局は、戦前と変わらないのではないかという丸谷才一の苦い認識に粛然とさせられる」という（同書424頁）。
6 　宮田光雄『山上の説教から憲法9条へ』（新教出版社、2017年）88頁。

CO ないし、CO 者と略す)。日本においては十分に熟した言葉とはならなかった。それゆえ、論者の CO 観によって訳語の使い方は多種多様である。例えば、良心的反対者、良心的拒否者、良心的戦争反対者、良心的反戦者、良心的参戦拒否者、良心的徴兵拒否者、良心的兵役忌避者、良心的兵役拒否者等の使い方がなされている[8]。

本来、CO は戦争にだけ関係したものではなく、あらゆる強制的服従に対する良心的ためらい (Scruple) を意味していた。例えば種痘の拒否等の意味に用いられていた[9]。これが徴兵制の採用に伴い、しだいに良心的徴兵拒否、良心的兵役拒否の意味に用いられるようになってきた。さらに戦争性格の変化に伴い、つまり古典的な戦争から全面的な戦争、核戦争へと変化するにつれ、徴兵、兵役拒否だけでなく、勤労動員、産業徴用を拒否する者や、さらに軍事費に相当する税金の支払いを拒否する者までが出てくるにいたり、CO を良心的兵役拒否にだけ限定して使うのではなく、戦争税拒否者、戦争の宣伝、兵器の製造等戦争への協力を拒否する人をも総称して〈良心的戦争拒否者〉という使い方が行われることになるのである[10]。それゆえ、筆者は CO を一般的には戦争拒否者という意味で考えているが、本章においては主として選択的兵役拒否を分析の対象としているため、兵役拒否の意味で限定して用いることにする。

それでは、CO の良心的 (Conscientious) とは何を意味するのであろうか。歴史的には「宗教上の理由」という意味から出発してきたといわれている[11]。また現在も CO の立場をとる者は宗教者、とりわけキリスト教徒が大部分をしめている。しかし、宗教上の理由からだけではなく、ヒューマニズム、科学的平和主義等の立場からの CO がみられるようになったのである。稲垣真美は『兵役を拒否した日本人』[12]の中で、「兵役拒否は、徴兵忌避が本質的に逃げの行為であるのにくらべて、はるかに積極的な正面切っての抵抗である。それは軍隊内で、あるいは召集にあたって、逃げもかくれもせず、自己の信条と良心にもとづいて銃をと

7 　高田哲夫「良心的兵役拒否について」『わだつみの声』1965年12月号 8 頁、佐藤功「良心的反戦論者の問題」『憲法研究入門 (中)』(日本評論社、1966年) 187頁以下。
8 　高田・前掲論文 9 頁、古川・前掲論文33頁。
9 　Sibley and Jacob, Conscription of conscience：Cornell University. 1952.
10 　高田・前掲論文 9 頁、古川・前掲論文33頁。
11 　高田・前掲論文10頁。
12 　稲垣真美『兵役を拒否した日本人』(岩波新書、1972年) 11頁。

2 良心的兵役拒否の生成と展開　　*191*

らないことを、軍務を一切拒否することを、軍の組織そのものにつきつけることなのである」として、単なる怠惰や卑怯から戦争を回避する者と[13]、自己の内的な良心に照らし、善悪の確信をもって戦争を拒否するものとを明確に分けている。ここに良心的という意味のポイントがあるのではないかと思う。一方、国家の側はCO者を兵役免除する際、良心的という意味を「宗教的理由」[14]に限定しようとしてきた。とりわけアメリカ合衆国においてはそうだったのである。この点は後に検討する。

(2) CO (Conscientious Objection) 免除の背景

　アメリカ政府が軍務を拒否する個人の権利を承認してきたことについては、信仰の自由への配慮というものがあった。もし国家に優位する忠誠がありうるなら、それは良心、特に宗教的意味での良心でなければならないということであった。

　かくして議会は戦時において、人々を徴兵する憲法上の権限をもっているにもかかわらず[15]、宗教的信念に基づく兵役義務履行拒否について、古くから立法において容認した[16]。また判例において、その免除の範囲を拡大してきたのである。

13　このような立場から良心的徴兵忌避を位置づけるのはホッブスである。田中浩「ホッブス」『国家思想史（上）』（青木書店、1974年）63頁、佐々木高雄「トマスホッブスと暴君放伐論」法律時報1977年2月号59頁。

14　CO免除の要件は、例えば、かつて西ドイツでは「良心上の理由」、フランス・ベルギーは「哲学上の理由」、東ドイツは「宗教上の若しくは同様の他の理由」であった。詳しくは、結城光太郎「良心的反戦論と良心の自由」『続憲法演習』（有斐閣、1967年）85頁別表、参照。

15　Arver v. U.S., 245US 366（1918）. 平和時において、議会が徴兵権限をもっているかどうかは未解決の問題である。徴兵は国家の安全と福祉を保障する合理的な方法であるとして、COの容認は立法部の恩恵の問題であると従来は考えられてきた。それでは、〈連邦議会は全く兵役免除を否認しうるか〉について一言しておくと、Sherbert判決を経た今日、修正1条の権利の侵害を正当化しうる場合は、ぜひとも守らねばならぬ政府の利益が信教の自由より重要であるということが論証された場合だけである。それゆえ、あるもっともらしい見せかけだけの国家利益との合理的な関係があることを単に示すだけでは十分ではないということである。修正1条のような憲法上の領域においては、宗教行為により至上の利益が危険にさらされるようなきわめて重大な濫用がもたらされ、かつ、信教の自由を制限することなしに国家利益を保護するに、何ら代替的方法がないということを国家が示した場合にはじめて信教の自由は規制の対象となるのである。このようなSherbertテストに立つならば、従来とられていたCO者を議会の恩恵（legislative grace）の問題であり、憲法上の要求ではないとする立場は根拠をもたないこと明白である。

16　もとより法制的には植民地時代にこの問題は出発するが、CO免除法制史の記述は必要最小限にとどめた。詳しくは、阿部知二・前掲書等を参照。

南北戦争と第一次世界大戦において、議会は、COの要件を一切の武器をとることを禁じている歴史的平和教会（メノナイト、ブレズレン、クエーカーなどの宗派）の会員である場合に限り、CO者として容認した。1917年兵役法は、「いかなる形においても戦争へ参加することをその会員に禁止する信条ないし教義をもっていると一般に認められている宗派に属するもので、その信条ないし教義に従って戦争を拒否する宗教的確信をもっている者」を、軍務から免除した[17]。

そのような免除の範囲が、第二次大戦下において制定された1940年兵役法において、「宗教的修養と信念（religious training and belief）によりいかなる形の戦争への参加を良心的に拒否する者」へと拡大された[18]。ここにおいて、CO者の免除要件は「歴史的平和教会」の会員という要件から「個人の宗教的修養と信念」という要件へと移ったのである。

この「宗教的修養と信念」の解釈をめぐって、二つの連邦巡回控訴裁判所において対立がみられた。一つは第二巡回区控訴裁判所のとった立場で、U.S v. Kauten (1943) 判決において、宗教的修養と信念を"内なる良心の声"という意味に理解し、できるだけ宗教的要件を広げるように解釈するものであった。一方、第九巡回区控訴裁判所は、Bermen v. U.S. (1946) 判決において、宗教的修養と信念を伝統的な神信仰を含むような立場をとり、要件を厳格に解釈するものであった。

1948年、議会は以上の解釈の対立を解消すべく、バーマン判決を採用して、1948年選抜徴兵法の免除要件を次のように規定した[19]。「本節に定められたことは、宗教的修養と信念を理由としていかなる形の戦争参加へも良心的に反対する人々を合衆国軍隊の戦闘訓練および役務に服せしむべきことを要求すると解されてはならない。<u>この場合の宗教的修養と信念はいかなる人間関係から生ずる義務よりも高次の義務を含む至高の存在（Supreme Being）に対する関係での個人の信仰をいい、それは本質的に政治的、社会学的、もしくは哲学的な見解、または単なる個人的道徳律は含まない</u>」（下線引用者、以下同様）。この規定が、1965年、連邦最高裁が、合衆国対シーガー判決において、CO者に対して憲法判断を行ったところの法令上のCO者免除要件であった[20]。

17　Act of May 18, 1917, ch 15, 40 Stat 76.
18　Selective Training and Service Act of 1940, Ch. Article5 (g), 54 Stat 885.
19　Universal Military Training and Service Act., 50 U.S.C. §456 (j).

アメリカにおけるCO問題の理解を助けるためにCOの形態を大きく分類しておくと、次の四つが考えられる。①あらゆる戦争への参加を、宗教的理由で拒否する場合（クエーカー等の歴史的平和教会に属する人々の場合）、②あらゆる戦争への参加を、非宗教的理由（倫理的＝人道主義的モティーフ）で拒否する場合、③ある特定の戦争への参加を、宗教的理由で拒否する場合（ローマ・カトリック教徒の場合）、④ある特定の戦争への参加を、非宗教的理由（政治的＝理性的モティーフ）で拒否する場合、である。あらゆる戦争を拒否する①②の場合が、通常、一般的兵役拒否者と呼ばれ、ある特定の戦争を拒否する③④が選択的兵役拒否者とよばれている。アメリカの場合、伝統的には①の場合だけがCOを容認されてきたのであるが、シーガー判決において②の場合が憲法判断を求められることとなった。

3　宗教の自由と兵役拒否

（1）一般的兵役拒否とシーガー判決

以上のような背景の中で、シーガー判決において[21]、1948年兵役法のCO者免除条項の合憲性が、修正1条との関係で争われることとなった。合衆国憲法修正1条の宗教条項は次のように規定されている。「連邦議会は、国教の樹立を規定し、もしくは信教上の自由な行為を禁止する法律……を制定することはできない」[22]。前半が国教定立禁止条項で、後半が宗教の自由活動条項となっている。

この事件のシーガーは、先に分類した②のいかなる形の戦争参加をも良心的に拒否する非有神論的CO者であった。彼は、神の存在に対する自分の懐疑や不信仰を認めながら、「それ自身のために追及されるべき善や徳に対する信念と献身、並びに純粋に倫理的な信条に対する宗教的信仰」[23]をもっていることを明ら

20　U.S. v. Seeger, 380 US 163 (1965).
21　シーガー判決については多くの文献で言及がなされている。参照した主要なものを若干あげておく。Macgill, Selective Conscientious Objection: Divine Will and Legislative Grace, 54 Va.L.Rev.1355 (1968); Note Conscientious Objection: Recent Developments and A New Appraisal 70 Colum. L. Rev. (1970); Norman Redlich and Kenneth R Feinberg, Individual Conscience and The Selective Conscientious Objector, N.Y.Univ. l. . Rev. (1969); Timothy G. Todd, Religious and Conscientious Objection, Stan L. Rev. (1969). 日本において、シーガー判決を紹介したものに、高柳信一「U.S. V. Seeger 一人格神信仰にもとづかない良心的戦争参加反対」『アメリカ法』(1966年2号)、滝沢信彦「良心的兵役拒否における良心の問題」『徳山大学論叢2号』がある。
22　宮沢俊義編『世界憲法集（第4版）』（岩波文庫、1983年）51頁。

かにして、CO者資格認定を申請した。

この兵役法のかかえている疑義は、至高の存在を信じているCO者にだけ兵役免除を与えることによって、至高の存在を信じていない宗教的CO者を排除し、また、非宗教的CO者（倫理的COや無神論、不可知論）を排除して、宗教的CO者に恩恵を与えるという点で、修正1条の宗教条項と修正5条のデュープロセス条項を侵害するのではないかということであった。

これに対して、連邦最高裁は新しいテストを示し、宗教の伝統的定義を広げた。そのテストは次のように定式化された。「真摯にして有意義な信仰がその持主の生活において、疑いの余地なく兵役免除に該当する人々によって占められる地位とパラレルの地位を占める場合、その信仰は制定法の定義に該当する」[24]。このように、"至高の存在"という表現を非有神論的な宗教をも含むように定義することによって、当該法令のもっている違憲性の問題をなくすようにつとめた。

しかし、このような連邦最高裁の定義は次のような問題を残すものであった[25]。①最高裁は、法律の最も重大な弱点である有神論を非有神論に優位させているという点について考察を行わなかった。②最高裁は、人々の宗教的信念に反して徴兵を行う点にかかわる修正1条の"宗教の自由活動条項"の限界についての考察をも行わなかった。③シーガー判決において定義されたような宗教が、至高の存在への信念という伝統的な宗教概念をこえて広げられるなら、また、明らかに兵役免除資格のある人々の神とパラレルな地位を占める意味深長な信念を含むなら、このような定義の中に、政治的、社会学的、哲学的根拠で誠実に戦争を拒否する人々は含まれないのであろうか、あるいは、単なる個人的な道徳律に基づいて良心的に戦争に反対する人々は含まれないのであろうか、ということである。かくして、この宗教の広げられた定義は、選択的兵役拒否への展望を開いたといえる。

こうした中で、1967年、議会は選抜徴兵法の免除条項から〈至高の存在〉規定を削除し、「**本節に定められたことは、宗教的修養と信念によって、あらゆる形**

23　U.S. v. Seeger, 380 US 163, 166.
24　ibid. at 176.
25　Redlich & Feinberg. op cit., at 878.

態の戦争参加に良心的に反対する人々を合衆国軍隊の戦闘的訓練に服せしむべきことを要求すると解されてはならない。宗教的修養と信念は本質的に政治的・社会学的・哲学的な見解または個人的な道徳律を含まない。」[26]と修正した。このような議会の修正は、宗教的動機によるCO者のみが、軍務を免除されるということを明白にしたということができる。

　1970年、Welch v. U.S. において[27]、CO申請者のウエルシュは、自分の戦争拒否の信念を、歴史や社会学の分野における読書によって形成されたと主張して、信念を宗教的なものであるとすることを明確に否定した。しかしながら、連邦最高裁はシーガー・アプローチを使って、ウエルシュの兵役免除を容認した。このよう柔軟な法令解釈を行わなかったなら、有神論を非有神論に優越させて、違憲の宗教の定立になるという危惧が最高裁の論理にはあったといえる。

　このようにして、あらゆる戦争を拒否する一般的兵役拒否者は、その拒否の根拠が非宗教的理由によるものであれ、シーガー判決、ウエルシュ判決の柔軟な法令の解釈ルートを使いうるということが明らかになった。しかし、ある特定の戦争を拒否する選択的拒否者の場合、法令が、明白に〈あらゆる戦争参加〉の拒否を兵役免除要件としているため、シーガー・アプローチを使いうる可能性は全くない。選択的兵役拒否者の問題において、連邦最高裁は、シーガー、ウエルシュ両判決で回避することのできた憲法上の難問に直面せざるをえなくなった。

（2）選択的兵役拒否と修正1条の宗教条項

　選択的兵役拒否の問題はベトナム戦争を契機として登場してきた[28]。この選択的兵役拒否者は、ベトナム戦争を不正義・不道徳なものと考え、政府の遂行する戦争の共犯者となること、また他の民族への加害者となることを拒否したのであった。

　選択的兵役拒否者の問題は修正1条の宗教条項の下で次のような議論が考えられうるものであった。まず、先に分類した③の形態の宗教的根拠に基づく選択的CO者の場合である。つまりベトナム戦争拒否についての信念が宗教的信仰であ

26　Military Selective Service Act of 1967, 50 U.S.C. App. §456（j）
27　Welch v. U.S., 398US 333（1970）.
28　選択的兵役拒否の議論は、ふるくはトマス・アクィナスやアウグスチヌスにより「正義の戦争」理論として根拠を与えられてきたものである。

る場合、シーガー・テストの下での一般的CO者の信念とパラレルな地位を占めるとき、一般的CO者には兵役免除を容認し、選択的CO者に兵役免除を否認することは、修正一条の国教定立禁止条項を侵害して、ある宗教を他の宗教より優遇することになるのではないか、という問題である。具体的な例でいうと、絶対的平和主義を教義とするクェーカー教徒等を正義の戦争理論という考え方を保持しているカトリック教徒等より優遇することにならないか、ということである。また後者は宗教に根拠をおいているが故に宗教活動条項を侵害することにはならないのか、という問題である。

　国教定立禁止条項の意味について、ブラック判事はエバーソン判決で次のように述べた[29]。「修正１条の国教の定立禁止条項は少なくとも次のことを意味する。州ならびに連邦政府いずれも、教会を定立することはできない。いずれの政府も、一つの宗教を援助する法律、あるいはすべての宗教を援助する法律、または一宗教を他の宗教より優遇する法律を制定することができない」。

　このような判例法理の下で、選択的CO者の信念が"宗教"に根拠をおいている場合、拒否を容認しないとするならば、その兵役免除拒否条項は国教定立禁止条項を侵害して違憲ということにならざるをえないであろう。というのは先に言及したごとく、兵役免除を承認するにあたって、宗教の間に区別をおくことは、国教定立禁止条項が明らかに排除している〈一宗教を他の宗教より優遇する〉ことになるからである。宗教に根拠をおく選択的CO者の場合、宗教の自由活動条項も有力な保障の根拠となる。

　ひとたび政府がある宗教団体を法の範囲から免除することを決めるならば、宗教間のえり好みを行うことはできないのである。それゆえ、選択的CO者の信念が宗教的なものであるならば、修正一条の宗教条項の下で、その立場は確固としたものであるといえる。

　それでは次に、先に分類した④の形態の政治的根拠・理由により、ある特定の戦争を拒否する場合を検討してみよう。もし選択的CO者の信念が政治政策の見解に由来しており宗教的信念を構成しないのなら、そのとき、宗教の自由活動条項によって保護されることはなくなってしまう。それでは次に、宗教的根拠に基

29　Everson v. Board of Education, 330 US 1 (1947), Torcaso v. Watkins, 367 US 488 (1961).

づく一般的 CO 者に兵役免除を与え、政治的 CO 者に免除を与えないことは、国教定立禁止条項の中立性の原則を侵害しないであろうか。この点、宗教的 CO 者に兵役免除を与えることは、ただちに非宗教より宗教を優遇した国教の定立となるものではない。もしこのように理解しないならば、宗教自由活動条項と国教定立禁止条項は、宗教的自由の保護において、パートナーとなるよりも、むしろ敵対的なものとなってしまうであろう[30]。しかし、CO 免除を求めている宗教的良心を、CO 免除を求めている世俗的良心に優越させることになれば、あるいは、有神論に基づく選択的 CO 者を非有神論に基づく選択的 CO 者に優越させるということになれば、国教定立禁止条項を侵害するおそれがでてくるであろう。

　以上からして、選択的 CO 者の場合、拒否の根拠が宗教的信念に動機づけられている場合、あるいは十分に良心的根拠をもっている場合、修正一条の宗教条項の下で救済されるであろう。しかし、単なる政治政策についての見解の相違に根拠をおいている場合は救済の根拠として、修正一条の宗教条項では不十分であるということになるかも知れない。

　選択的兵役拒否者についての修正一条の下で議論の可能性は以上のようなものであったが、1971年に連邦最高裁はジレット判決において[31]、選択的兵役拒否の問題に判断を下すことになったのである。この事件の CO 申請者の一人ジレットは人道的理由による選択的拒否者であり、もう一人の CO 申請者ネーグルは「正義」の戦争と「不正義」の戦争を区別するカトリック的自然法観に基づく選択的拒否者であった。連邦最高裁はマーシャル判事が法廷意見を書き、8対1で（反対意見はダグラス判事のみ）、選択的兵役拒否を否認した。理由は次のようなものである。

　1　1967年兵役免除条項はあらゆる戦争への参加を良心的に拒否するということを要件としているため、特定の戦争拒否はこの要件に合致しないとして、法文解釈の問題で選択的兵役拒否を処理した。それではこのように解釈された兵役免

30　この点の詳しい議論については、Norman Redlich and Kenneth R Feinberg op. cit., at p.884-885.
31　Gillette v. U.S. 401 US 437（1971）. 奥平康弘「Gillette V. U.S ―特定の戦争参加することは反対の者は、良心的兵役免除は認められず、かく解しても兵役法は合憲である」『アメリカ法』1972年2号、滝沢信彦「強制兵役と良心の自由―合衆国最高裁判所の『選択的』兵役拒否事件判決をめぐって」『北九州大法政論集』4巻1号。

除条項は、修正一条の宗教自由活動条項に違反しないであろうか、兵役免除につき政府は宗教上中立であるといえるであろうか。

　2　この点につき、修正一条の国教定立禁止条項と兵役法の兵役免除条項との関係で、修正一条の国教禁止条項の目的は、宗教の事柄において、政府の中立性を確保することであるが、政府の活動が宗教領域にかかわる場合、その活動の目的が世俗的（secular）であり、その作用が公平（evenhanded）であり、かつその基本的効果が中立的（neutral）でなければならないとした。兵役免除条項は「宗教的修養及び信念」を要件としているが、それ以外に戦争に対する考え方について宗教上の問題に差別を行っているものではないから、何らかの宗教を優遇したりするというような意図をもつものではないとし、兵役免除条項は中立性を侵害しているとはいえないとした。また、兵役免除条項は特定の戦争ではなくすべての戦争に反対する者にのみ、兵役免除を与えることによって、むしろ中立性を保持しているとしたのである。というのは、特定の戦争に反対する者に兵役免除をすれば、決定を公平に行うことができなくなると考え、特定の戦争についての考え方は分岐しているので、必ずしも良心上の信条とはかかわりのない政治的な考え方が入ってこざるをえない。こうして、判断要素が複雑となれば、かえって政府は人の思想・信条の中味に立ち入ることになり、公平性と中立性という点からみて危険が増大するし、差別的決定を行う実際的危険が生ずることになるとしたのである。

　3　つぎに修正一条の自由活動条項との関係で、すべての者に兵役義務を課す制度は、CO申請者の宗教上の儀式や慣行をさまたげるものではないとし、選択的拒否者の認定されない苦痛は、政府の実質的利益によって正当化されるとした。

　以上のような理由で、連邦最高裁は、兵役免除条項は国教定立禁止条項を侵害するものではないし、また、選択的兵役拒否者の宗教の自由活動の権利を侵害するものではないとしたのである。

　しかし、唯一の反対意見を書いたダグラス判事が指摘したように、〈良心の自由〉の見地からみるならば、多数意見の正当性はかなり疑わしい。また、マーシャル判事は信教の自由を無視するに政府の実質的な利益、―公平で有効な徴兵制度の維持と民主的決定の保護―をもちだしているが、Sherbertテストにおいて示された「ぜひとも守られねばならぬ」政府の利益が信教・良心の自由より上

回るという論証を欠落させているのである。今日、軍備や徴兵が絶対的な国家利益として無条件に正当化しうるものではないであろう。

（3）政治的兵役拒否

それでは政治的理由にもとづく選択的兵役拒否（以下、政治的兵役拒否と呼ぶ）は、修正一条の保護を求めるに、シーガー・アプローチの下での宗教的信念のレベルにまで達するであろうか。この点について考察を加えたのはレドリッヒ＆フェインバーグである[32]。このレドリッヒ＆フェインバーグは、ベトナム戦争にかかわることは国家利益にとって本質的であるということを受け入れることができないということが、政治的CO者の核心であり、結局、ベトナム戦争への反対の根拠は、政府の外交政策に関する意見の激しい対立からきているとするのである、と述べる。そして、政治政策に関する意見を宗教的信念のレベルに引き上げるにつき、次のような危険性を指摘する。

1　政治政策による拒否と同様な道徳的拒否、例えば、水のフッ化物添加は悪である、あるいは所得税は不道徳である、あるいは公立学校でのバス・コントロールの知識を与えることは合衆国の道徳的基礎を掘りくずすという激しい信念をもっている人々がいるが、このような道徳的信念を今日まで宗教的信念のレベルまで引き上げてこなかった。もしこれらを宗教的信念にまで引き上げるなら、政府が修正一条の宗教の自由活動条項と衝突することなしに、多くの必要な社会的・経済的立法を強行することは不可能となるであろうとする。

2　政治的兵役拒否者の問題を修正一条の宗教条項に組み入れることには別の問題が生じてくるかもしれないとする。多くの政治的兵役拒否者は、彼ら自身、拒否の根拠を宗教的なものとみなかったのであるが、宗教の定義を広げ、宗教を政治政策の見解という点にまで引き下げることによって、宗教の自由それ自身にとっての将来に重大な脅威をつくりだすかも知れないとする。

レドリッヒ＆フェインバーグはそのような脅威の例をシスン判決のワイザンスキー判事の意見の中に見いだしている[33]。CO申請者のベトナム戦争への拒否が保護されるのは宗教的自由が絶対的であるという理由からではなく、"相争う利

32　Redlich & Feinberg. op cit., at 885-887.
33　U.S. v. Sisson, F. Supp. 902, 910.（D. Mass. 1967）.

害"の比較衡量から導き出されるという。この事件ではシスンを徴兵する国益に対して、シスンのベトナム戦争において殺人を行わない利害を比較する。この比較衡量の例をレイノルズ判決のモルモン教徒の一夫多妻を行うことを否認したケース[34]、あるいは、プリンス判決においてエホバの証人の児童を雇用することを否認した例に見いだし[35]、宗教的信念が立法上の政策に反するような行為を要請する場合、この立法政策は信念の"行動"の部分に関しては強行することができるという堅固な原則を表しているとした。

しかし、もしこのように、ワイザンスキー判事の宗教的自由の侵害は、国家的利益の重要性に依存して許されるという結論を容認するなら、宗教の自由に基づく行為の保障は、一般立法が宗教の自由保障の限界を画することによって、宗教の自由を"バランシング・テスト"に従属させる[36]ことになるであろうと指摘する。宗教の自由を破壊する確実な道は、宗教の自由を世俗的な法律に従属させるように宗教の意味を世俗化することであると警告する。

かくして、政治的兵役拒否が保護をうけるに修正一条の宗教条項が十分でないということならば、政治的拒否を宗教のテーブルに引上げるのではなく、他の憲法上の根拠付けを検討しなければならない。

4 選択的兵役拒否と憲法上の根拠

ダグラス判事はジレット判決の反対意見の中で、一般的兵役拒否者はCOを容認され、選択的兵役拒否者はCOを否認されるということは、「良心の自由」と

---

34 Reynolds v. U.S, 980 US 145 (1878).
35 Prince v. Massachusetts, 321 US 158 (1944).
36 Redlich & Feinbergが批判しているのはワイザンスキー判事の比較衡量の方法についてである。なお同判事はシスンを良心の自由から救済している。

日本においても、このようなワイザンスキー判事の判例法理の理解の仕方に異を唱えるのが高柳信一である。高柳はレイノルズ判決とCO判決を神に対する義務と国家に対する義務の衝突という観点の下に、アメリカ判例法理を整理する。モルモン教の一夫多妻は否認され、伝統的なCO者は容認されたのかの判断要因(①「国家に対する義務」の中味の問題、②神に対する義務を優先させた場合、世俗社会としてその不履行を忍ばなければならない義務の性質、③神への義務を優先させた場合、惹起せしめられる義務の拘束度)を摘示し、信仰に基づく行為が政治社会の俗的規律に抵触する場合、世俗権力は当該行為が、同僚市民の基本的自由・人権を直接侵害するものでない限り、宗教の自由に基づく行為として尊重しなければならないとしている(詳しくは、高柳│宗教の自由―神に対する義務と国家に対する義務との衝突」前掲135-144頁)。

いう観点からみた場合、世俗的良心と宗教的良心の類型化にあたり、憲法上許容できないということを主張し、〈CO者は国家によって人を殺すことを要求されうるのか〉[37]、今日までこのことについて裁判所は答えていないと問題点を指摘したのであった。

　人々は、一般的拒否者であれ選択的拒否者であれ、兵役において殺人を行うことが誤った行動であると信じているとき、憲法上殺人を強要されてはならないと考えられうる。

　ジェームス・マディソンは1789年8月[38]、人権宣言の草案を提出するにあたり、宗教的自由の保障と国教定立禁止の保障のためだけではなく、良心の十分にして平等な権利の保障を求めて、議会に次のようなことを要求した。「基本的人権は、宗教的信念や礼拝を理由として奪われてはならない。またいかなる国教も定立されてはならない。良心の完全で平等な権利は、いかなる方法であれ、いかなる理由によってであっても侵害されてはならない」。最終的には、修正一条の宗教条項から良心の権利は落されたが、しかし、そのことは、良心の自由を保障しないということではないであろう。

　このことを裏づけるように、COの歴史は、立法・判例による「良心の自由」の拡大強化であった。シーガー・ケースは良心の自由の一層の強化に向けての第一歩であった。シーガー・テストを厳格に押しすすめて行けば、ジレット判決においても選択的兵役拒否を容認せざるをえなかったであろう。ジレット判決の論理は、シーガー・テストを覆すに十分説得力をもつものではなかったのである。この点、連邦地裁段階で、ワイザンスキー判事はシスン判決において、修正一条の宗教条項は「国教の樹立を規定し、信教上の自由な行為もしくは良心の自由な行為を侵す法律を制定してはならないと読み替えることによって、選択的兵役拒否を要求しうるとしたのである。この修正一条の根底には良心の権利があることをつとに指摘してきたのはダグラス判事、コンビッツ、レドリッヒ＆フェイン

---

[37] Gillette v. U.S. 401 US 437（1971）. 28 Led 2d at p.189. U.S. v. Sisson, op cit, 907, 908. Note, Conscientious Objection, Colum. L. Rev. op cit, p.1431.　選択的兵役拒否について、憲法学の関心を超えて、むしろ政治理論にとって最も関心のあるテーマを提起しているとして、有意な検討を加えるものとして、鈴木正彦「良心的兵役拒否権と平和的生存の権利」『リベラリズムと市民的不服従』（慶應義塾大学出版会、2008年）141頁以下参照。

[38] Redlich & Feinberg. op cit., at 889. 熊本信夫『アメリカにおける政教分離の原則』（北海道大学図書刊行会、1972年）193頁。

バーグ等である[39]。

　ダグラス判事は、良心の権利は特に特に修正一条の本文中に述べられていないとしても、保護を要求しうるに修正一条の核心をなすものであり、言論の権利と同等な地位を占めていることを指摘したが、「良心の権利」をさらに高い価値として承認するのはコンビッツである。その著『信教の自由と良心』[40]の結語において、「良心に憲法上の承認を与えようとするケースは、連邦最高裁によって結社の自由その他〈派生的権利〉の認められたケースよりは重要な意味をもつものとさえなる。というのは、すでに述べたように、良心は母胎であり、かつ母胎となってきたのであり、宗教はそれから派生するものでありかつ派生してきたものである。今日、宗教に〈生命と実体〉とを与えるのは良心である」としたのである。

　以上のような良心の権利の理解からするならば、CO者の拒否が深く誠実にいだかれており、そして政府が良心の権利を侵害しうるにたる不可避の利害関係を論証しえない場合、CO者に殺人を強要することほど、良心に致命的なダメージを与える行為はないであろう。修正一条の良心の権利の承認は選択的兵役拒否者の要求を憲法上許容するのである。そこにおいて人々は良心を宗教のテーブルに引上げる必要がないので、もはや国教禁止条項と自由活動条項の論議は回避されるであろう。

　実際問題としては、拒否が真の良心の要求であるかどうかの判定の問題は残るであろうが、しかし、判定において、一般的CO者を容認することと選択的CO者を容認することとの間に、程度の差をこえて、質の差があるのかどうか、問題である。個人の良心の誠実な保持という観点から判定を行うなら、宗教に動機づけられたCOは容認され、誠実ではあるが選択的兵役拒否は容認しないという従来の手続きに比べると、むしろ行政的不公正は少なくなるであろう。また、宮田光雄の指摘にもあるように[41]、非良心的な兵役拒否者を容認しうる可能性は、良心的権利を侵害する行政的不公正を避けるために支払うべき小さな代価というべ

39　本章では、レドリッヒ&フェインバーグ、ダグラス判事、コンビッツの所説に多くの示唆を得た。
40　Milton R. Konvitz, Religious Liberty and Conscience.（1968）M・R・コンビッツ『信教の自由と良心』清水望・滝沢信彦共訳（成文堂、1973年）157頁。
41　宮田・前掲書214頁、奥平・前掲論文347頁、U.S. v. Sisson, op cit., p.909.

きであろう。

　かくして政治的兵役拒否が良心に動機づけられている場合は、修正一条の根底にある良心の権利が保障の有力な根拠となる。それでは、十分に良心に動機づけられていない政治政策に対する見解に根拠をもっている場合、保障されないのであろうか。その場合、政府は兵役によって殺人を強要しうるのであろうか。

　この点、政治的兵役拒否は修正5条の「生命の尊厳」によって保障されると考えられる。修正5条において、「何人も……正当な法の手続によらないで、生命、自由、財産を奪われることなない……」[42]と生命尊重の原則が定められている。生命の尊厳は民主主義社会において基本的な価値であり奪うことのできない権利である。

　ただ政治的拒否者の場合、一般的拒否者とはちがって、ナチスの体験を経た今日、戦争にかかわらないことがより大きな生命の破壊をもたらすと考えられる場合は、政治的拒否者をして戦争への参加を強いるということもありうるが、しかし、不道徳な戦争において殺人を行うことのためらいをもっている場合は、強制的な殺人を正当化する国家の利益は無視されなければならないであろう。

　さらに政治的拒否者が保護を求めうる別の根拠は修正13条の「意に反する苦役の禁止」条項である。修正13条第1節の「奴隷および本人の意に反する労役は、犯罪に対する刑罰として、当事者が適法に宣告を受けた場合をのぞくほか、合衆国内またはその管轄に属するいずれの地にも存在してはならない」[43]との規定は、不可避の利害関係が欠けている場合、明確に兵役において殺人を行うことを強制されるものではないということを保障している。というのは、人々に課される義務のうちで、強制的殺人を犯す義務より以上に意に反する労役を考えることはむずかしいであろう。

5　結　語

　ジレット判決を詳細に検討した滝沢信彦は、「人を殺すことは国法秩序の中で最も重い罪とされる。殺人者は、ある意味で社会的に抹殺され人格を否定される

42　宮沢編『世界憲法集（第4版）』52頁。
43　宮沢編『世界憲法集（第4版）』54頁。この根拠の詳細な論証は割愛せざるをえなかった。

といっても過言ではない。しかし戦時においては人を殺すことが法によって強制され、また平時でも人を殺す訓練が強要されることがある。我々は、かような国家の相反する二面がいかにして調整されうるのかという素朴な疑念を抱かざるをえない。この問題は、道徳的もしくは宗教的理由から戦争—特定の戦争であろうと—への参加を良心的に拒否する者を徴募する権限が国家に認められうるか、というかたちで、考察の対象とされるであろう」[44]。「強制兵役義務は、個人の深い道徳と矛盾する最も強要的な義務でありかつ最も強い反対を惹起せしめるものである」[45]。「強制兵役は…良心と宗教の自由とに明らかに矛盾しており、特定の戦争に反対するにすぎない者には兵役免除を認めない徴兵法の兵役免除条項の不公正や違憲性のみならず、強制兵役制自体の合憲性—国によって市民一般が人を殺すように強制されるか—が問題とされよう」[46]として、特定の戦争拒否者の兵役免除の問題は、新たな背景の下で、強制兵役そのものの合憲性の問題を提起していると結論づけられたのであった。

筆者は本章において、政治的拒否者は十分にアメリカ憲法上の保護をうけるということの論証を試みたのであったが、筆者も同様に、義務兵役制そのものの存立自体を問題にしなければならないと考える。先に引いた滝沢と結論の方向を同じくする。

筆者のことばで言い直すと、結論部分のみの提示であるが、近代社会の生みだした徴兵制は二重の意味での人権侵害制度であるということである。それは国家が国民に殺人を強要することによって、また国民自身の死をも国家にささげることを強制することによって。人権尊重を基本原理とする民主主義国家が、たとえどのような名目であれ、このような人権侵害制度を維持してきたのは、まさに自己矛盾のあらわれである。

すでに1917年のアーバー判決において[47]、その原告は、強制的な兵役義務が自由な政府と矛盾し、かつ個人の自由の憲法上の保障と矛盾しており違憲であるということを主張し、「軍隊の編成は戦時における市民の自発的な防衛義務の履行にまつという原則にそって徴兵権が制限されるべきであって当該法律を制定した

---

44 滝沢・前掲論文145頁。
45 滝沢・同上146頁。
46 滝沢・同上148頁。
47 Arver v. U.S, 245US 366（1918）.

連邦議会はその憲法上の権限を踰越している」としたのであった。このような立場から防衛を考えなければならないと思う。なぜなら自発的に武装した市民の方が、侵略にはともかく、防衛には絶対に強いことがベトナム戦争のベトナム人民の抵抗の例を引きあいにだすまでもなく、明らかであるからである。

このような視点に立つならば、現代国家における義務兵役制および志願兵制の憲法論を正面にすえるべきであるが[48]、日本においては個人的反戦の原理であるC・O思想は十分に定着した思想となっていないということを考慮して、C・Oの検討とりわけその中で政治的兵役拒否者の憲法上の位置付けを検討してみた。

また、CO者の代替的奉仕に関しては、兵役拒否の代わりに課せられていた市民的〈代役〉という概念と形態の消極性を脱却して、より積極的に〈平和の奉仕〉として位置づける試みが重要である。紛争解決ないし秩序維持の手段としての軍隊勤務に代わる手段として、社会的・国際的紛争を解決する新しい非暴力の形態と方策を追求しようとするものである。そして、いっそう広範な国際的な和解や連帯に仕える奉仕、例えば、開発途上国での技術援助や教育計画への参加などの形態を模索するものである。それは、しばしば国家利益と結びつきがちな国家機関の管理下における代役から、組織的にも独立することが求められる。国際的連帯に立つ平和奉仕は、軍事力によって装備された主権国家群の国際体系そのものに対してプロテストすることなしに成立しえないと指摘される[49]。

日本においては、憲法は非武装国家を宣言しており、当然の結果、兵役義務規定を欠いている。それゆえ、憲法上、伝統的な意味での良心的兵役拒否者の問題は生じてこない。しかし、偏見をもってみないかぎりまぎれもない軍隊が存在している。この憲法上認知されていない軍隊にどのようにかかわるかは、国民的課

---

48 日本において、志願兵制における〈良心〉にもとづく命令拒否の問題が論じられた場合がある。例えば、〈自衛隊員が宗教的な良心的反戦論の信条によって防衛命令を拒否しうるか〉。この問題につき、①良心を固定的・静態的にとらえる立場と②動態的にとらえる立場がある。①静態的にとらえる立場から「自衛隊員となったからには、法論理上国民としてもっている自己の良心的反戦論を自発的に放棄したことを意味し、良心的反戦権を自己に援用しうる地位をもっていない」という（大熊信行『兵役拒否の思想』56頁、結城光太郎「良心的反戦論と良心の自由」80、81頁）これに対して、②良心を動態的にとらえる立場は宮田光雄、古川純である。事実判断としての人間の良心はいつでも働きうるものであり、とくに良心的決定は、その現実の問題と直接的に対決することによってはじめて下され、「良心の主張は同意による放棄という法的擬制で拒絶されるべきではない」とする（宮田『非武装国民抵抗の思想』200頁、古川・前掲論文29頁）。筆者は後者を妥当なものと考えている。

49 宮田光雄『山上の説教から憲法9条へ』（新教出版社、2017年）153-154頁。

題といえるであろう。日本においてCOを広い意味にとるなら、COの現代的発現としての良心的納税拒否・軍事費拒否の問題として、COを論ずる余地があるといえる。日本における良心的軍事費拒否の思想と運動は、タックス・ペイヤーの権利としての租税の民主的統制という課題をも含んで、検討を要請しているように思える[50]。

50　北野弘久「自治体の課税権と不均一課税」『現代憲法の基本問題』(早稲田大学出版会、1974年) 250-252頁。

第6章　良心的軍事費拒否（Conscientious War Tax Resistance）の思想

1　良心的兵役拒否と良心的軍事費拒否
2　日本における良心的軍事費拒否
3　アメリカにおける良心的軍事費拒否
　（1）良心的軍事費拒否小史
　（2）ベトナム戦争と戦争税拒否
4　平和税基金の問題

　1972年、名古屋の伊藤静男弁護士らが、軍事費支払い拒否の訴訟を起こした。この税金支払停止権確認訴訟提起の動機を次のように述べている。
　「私達は此度憲法上の抵抗権を主幹として国を相手に『税金支払停止権確認』請求の訴訟を提起した。……
　私はかねがね自衛隊は違憲の存在であり許すべからざる存在であると思っていた。戦争中（私は学徒出陣であったが）私達は政府（時の権力者）より数々欺された挙句の果は生命までとられそうになった。幸い私は生命を失わずに帰還したが、死んだ人々は気の毒でならない。何のために死んだのかさっぱりわからない。欺されたのだ。時の政府に。私はもう二度と欺されまいと思った。自衛隊、何が自衛隊なのか。何故軍隊と言われないのか。戦争中政府は天皇は現人神であるとか、日本は神国であり、神風が吹くから絶対に敗れることがないとか、ガダルカナルから日本軍が敗退するに当っては、退くのでない転進（転じて進む）するのだとか、敗戦でなく終戦だとか、全く言葉のキ弁でもって国民を散々欺し続けてきたが、戦後今日になっても尚再び厳然たる軍隊を自衛隊という言葉使いで（敗退を転進といった同じ手口で）ごまかそうとしている。否現にごまかしている。……
　憲法9条の制定せられた趣旨は何時の間に忘れられたのか。原爆の被害は何の役にも立たなかったのか。
　去る10月9日は母の一周忌であった。丁度その日4兆6千億円の四次防決定が発表された。私は決意した。本訴を提起することを。地下の母の笑顔を念じなが

ら」。

伊藤静男「税金支払停止権確認訴訟提起の動機」
判例時報昭和47年11月21日号（NO681）15頁。

1　良心的兵役拒否と良心的軍事費拒否

　本章の目的は、日本においては未だ充分に知られていない良心的軍事費拒否（Conscientious War Tax Resistance）思想の紹介を行うことである[1]。本思想は戦争廃絶・軍備撤廃を指向し、絶対平和主義の理念を担う個人的反戦の原理たりうるものである。

　日本国憲法の平和主義は、戦争のために武器をとらない決意を国家的規模で実現した国民的兵役拒否の体制にほかならないが、戦争と戦争準備行為に対して、その阻止を実践的課題として国民に要求しているのであり、現在の日本において、この課題に答える個人的反戦の思想として、良心的軍事費拒否の思想は位置しているのである。平和に奉仕する人権主体を形成するものとして、この思想と運動の中から、学ぶことは少なくないように思える。

　筆者はConscientious Objectionの訳語として、良心的兵役拒否に限定するの

1　良心的軍事費拒否の思想は、良心的兵役拒否の思想ほど人々に慣れ親しんだ思想とはなっていないし研究文献も少ない。その中で、まとまったものをあげるとするならば、The Peacemaker Movement,『Handbook on Nonpayment of War Taxes』(1963) Robert Calvert, ed.『Ain't gonna pay for War no more』(1971)　良心的軍事費拒否の会編『憲法違反の税は払えません』（三一書房、1982年）、石谷行「諸国における良心的軍事費税抵抗運動の動向」法政大学多摩論集4巻（1988年）53頁以下、中村芳昭「アメリカにおける最近の納税者運動」税理23巻3号158頁以下、日本においては文献は皆無にちかいが、その中で日本の良心的軍事費拒否の思想を知りうるものとして、大野道夫『おりぶのめばえ—良心的軍事費拒否のハンドブック』、伊藤静男「私はなぜ税金訴訟に踏み切ったか」中央公論 1973年3月号155頁、河井継史「良心的軍事費拒否の会」現代の眼 1976年6月号230頁、CO思想の源流を知りうる有益な文献として、阿部知二『良心的兵役拒否の思想』（岩波新書、1969年）、大熊信行『兵役拒否の思想』（第三文明社、1972年）、榊原巌『良心的反戦論のアナバプティスト的系譜』（平凡社、1974年）、日本友和会編『良心的兵役拒否—その原理と実践—』（新教出版社、1967年）、宮田光雄『非武装国民抵抗の思想』（岩波新書、1971年）、トルストイ『神の国は汝等の衷にあり』北御門二郎訳（冬樹社、1973年）、三木義一「良心の自由と納税拒否」ジュリスト1992年2月15日号（995号）64頁以下、近年の研究については、佐々木陽子『兵役拒否』（青弓社、2004年）、市川ひろみ『兵役拒否の思想—市民的不服従の理念と展開』（明石書店、2007年）、稲垣真美『良心的兵役拒否の潮流』（社会批評社、2002年）等がある。

ではなく、良心的戦争拒否とするのが適切であると考える。そして、これらの人びとの根拠には戦争反対の良心的決断がある。

このような良心的戦争拒否の中で、兵役義務拒否については、とくにキリスト者の長い闘いの歴史のなかから、国家への義務と神への義務の衝突を回避するための良心的兵役拒否者の制度をつくり上げてきた。古くは歴史的平和教会に属する人々のみが、C・O者として兵役義務を免除されてきたのであったが、次第に免除の枠は拡大して、人々の良心に高い畏敬の念を払うようになってきた。

しかしながら、今日まで、良心的軍事費拒否については、良心的兵役拒否ほどの関心が払われてきたとはいえない。それらの関連はきわめて深いにもかかわらずである。キリスト教の絶対非暴力・無抵抗を特色とする平和主義の原理から派生するものに、ひとつは、銃剣で人を殺すことを任務とする軍人になってはならないという職業論であり（ここから良心的兵役拒否が導かれる）、さらには戦費の納入を拒否せよと説く平和主義的納税論であり、戦費を納入することは間接的な戦争参加であるとされてきたものである（ここから良心的軍事費拒否が導かれる）。このふたつはキリスト教の戦争を拒否する重要な平和の原理であったはずである。

確かに、良心的兵役拒否者が兵役を拒否し、良心の証を行ない戦争と関係のない代替奉仕を行うことは尊敬にあたいすることである[2]。しかし、その反面でその兵役拒否者自身や、国民が、軍事費（戦争税）を納入していればどうであろうか。やはり国家が遂行する戦争に加担していることになるのではないか。ここにおいて、良心的兵役拒否が、徴兵される青年たちだけの良心の証であったものが、良心的軍事費拒否においては国民の良心の証となるのである。クェーカー教徒　Quarkers　等によって、平和主義を理念においた良心的軍事費拒否がみなおされるようになってきた。もっとも兵役拒否についても、この思想を実践してきたのは、クェーカー教徒・再洗礼派であり、こうした教派が戦争と兵役を肯定した伝統的大教派に異議を唱え、つき動かして、兵役拒否を容認させてきた[3]。そして、ベトナム戦争時において新たな展開をした、この戦争を契機に、宗教

2　半藤一利＝保阪正康『憲法を百年いかす』（筑摩書房、2017年）保阪・193頁。
3　朝日新聞夕刊1978年4月6日「現代の平和と民衆―日本平和学会の研究会から」、宮田光雄「兵役拒否のキリスト教精神史」『平和の思想史的研究』（創文社、1978年）30頁以下参照。石谷行は「良心的軍事費拒否分納税拒否というのは、COの殺人行為の絶対的忌避権の論理的必然の帰結ないし延長の事柄なのである」と述べる（前掲論文54頁）。

的、倫理的動機による良心的兵役拒否だけでなく、政治的・理性的動機による選択的兵役拒否がみられたのであったが、良心的軍事費拒否についても同様なことがいえる。

2　日本における良心的軍事費拒否

　日本においても、ベトナム戦争を契機として、まぎれもない軍事国家化の趨勢から、それとの関連で、良心的兵役拒否の広範な研究が行われ一定の成果をあげた。その際、戦前における良心的兵役拒否についても相当な発掘が行われた。しかしながら、良心的戦争拒否の重要な側面を形成し、良心的兵役拒否と相互補完的な関係にある良心的軍事費拒否については充分な関心が払われなかった。

　日本において、税金拒否を唱えたひとはきわめて少ない。しかし、税金拒否について考えた人がいなかったというわけではないと思える。例えば、そのような人として、内村鑑三に傾倒していた花巻の青年斉藤宗次郎を想起することができるであろう。日露戦争時、国費の74.2%が軍事費につかわれたといわれているが、徴兵検査をうけることになっていた斉藤は、「敵を愛せよとの精神に基づき、検査官の前に非戦論を堂々と主張して反対し、併せて多量の軍費を陸海軍に供用する国税を拒絶するを急務と信じ之を断行するの決心」をした旨、内村に伝えた[4]。しかしながら、内村の説得に応じて、実際には、兵役拒否、税金拒否は行わなかった[5]。けれども、納税と兵役の義務が徹底的に国民の頭にたたきこまれていた当時、すでにそのような発想をする人がいたということは特筆にあたいするであろう。

　日本国憲法制定後において、良心的軍事費拒否という発想は、ようやく1959年3月、丹慶徳のたった一人の抵抗によってはじめられた。丹は管轄の税務署長に手紙を書き、「国家の名による殺人行為である戦争は最大の罪悪である。憲法違

4　斉藤宗次郎「花巻非戦事件における内村鑑三先生の教訓」（牧歌社、1957年）。
5　田畑忍「良心的戦争反対の先駆者としての矢部喜好」『日本の平和思想』（ミネルヴァ書房、1972年）122頁、同「徴兵拒否の矢部喜好」『世界平和への大道─日本と日本国民の役割─』（法律文化社、1982年）198頁以下、オーノ・ミチオ『おりぶのめばえ─良心的軍事拒否ハンドブック』15頁、宮田光雄「近代日本のキリスト教思想─内村鑑三の非戦論」『平和の思想史研究』98頁、稲垣真美「第3章　日本最初の良心的兵役拒否者」「第6章　奉仕活動と軍事費拒否の間」『良心的兵役拒否の潮流』（社会批評社、2002年）参照。

反の自衛隊に税金を使うことは許せない。そんなことのためには、納税できない」として、納税拒否を通告した。しかし、税務署はようしゃなく手続をすすめ、差押えを通告してきた。このため、丹は個人による良心的軍事費拒否の運動の限界を感じて、抗議行動を打ち切った[6]。

以上のような軍事費拒否が組織化されるのは1974年11月23日「絶対平和・非暴力・無抵抗」をモットーとするメノナイト派のクリスチャンを中心として〈良心的軍事費拒否の会〉が結成された時に始まる。この運動は、聖書の平和主義を税金闘争という形で推進しようとしたものであり[7]、反軍平和運動の新しい展開として、「日本の歴史の中でほとんど例を見なかった」運動といえるであろう。本運動の論拠は次のように要約できる。
1 憲法9条は戦争と軍備を放棄し、憲法前文にもあるごとく「平和を愛する諸国民の公正と信義に信頼して…安全と生存を保持」することが、日本のとる道であり、真の世界平和をつくることになるが、政府は、平和憲法を無視し、自衛隊を作り、その軍事力は世界第七番目の軍隊にふくれあがった。皮肉にも、この自衛隊をささえているのは、「平和を誠実に希求」している私たちが支払っている税金である。これは、われわれ自身が憲法違反行為を行っていることになる。
2 人間の生命は何ものによってもかえることはできない。戦争は国家の名前による大量殺人である以上、どのような名目によってもこれを容認できない。軍隊のために税金が使われることは我々の良心を侵害する。それゆえ、政府のこうした憲法違反を見過ごしてきた自分たちの怠惰を反省しつつ、良心の声にしたがって、税金のうち軍事費にあたる分の支払いを拒否するというものである。〈良心的軍事費拒否の会〉は、軍事費拒否の思想的実践を行った。

これより二年前、裁判闘争として行われた防衛費不払い運動の先例がある。名古屋の伊藤静男弁護士は、他の2人の弁護士とともに、「昭和47年度から51年度までの五か年にわたる四次防の内閣決定に対し、違憲行為、否、国の犯罪行為への加担を拒否する国民の抵抗権の行使として、具体的には納税者の立場から、原

---

6 オーノ・ミチオ前掲書11頁、河井継史「良心的軍事費拒否の会」現代の眼1976年6月号230頁。
7 木村禧八郎編著「防衛費不払い同盟の誕生」『税金―天国と地獄』(学陽書房、1974年) 2頁。

告らがすでに支払っている所得税の支払いを停止する権利のあることの確認を求めた《税金支払停止権確認等請求》訴訟」[8]を、「時の政府の財源である税金を支払わない裁判闘争ほど、政府に打撃を与える手段はないだろうから」[9]として、1972年10月、国を相手どって名古屋地裁に提起した。

このような訴訟は、国民の素朴な疑問から提起された。すなわち、「長沼訴訟で違憲判決の出た段階において、自衛隊の現状凍結、規模不拡大、あるいは防衛予算の執行差止めを可能とする道はないのか、これが納税者の側の法技術的ツメはともかく根本的疑問」[10]であった。このような素朴な疑問に答えるべく、〈権利のための闘争〉を行ったのが、本訴訟提起の意義であった。

訴状において述べられた税金支払拒否の論理を析出すれば次のごとくである。国（政府）の犯罪行為ないし違法行為に対して、国民は何らこれに協力、加担する義務はない。むしろ、これを拒否し、これに反対する権利（抵抗権）を有するものであり、それによって国政を正しくさせることこそ国民の本来の義務である。

1　自衛隊が憲法9条2項にいう「陸海空軍」に該当し、違憲（違法）の存在であることは明白である。第4次防において4兆6000億円という膨大な予算の決定に至らしめ、その違憲性・違法性は極めて明白かつ顕著となった。

2　税金納入行為は、右政府の著しい違法行為、犯罪行為（刑法208条の2［現行208条の3］、兇器準備集合罪）に加担、協力することで、納入者自身も違法行為、

8　伊藤静男「税金支払停止権確認訴訟提起の動機」判例時報昭和47年11月21日号（681号）15頁。
9　伊藤静男「私はなぜ税金訴訟に踏み切ったか」中央公論1973年3月号145頁。
10　古川純・前掲論文155頁。1993年10月23日朝日新聞によると「反戦を唱え、所得税のうち自衛隊関係費に相当する分の納税を拒否した牧師らが国を相手取り、『軍事費を含む徴税は平和主義や信教の自由を保障した憲法に違反する』として、滞納税の返還や慰謝料の支払い、自衛隊関係費相当分の納税義務がないことの確認などを求めた訴訟の上告審で、最高裁第二小法廷（大西勝也裁判長）は22日、原告の請求を退けた二審判決を支持し、牧師らの上告を棄却する判決を言渡した」。本訴訟については、北野弘久「良心的軍事費納税拒否訴訟判決の検討—納税者基本権への侵害」『納税者基本権論の展開』（三省堂、1992年）、古川純「税金支払停止権確認等請求事件—軍事費相当分納税拒否訴訟」日本財政法学会編『地方財政の危機と人権』（学陽書房、1988年）。さらに、中村芳昭「平和憲法と納税者訴訟—良心的軍事費納税拒否問題を中心として—」法律時報1996年2月号22頁以下、そこにおいて中村は「日本の平和憲法の下において、政府が自国の軍事費や海外の軍事援助金を支出した場合、国民はそれに対して差止め等を主張し、場合によっては納税者としてそうした財政支出の税負担相当額の納税を拒否することが果たして認められるであろうか。」「この問題がより広く市民に注目されるようになったのは湾岸戦争に対する多国籍軍への90億ドル支出問題であった」と指摘している。

犯罪行為を行うこととなる。

3　なるほど個人の納入する税金がそれに使用される割合は微々たるものであるとしても、やはり違法行為である。第4次防の違法性は国民の納税義務をはるかにこえるものである。

　以上、この際、昭和47年度以降の税金の支払いは停止して政府に反省させ、違法行為を是正させるのが、主権者たる国民としての当然の権利であり義務である。

　さらに伊藤弁護士は、①抵抗権は憲法に内在する国民の権利であり、税金の支払い停止は、現時における国民の抵抗権の最も穏健妥当な行使方法である。②自衛隊違憲予算は、公務員による国民に対する背任罪にも該当する最大の不法行為で、国としては憲法17条に基づき、当然賠償の責に任ずべきものである。憲法は公務員に憲法尊重擁護義務を課しており、憲法9条は戦力保持を禁止し、同25条において、国民に健康で文化的な最低限度の生活を営む生存権を保障し、国の社会的使命として、社会福祉、社会保障等の増進に努めなければならないが、憲法9条に違反した軍隊に膨大な違憲予算をつけ、その反面の効果として、国民のための社会福祉予算を減少させる効果を招いており、本来、享受し得るべき社会福祉も、その分だけ減少し損害を蒙っているから、公務員の使用者である国としては最小限原告の納入した税額に相当する金員を返還し、賠償する義務があるとする。

　伊藤弁護士は「私たちの始めた納税拒否裁判闘争は、良心的兵役拒否と同様のものであり、ガンジーの受動的抵抗権であって、平和的抵抗であることを強調しておきたい」として、良心的兵役拒否との深い関連を示唆している。のちに検討するごとく、アメリカにおける良心的軍事費拒否論者の戦争税を拒否して、それを平和的プログラムに差し向けると同様な発想がみられる点、興味深い[11]。このような伊藤弁護士の提起した、違憲の自衛隊に自らの支払った税金が使われることを拒否する、すなわち、自らの税金の使われ先を監視する思想は、前近代的な税思想を変革し、民主的な税思想を確立するうえにおいて、すなわち、税思想変

11　本運動に高い評価を与えるものに、古川純「良心的戦争拒否の意味するもの」国家論研究12号、『日本国憲法の基本原理』(学陽書房、1993年) に所収、星野安三郎『平和に生きる権利』(法律文化社、1974年) 等。

革の問題としても重要な意義をもつものであるように思える。

　この問題につき、税法学者の側から納税者基本権が提唱された。日本では、租税の徴収面の問題（租税法律主義）と租税の使途面（歳出予算）とを法的に切断する考え方が支配的であり、タックス・ペイヤーは租税の徴収面においてのみ登場することになっていたが、国民主権を基底とする新憲法の財政民主主義の観点からは、租税概念はタックス・ペイヤーの立場から租税の使途面をも含んだ概念として統一的に把握されなければならないとするものである[12]。憲法は予算の使途を知る権利、予算の使途を監視する権利、国会が違憲な予算議決行為を行った場合、税金の不払いの権利等々を保障していると考えられる。

　従来、税金を支払うことを〈納税〉と表現してきたが、確かに明治憲法下においてはこのような表現が許されるかもしれないが、日本国憲法下では〈払税〉と表現する方が妥当であろう。〈納税〉と〈払税〉はその思想的原理が対立する。すなわち、〈納税〉は国を中心として構成された概念であり、国に対して税金を納めるということを意味するが、〈払税〉は主権者の権利を示すものであり、税額、税の使途、税の支払方法等に関して、国民が自ら決定するものである。以上の訴訟が提起した意義は、税金の問題を憲法上の主権者意識に高め、自らの主体的意思で、税の使い方、国政運用するための契機にするという意味で極めて重要と思われるのである[13]。

3　アメリカにおける良心的軍事費拒否

（1）良心的軍事費拒否小史[14]。

　日本においては、あまりなじみのない税金拒否（Tax Resistance）も、アメリカにおいては、政治的自立を主張する方法として、アメリカ人の遺産となってきた

12　北野弘久「財政制度」ジュリスト臨時増刊『日本国憲法―30年の軌跡と展望』423頁、新井隆一『新・税法入門』（三省堂、1971年）170頁、及び、近年の重要な業績として、片上孝洋『近代立憲主義による租税理論の再考―国民から国家への贈り物―』（成文堂、2014年を参照。

13　星野安三郎『平和に生きる権利』262頁以下参照。

14　本項の叙述については、The Peace Makers『Handbook on Nonpayment of War Taxes』、Robert Calvert『Ain't gonna Pay for war no more』、アーネスト・ブロムリ（オーノ・ミチオ訳）「現代アメリカにおける軍事費拒否小史」『すきのは11号』（良心的軍事費拒否の会機関紙）、オーノ・ミチオ『おりぶのめばえ―良心的軍事費拒否のハンドブック』等を主に参照した。

ものである。例えば、古くはボストン・ティー・パーティー事件を思いおこすことができるであろう。イギリスが植民地アメリカに輸入される紅茶に法外な関税をかけたところからおこり、税金拒否をもってはじまったものである。その他、ウイスキー反乱をあげることができるであろう。

良心的軍事費拒否については、メノナイト派 Mennonites やクェーカー派がフレンチ・アンド・インディアン戦争への税の支払を拒否した1755年にさかのぼることができる[15]。こうした教派に属する人は、アメリカ独立戦争（1775-83年）や南北戦争（1861-65年）の時にも軍事税の拒否を行った[16]。軍事税の支払を拒否することが、それらの諸教派の誠実さの証とみられたのであった。しかし、南北戦争直後には見られなくなった。

軍事費拒否の最も著名な例は、H・D・ソロー（Henry David Thoreau、1812-1862）の場合である。彼は、1843年から6年間、アメリカ合衆国のメキシコへの侵入に対する抗議でもって、税の支払を拒否し、投獄された。その後、このことについて恥辱なしに、税金の支払いに協力することができないことの説明を『市民的不服従』（Civil Disobedience）の中で行い、「もし千人が今年税金を支払わないとしても、これは乱暴な、流血をみる手段ではないであろう。税金を払うことこそ、州に暴行を犯させ無実の血を流させることになる。もし平和革命というものが可能ならば、ここにこそまさしく、平和革命の定義がある」とした。ソローの税金拒否は、クェーカー派の個人の良心の証としての税金拒否というよりはむしろ、社会的変革にコミットする良心的税金拒否であり、政府の政治遂行の消極的支持者、共犯者の立場となることを拒否して、市民的抵抗の可能性を論じたのであった[17]。

15　良心的軍事費拒否は、非暴力・無抵抗の平和の原理を実践したアナバプティスト派（再洗礼派）で古い歴史をもっており、良心的軍事費拒否の源流をここに求めることができる（榊原厳『良心的反戦論のアナバプティスト的系譜』335-336頁）。1756年には、クエーカーは、フレンチ・インディアン戦争に用いられる税金を承認するのを拒否して、議会から一団となって辞職して、政治の世界から退いた（ピンク・ダンデライオン『クエーカー入門』中野泰治訳（新教出版社、2018年）。

16　南北戦争時、兵役免除の特典が300ドル、500ドルの献金で売られていたが、良心的な人々は、これを支払うことは、自分の代わりに他の人を罪におとしいれることであるとして、他の州へ亡命した人も少なくなかったといわれている（榊原・前掲書336頁）。

17　山崎時彦「納税拒否とその理論」『非政治的市民の抵抗—ヘンリー・ソーロウ評伝—』（世界思想社、1973年）92頁以下、同『市民的抵抗の思想』（法律文化社、1977年）53頁以下、宮田光雄「兵役拒否のキリスト教精神史」『平和の思想史的研究』65頁参照。

宮田光雄はこの経緯について言及し、ソローを次のように評価する。ソローは、クエーカー派が政府の好戦政策に巻き込まれないために納税を拒否したのとは異なり、むしろ、社会全体を誤ったコースから引き戻すために政府と交渉する手がかりとして納税を拒否することを考えていた。ソローは、社会的変革にコミットする良心的拒否として〈市民的不服従〉の可能性を論じた。ソロー以後、アメリカにおける良心的反戦論は、新しいコースを歩み始めることになった。良心的兵役拒否者は、政府の政策が誤っていることを確信するときには、それを阻止するための行動を倫理的・政治的責任として自覚した[18]。ソロー以後の良心的戦争拒否者は、多かれ少なかれ高い市民意識にもとづくソローの影響を無視できなくなるのである。

第一次世界大戦の最中において税金拒否は記録されていない。第二次世界大戦中においては、ほんのひとにぎりの人々が相互の連絡もなく、国税を拒否していたことが分かっているが、政府はこれらの人々に対して、全く手を出さなかったといわれている。

その後、1947年もおそく、平和主義者のあいだで、軍事費拒否の関心が高まった。というのは、戦時下の特別立法によって、この時までに、所得税の源泉徴収が事業主によってなされるようになっていた。平和団体もこの例外ではなく、そのひとつである友和会（FOR）の職員が、友和会に対して、税金を差し引かないで給料全額を支払うように求めたが、この訴えがしりぞけられたため、職員はつとめを辞めたからである。平和団体であるFORが、こうした願いをしりぞけて退職者を出したということで、軍事費拒否は平和運動の中心的課題となった[19]。そして、何週間か後に、アメリカにおける戦争税拒否を組織化する考えは、1948年〈ピースメーカーズ〉の運動をもって始まった[20]。1948年に続く15年間、何百人もの人々が軍事費拒否を行ったが、その中で実際に訴追され、懲役刑をうけたものはごくわずか（6人）であった。

18　宮田光雄『山上の説教から憲法9条へ』（新教出版社、2017年）143頁。
19　アーネスト・ブロムリ、前掲論文4頁参照。
20　1963年2月『Handbook on Nonpayment of War Taxes』を公刊した。これはいかにして戦争税を拒否するかの助言と戦争税拒否の個人記録について書かれており、筆者の知るかぎりある程度まとまった良心的軍事費拒否に関する最初の文献である。

1960年代末に、FOR と同じことが AFSC（アメリカフレンズ奉仕委員会）でおこった。戦争を支持することに反対するという宗教的動機をもつ AFSC の二人の職員が、平和宗教団体 AFSC に、自分たちの所得税に源泉課税しないように求めた。AFSC はこれを容認し、AFSC 及び二人の職員が原告となり、所得税の51.6％（軍事費相当分）の不払いと、AFSC を源泉徴収者として義務づける内国歳入規則（IRC）は違憲であると訴えた。1974年1月3日、フィラデルフィア連邦地裁の C・C・ニューカマー判事は、源泉課税を行うこと（戦争税の支払いを強制すること）は、アメリカ連邦憲法修正1条の信教の自由を侵害して違憲であるから、職員の給料から軍事費相当分の税金を AFSC に源泉課税しないように命じた。これについて、政府は上告し、連邦最高裁は8人の裁判官の全員一致意見で、良心的軍事費拒否を否認した。唯一反対意見を書いたダグラス判事は、連邦地裁判決を支持し、良心的軍事費拒否は修正1条によって保護されるとしている[21]。

軍事費拒否が高まりをみせるのは、ベトナム戦争時においてである[22]。何年ものあいだ、人々は公然と示威運動を行い、ベトナム戦争の終結を要求したが、戦争は続けられ、人々は大衆示威運動より以上のことを行うことの必要性が痛感されていたからである。

1969年から70年にかけて、「戦争税拒否の会」がニューヨークで発足し、国民運動として軍事費拒否を行うことを明らかにした。そして、その運動は「CO の権利は、徴兵される人々にのみ属するものではなく、あらゆる人々に属する」という信念でもって始められた。ベトナム戦争の拡大にともない、戦争税を拒否す

---

21 U.S. v. American Friend Service Comm., 419 US 7 (1974).
22 ベトナム戦争時、電話税拒否の積極的なキャンペインが行われた。電話税は一時的な税として、1941年につくられたものであり、1966年に中止されるべきものであった。しかし、1966年4月、政府がベトナム戦争をエスカレートさせた時、議会は税金の10％引き上げる法律を可決した。Wilbur Mills 下院議員は、"ただただベトナムの軍事行動だけがこの法案を必要としている" と述べている（Congressional Record, February 23, 1966）。この電話税拒否は、次のような理由で訴訟にもちこまれたが、連邦地裁は審理を行うことを拒否した。①国民によって議会に与えられている課税権は、何ら戦争の宣戦布告が行われていない時、憲法上、国民に戦争を支持するよう用いることはできない（憲法1条8節）。②課税は、デユープロセスなしに、軍隊によって戦争政策の支持者となるよう国民に強要することによって、修正5条を侵害している。③電話使用の賦課としての税金は言論の自由を制限する。④課税は、電話加入者に対して、非加入者より、戦争へより多くの税金を支払うよう強要することによって、不法な差別を行っている、とする（Robert Calvert, op. cit., p51）。

るものの多くは、しだいにベトナム戦争に対する反対でもって拒否を行ったのである。

ここにおいて、宗教的・倫理的モティーフによる良心的軍事費拒否から政治的・理性的モティーフによる軍事費拒否へと重点が移行したように思える。というのは、アメリカ国民の多くは、政府の遂行するベトナム戦争にナチス・ドイツとの類似性を感じていたからであり、ニュールンベルク原則をもっている今日、国民は政府に、自分たちの政府によって犯される不法な行為に対して、責任を負っているからである。国民は連邦税を支払うことによってベトナム戦争を買っており、国民は政府に戦争をつづける必要な武器をつくるお金を与えている。国民はたまたまベトナム国民を殺すべく引き金を引いたりボタンを押したりしないだけである。国民は引き金を引いたり、ボタンを押したりする人々のサラリーに加えて、銃や飛行機や爆弾に対してお金を支払っている、とした[23]。戦争税拒否の会は全国的に広がっていき、とくに所得税の源泉課税を避けるための戦術をひろめていった。

ベトナム戦争への反対でもって軍事費拒否を行うにいたった人々は、大衆破壊の新しいミサイルと武器の製造にも反対したし、また、抑圧的な政府を存続させるための武器輸出に対しても強く反対した。さらに、軍事優先からくる経済的優先順位のゆがみについても強い関心をもっていたのである。アメリカにおいては、国家予算の60％が戦争への出費に充てられたが、戦争税拒否者は、政府の不法な活動を支持する税金を保留することによって、真に国民の必要なもの（例えば、社会保障、教育、文化活動）に用いる構想（代替基金制度）をもっていたのである。

このようにして戦争税拒否の運動は、個人的な良心の証ということより以上の大きな効果をもちはじめたのであった。

（２）ベトナム戦争と戦争税拒否

ベトナム戦争以前の戦争税拒否者は、先にもふれたごとく、戦争税拒否行為を個人的な良心の証であると考え、その行為が法律にとって不法であると裁断されるものであったとしても、あえてその不法を引き受けようとしてきた。宗教的倫

23　Robert Calvert, op. cit., p51.

理的軍事費拒否者といわれるゆえんである。しかしながら、ベトナム戦争時において、戦争税拒否の立場をとるようになったものは、戦争税拒否は単に合法的であるだけでなく、法の命令するところであるということを明らかにしようとしたのである[24]。ここにおいて、H・D・ソロー以来の高い市民意識に基づく政治的理性的モティーフによる軍事費拒否者があらわれるに至った[25]。

　合衆国政府が、インドシナにおいて、国際法に違反して不法な侵略行為を行い、平和に対する犯罪を行ったことは、ペンタゴン・ペイパーをはじめとして種々の資料によって裏づけられている。また、そのような不法行為は国際連合憲章、ニュールンベルク原則、1949年、1954年のジュネーブ協定、1907年のハーグ条約等を侵害するものであることは明白であった[26]。

　以上のような政府の不法行為に対して、個人の責任を明確にしたのがニュールンベルク原則である。この個人の責任についての三原則は次のようなものであった[27]。

　Ⅱ　国際法の下で、犯罪とされている行為について、国内法が罰則を課していないからといって、犯罪を犯した人々を国際法の下での責任からまぬがれさせるものではない。

　Ⅳ　政府あるいは上官の命令に従って行動した人々について、もし道徳的選択が可能であったのなら、国際法の下での責任からまぬがれうるものではない。

　Ⅶ　平和に対する犯罪、戦争犯罪、あるいはニュールンベルク原則で述べられた人間性に対する犯罪を犯す共犯者は、国際法の下で、犯罪として認定される。

　このようなミュールンベルク原則を、合衆国はすべての加盟国とともに受け入れており、この原則によるならば、個人の責任は政府の不法行為から免罪されるものではなく、黙認することは個人をして政府の不法行為の共犯者とするという

24　ベトナム戦争時における戦争税を生き生きと簡潔に伝えるものに、本多勝一「アメリカ合衆国でのある不払い運動」『NHK受信料拒否の論理』朝日文庫（朝日新聞社、1991年）。ベトナム戦争時に、平和団体の歴史の中に長く埋もれていた戦争税拒否は復活し、歴史的平和教会（メノナイト、ブレズレン、クエーカー）はもとより、ユニテリアン、プレスビテリアン、ローマ・カトリック等にも戦争税拒否の動きが見られた。

25　Robert Calvert, op. cit., p25.

26　R・A・フォーク編（佐藤和男訳）『ベトナム戦争と国際法』（新生社、1968年）参照。

27　Robert Calvert, op. cit., p26.

ことである。なぜならば合衆国政府が国内法、国際法を侵害しているのは疑いの余地がないからである。

そこで、戦争税拒否者は、この政府の不法行為の共犯となることを回避するための戦争税拒否を行ったのである。〈共犯というのは、一般的な用い方においても、法律上においても、犯罪者を援助し、助け、犯罪者と共謀するということであり、もし犯罪者が犯罪を犯したら、共犯者は実際に犯罪を犯した人々と同様に責任を負う。この原則は犯罪が個人ではなく国家である場合においても変更されるものではない。ある人びとにピストルを与えるということとピストルを買うためにお金を与えるということの間に実質的な区別はつけられない。現在、アメリカのタックス・ペイヤーは、犯罪を犯すであろう鉄砲と他の武器を買うためのお金を政府に与えており、戦争税を拒否することによって、この共犯を回避する選択はニュールンベルク原則によって強く要請されている〉[28]とした。

以上のように考える戦争税拒否者は、合衆国最高裁が戦争の合法性について判断するまで、待たなければならないということは非現実的であるとした[29]。アメリカ国民はニュールンベルク原則の恩恵を蒙っている今日、連合国がドイツに要請したような道徳的、法的判断を行わなければならないのである。その当時、第三帝国が何を行っているか知らなかったドイツ国民とは違って、アメリカ国民は、合衆国政府の不法行為について、ペンタゴン・ペイパーや他の争う余地のない明白な証拠をもっていると考えたのである。

4　平和税基金の問題

アメリカにおける戦争税拒否者は、ベトナム国民が国家の敵であるという虚偽を受け入れなかった。それゆえ、ベトナム国民の死のために税金を払い続けることを拒否し、税金が生命肯定的で建設的なことがらに使われることを望んだ。多くの戦争税拒否者は課税の原則に反対しているのではない。ただ、政府が税金を不法で不道徳なもののために使っていることに反対しているのである。

28　Robert Calvert, op. cit., p26.
29　政府が不法な犯罪的行動を行っていると考えるなら、タックス・ペイヤーは税金の支払いを適切に拒否することができるということを示唆する論者に、プリンストン大学の国際法の教授であるR.A. Falkがいる。R・A・フォーク編『ベトナム戦争と国際法』参照。

以上みてきたごとく、戦争税拒否者は、連邦税の支払を拒否することによって、法に従っているのである。それは国際社会の法（ニュールンベルク原則）に従っているのであり、合衆国憲法と国際連合憲章に従っているのであり、さらには高次の良心に従って行動しているのである。しかしながら、連邦税を拒否することによって事足れりとしているのではない。それ以上のことをしなければならないと考えていたのである。つまり、それらの拒否した税金をプールすることによって、建設的な目的のために使おうとしたのである。

　このような国民運動としての代替基金という発想は、Karl Meyer が Catholic Worker（1969）に書いた論文において、まず計画されたものである[30]。彼は、戦争税拒否者が、拒否した税金をプールするならば、それは自分たちの共通の制度の直接的な管理を奪還することができ、そして、自分たちが悪であると考える政府のプログラムに対する同意を効果的に撤回することができるというような将来のモデルをつくることができると考えた。彼は、Tax Resistance の大きい潜在力を無視し、あるいは否定するならば歴史に対して耳を傾けないか、あるいは経験に対して、無反省であるにちがいないという。

　歴史から学ぶならば、税金拒否は歴史を通じて、革命運動の最も大きな根拠と戦略であったということを知らないのか？　課税は民衆の一般的同意と協調を要請する過程であるということを歴史は示さなかったであろうか？　多くの人々が、課税のこみ入ったビューロクラティックなプロセスからの同意を撤回することによって政府を拒絶した時、その政府は深い混乱に陥らなかったであろうか？ フランス革命は Tax Resistance でもって始まらなかったであろうか？　Tax Resistance は、アメリカ独立革命の標語"代表のない課税は圧制である！"ではなかったのか？　課税に対する抵抗の行為として、ボストン・ティー・パーティーは我々の歴史的伝統を代表しないであろうか？　H・D・ソローは Tax Resistance を行った彼自身の経験から、アメリカ抵抗理論の礎石を形づくらなかったであろうか？　ガンジーの最も偉大で重要な市民的不服従のキャンペイン塩の行進（salt march）[31]は Tax Resistance の戦略に依拠していなかったであろう

30　Robert Calvert, op. cit., p140.
31　イギリス植民地主義に対するガンジーの闘争で最も劇的なのは、塩税に反対した〈塩の行進〉（1930年）であろう。数千の人びとが規律ある市民的不服従の行動によって悪法を破り、その行為の結果を甘受して獄中にあふれたとき、自由な製塩の権利が回復された（宮田・前掲47頁）。

か？　と彼は問うているのである。

　さらに、経験から学ぶならば、何年か前までは多くの人々は兵役拒否運動を個人的な良心の証として行ったが、今日、社会的運動の次元において行われている。けれどもそれは徴兵に従事する人のせまい年齢と性によって制限されており、運動の単一の焦点としての兵役のせまさによって制限されている。そこでWar Tax Resistanceと人間性に対する基金の建設的な可能性とを結びつける時、良心ある正直で勇気のある人々がおもむくところのできる旗じるしをかかげることができるとしたのである。

　このような発想は、日本においても〈良心的軍事費拒否の会〉がとったところであり、1974年10月の公法学者の学会・全国憲法研究会において、軍事費に使われる税金の不払いとそれをプールした平和税の創設提案が行われた[32]。

　戦争税拒否は〈非暴力抵抗〉の伝統から由来するものであり、それは単なる抵抗ではなく建設的なプログラムを内包するユニークなものである。その始祖たち、たとえば、イエス・キリスト、ガンジー[33]、マーチン・ルーサー・キング等は、悪を用いることなしに悪に対抗する〈非暴力抵抗〉の創造的な力を示してきた。この非暴力抵抗は消極的な概念ではなく、積極的な概念であり、愛と和解でもって、悪と積極的に対峙することを意味し、敵味方思考を排除するものであった。

　アメリカにおける戦争税拒否者は、戦争税拒否が社会をかえる唯一の方法であると考えているのではないが、社会的変革のためのより大きな運動の中で、戦争税拒否と代替基金は、すべての人々が自由で平等であり、どのような戦争もない

32　これに先立って、1972年10月に伊藤弁護士が提起した税金支払停止権確認訴訟において、憲法9条に違反した軍隊に違憲予算をつけることは、憲法25条の健康で文化的な生活を営む生存権保持のための社会福祉、社会保障の予算を減少させることになるとする。代替基金と同趣旨の発想がとられているのである。さらに古くは学説上、星野安三郎が、軍事費など憲法違反の事業に税金を拒否し、「健康で文化的な生活権」や「教育を受ける権利」「生命、自由、幸福追求の権利」の保障のために使わせる運動の提唱を行っている（星野安三郎『憲法に生きる』（三省堂新書、1968年）202頁）。

　アメリカにおいては、「軍事費不払い、振り替えの法制化のこの動きは、1972年には、10人の下院議員たちによって、平和税基金法案として下院に提出された。上院でも1977年に提出されている。1985年には、それまでの法案を改訂して、新しい案が米国平和税基金法案（the US Peace Tax Fund Bill）として第99回上院議会に提出された」とのことである（石谷行・前掲論文63頁）。

33　石谷行「良心的軍事費不払い抵抗と平和的生存―サッチャーグラハ実践として―」（沖縄良心的軍事費拒否の会会報2号）は、ガンジーの非暴力抵抗と軍事費不払い抵抗の実践との関係を示唆している。

社会をもたらすことができるベターな平和的方法であると考えているのである。

　今日、核戦争の出現は、戦争即人類皆殺しという結論を引きださせ、大量破壊の技術とその可能性によって劇的な時代となっており、正義の戦争という観念自体を疑わしくさせている[34]。それゆえ現代においては、戦争は完全な浪費であり、戦争準備行為たる国防も全くの浪費である。岡澤憲芙は『スウェーデンはどうなる』（岩波ブックレット287号）の中で、「スウェーデンは、戦争が浪費だということをいちばん知っている国かもしれません。『平和にまさる福祉なし』『戦争にまさる環境破壊なし』といいます。ふところにどんなカネが詰まっていても、戦争の恐怖と背中合わせでは豊かさの実感などないでしょう」として、平和と福祉・環境の連関を示唆している[35]。

　戦争と平和・環境の連関について、つとに指摘してきたのは宮田光雄である。次のように述べる。環境倫理は、生産・所有・消費という現代文明の在り方と相関的である。汚染されない大気や水や大地、そこから生まれる豊かな収穫や生活などの問題において、人類は、いまや連帯的に生きなければならない。人口爆発、資源枯渇、世界的飢餓などの問題を通して、世界は一つなのである。この観点からするとき、平和は、たんに戦争の不在ではなく、構造的暴力にたいする〈対抗文化〉の日常的な実現でもある。つまり、戦争と軍拡とは最大の環境破壊であり、エネルギーの浪費である[36]。

　戦争と戦争準備行為がもたらすものは、国内における物資の逼迫と貧困、対外的には猜疑と憎悪、最終的には集団的自殺ただそれだけである。それゆえに、現在ほど人々が平和と社会的経済的自由のために努力を要請されている時はないであろう。わが平和憲法は、国民の主体的努力により、かつまた不断の努力により平和を人権として獲得してゆくべきことを強く要請しているのであり、その条件は形成されているのである。忘れてはならないことは、政府は国民との物心両面にわたる協力[37]なしには戦争及びその準備は遂行できないということである。

34　高柳信一は、現代において「正義の戦争」はありえないという命題を引きだしているが、筆者も同感である。詳しくは、高柳信一「人権としての平和」法律時報臨時増刊『憲法と平和主義』52頁以下参照。
35　岡澤憲芙『スウェーデンはどうなる』岩波ブックレット287号（1993年）42頁。
36　宮田・前掲64頁。
37　アメリカの歴史において税金（とりわけ所得税）の必要が生ずるのは、いつも戦争時であったということは注意しておいてよいであろう。

第7章　少数者の信教の自由と平和主義
―― アメリカにおいて良心的軍事費拒否が認められた判決 ――

1　積極的平和概念に奉仕する人権主体の形成
2　良心的軍事費拒否が認められた事例
3　良心の自由と平和主義
4　結語

　　　　　　　　　戦争税（軍事費）をなぜ拒否するか
　私は連邦所得税の支払いを拒否した。なぜなら、私は、それらの税によって買われる武器によって大量殺りくが行われることに加担したくなかったからである。
　だれかが、私の名前によって殺されることを私は望まない。国家は敵を選択したが、私はどのような敵ももたない。国家が私のために敵を選択することができ、そして国家の敵を絶滅するように私を強制することができるというばかげた考え方を私はうけいれることができない。
　なぜなら、私は国家から生まれたのではなく、およそ人間として生まれたのである。そして私は国家にからだも魂（良心）も譲渡してこなかった。それゆえ、私は国家に与えようとする忠誠の程度を自分で決定しなければならない。
　私は、国家に人を殺す権利があるという考え方に同調できない。国家がこの忌むべき殺人権力を放棄することを望むものである。

　　　　　　　　　　　　　　　　　　　　　　　―Marion Bromley―

1　積極的平和概念に奉仕する人権主体の形成

　戦争を廃絶するためには軍備と軍事同盟を全廃すればよい。この自明の道筋を、平和憲法は一切の戦争の放棄、戦力の不保持として徹底させた。これはいわば平和思想史の法的到達点ともいうべきものである。
　第二次世界大戦の悲惨な結末、とりわけ唯一の核被爆国としての体験による核戦争時代の到来により、戦争はもはや何らかの政治目的を達成しうる合理的手段たりえず、平和なくして人類の生存はなく、平和なくして人権の保障はありえない。平和のうちに生存できなければ自由にも豊かにも生きることができない。こ

のような認識から、日本国憲法はきわめて現実的な安全保障として非武装平和主義を規定した。つまり軍隊によって人権を保障することはできず、軍隊および戦争準備行為によって、人権は常に潜在的侵害状態におかれるという認識に立っていた。それにもかかわらず、戦後政治は権力政治の論理に支配されて、平和憲法の安全保障の意義を理解しえず、その侵蝕の歴史をつづってきた。

　1970年代の防衛状況は、平和憲法にとって憂慮すべき方向に向かい、平和主義の空洞化が促進した。例えば、自衛力の限界は相対的であるとする政府の統一見解をへて、政府の最高責任者が、自衛のためなら現憲法下でも核兵器をもつことは可能であるとして、堂々と核兵器合憲説を公言してはばからないという状況であった。また、財界からは、日本が直面している経済的状況を克服するために、景気回復のテコとして国防拡大論が提起され、武器輸出の緩和を求める動きもでてきた。さらには、自衛隊の最高責任者の地位にいる者が、奇襲攻撃を受けた際には自衛隊は超法規的行動をとらざるをえないと発言し、シビリアン・コントロールに対して挑戦的発言を行い物議をかもしたが、その後、有事立法を求める急ピッチな動きが政府内外から出始め、1978年7月27日の国防会議議員懇談会では、当時の福田首相は、有事立法研究の一層の推進を防衛庁に促し、同時に「民間防衛体制について防衛庁で検討すべきである」と指示し[1]、国民の基本的人権を大幅に制約する国家防衛秘密保護法、非常事態特別措置法さえ問題になった。

　1980年には、専守防衛論からさらに自衛隊の行動範囲の拡大化の動きがみられ、自衛隊の海外派兵、集団自衛権行使の地ならしが行われた。自衛隊が憲法上是認されるかどうかが主たる争点となっていた以前と異なり、自衛隊が憲法上、合憲の存在であることが当然の前提とされた上で、さらに強力な軍隊として対内的にも積極的に行動しうるような主張が行われた。憲法9条の理念の政府による浸食はその極限にまで達したのである。

　1989年のベルリンの壁の崩壊、1991年のソ連邦の解体による東西冷戦構造の終焉は、日米安保体制と自衛隊のあり方に大きな影響を及ぼした。1990年8月、湾

---

[1] 1978年7月28日毎日新聞。

岸危機が勃発すると、政府は多国籍軍に130億ドルの財政支援を行い、湾岸地域に自衛隊の掃海艇を派遣した。1992年6月には、自衛隊の海外派兵を可能にするPKO協力法を成立させた。この法律に基づき、同年9月、カンボジアのUNTACに、1993年4月、アフリカのモザンビークでのONUMOZに、1994年9月には、ルワンダ周辺地域に自衛隊を派遣した。ポスト冷戦期の新しい安全保障体制の下で、憲法の平和主義の理念は岐路に立った（その後の経緯については、本書第3章「日米安保体制・自衛隊と有事法制」の第1節参照）。

しかしながら、他方では、政府の防衛政策に異を唱え、国民の生命と人権を守るための運動が一部の市民によって根強く提起され続けていることもまた現実である[2]。そこにおいては、現在の日本における軍事機構が民主主義と人権にとって危険な組織にならないよう、つねに厳しい監視を行っていくことが重要な課題となっている。と同時に、憲法9条の規範的意味を回復すべく、国民が主体的努力を行うことは憲法が強く要請している義務であると認識されているのである。

この国の防衛政策を拒否して、国民の生命と人権を守る運動のサポートは、学説においても、平和を人権として構成する「平和的生存権」の理論が提起され、学説の大きな潮流となった[3]。また、政治学においても、平和概念の捉えなおしが行われる。次のようなものである。憲法論議において、明らかに「消極的」な平和概念が支配的であったとし、この消極的な平和概念における平和は、しばしば、「戦争つまり組織的な集団的暴力行使の不在」と考えられてきたが、この定義では不十分であり、「平和がたんに〈秩序と安寧〉と同一視されるところで

---

[2] このような課題を担う反戦平和運動として、例えば、小西反戦自衛官のあくまでも自衛隊にとどまることによって自衛隊の改変を模索した反軍裁判、あるいは、憲法の平和主義を地方自治体に貫く立場からの反軍平和条例制定運動を想い起こすことができる。また、さらには、欧米の良心的兵役拒否に基いて、軍事費相当分の税金を拒否している良心的納税拒否の裁判をあげることができる（古川純「自衛隊裁判の動向」法学セミナー臨時増刊『憲法と自衛隊』154頁以下参照）。2004年、日本国憲法第9条を改変させない目的で、井上ひさし、梅原猛、大江健三郎、奥平康弘、小田実、加藤周一、澤地久枝、鶴見俊輔、三木睦子の9名が呼びかけ人となって、「9条の会」が結成されスタートした。
[3] 高柳信一「人権としての平和」法学セミナー臨時増刊『憲法と平和主義』35頁、深瀬忠一「平和憲法の新しい総合的考察─平和的生存権の論理と展望─」世界1979年9月号、浦田賢治「憲法裁判における平和的生存権」『現代憲法の基本問題』26頁等参照。

は、それは不正な抑圧の体制とも両立する」こととなるとする。それゆえ、これに対して、「積極的な平和概念」が提示される。これによれば、平和とは「人間の解放と自由、平等や社会的正義の貫徹など」を規準としなければならず、積極的な平和概念は、不断に平和政策を打ち出す自己のイニシアチブを要求されており、平和は動態的な過程であると把握される。日本国憲法は「みずからの努力を通して新しい平和な国際環境をつくり出し、それによって〈われらの安全と生存〉の究極的保証を求めようとする主体的な姿勢」を要請していると理解するのである[4]。宮田光雄は具体的に次のように述べる。「平和という言葉を耳にすると、私たちは一般に戦争がない状態、組織的な暴力行使が存在しない状態を考えます。戦後長いあいだ―日本国憲法第９条のおかげで―私たちは直接的に戦争に直面しないできた現実を何となく平和だと思い込んできました。経済的に繁栄し秩序と安寧とが保たれていれば、平和だと安心しがちでした。しかし、第三世界の国々をみると、一見、軍事政権によって秩序が保たれているようにみえても、富の偏在による飢えや医療を受けられないために若死にする人が大勢います。これは、政治体制による目に見えない暴力行使といえるでしょう。私たちは、《平和》という概念を、もっと広い視点から見直すことを問われています。すなわち、人間らしく生きられること、もって生まれた素質を十分に開発できる条件をあたえられていることが、ほんとうの平和ではないでしょうか。このように定義できるなら、抑圧と搾取といった関係は基本的に除去されていなければなりません。軍事力による脅威や侵害という問題に並んで、平等や人権など社会正義の保障という問題も視野に入れて考えるべきでしょう。さらに加えて、最近では、環境問題や生態系秩序もふくめた宇宙的な平和にたいする責任を問われています。いわば《地球市民》として、現代世界の平和にたいして、私たちの想像力をいっそう豊かな、みずみずしいものに育てていくことが必要なのです」[5]。

　今日、ますます憲法の規定する絶対非武装の平和主義が現実性を帯び、その原点に立ち戻ることを要請されているときはないといえる。筆者は、平和と人権の接点に位置する良心的戦争拒否の思想（Conscientious Objection 以下、Ｃ・Ｏと略す）[6]の発現と考えられる〈良心的軍事費拒否思想〉について、積極的平和概念に

4　宮田光雄「平和に生きる権利」1978年5月2日朝日新聞（夕刊）、同『平和の思想史的研究』参照。
5　『宮田光雄集Ⅴ平和の福音』（岩波書店、1996年）316頁参照。

奉仕する人権主体を形成するものとして重視するが、ここでは、その一端を示す、アメリカ連邦地裁判決において良心的納税拒否を容認した判決を中心に紹介を行いたい[7]。

ベトナム戦争時におけるアメリカ国内での反戦運動としての兵役拒否の高まりはよく知られているところであるが、これと同時並行的に行われ、かつ兵役拒否と相互補完的な思想である良心的納税拒否の思想については世間の耳目をあつめるにいたらなかった。しかしながら、日本国憲法は良心的兵役拒否の思想を国家的規模で承認したものであり、良心的戦争拒否の一側面である良心的納税拒否の思想を平和をつくる精神として国民に実践的課題として要請しているように思える。

日本においても反戦平和運動の一環としてC・O思想に依拠した国家予算中、防衛費の割合に相当する税金の納入を拒否する〈良心的軍事費拒否〉を提唱する人々の運動があるが[8]。この思想と運動については、「一般的兵役義務制のない日本国憲法下で、国民の一般的納税義務を前提にC・Oの問題を深く考えて運動化しているすぐれた例といえよう」[9]として、学説上、高い評価が与えられている。

6　良心的兵役拒否思想についての日本における研究文献については、小林孝輔＝根森健＝沖中百合子「重要論文著作紹介／内心の自由」法学セミナー『思想、信仰と現代』288頁参照。そこにおいて、良心の自由の今日的問題として、良心的兵役拒否が位置づけられており、「日本においてそれが議論されることの意味は、戦後一貫して続けられてきた平和主義の空洞化が将来ゆきつくであろう違憲の徴兵制導入に至る前に、それを阻止しうるような人権主体を形成しようとする点にあるとも考えられる」と正当な指摘がなされている。及び、後藤光男「思想・良心の自由と選択的兵役拒否」早大法研論集16号29頁参照。なお、日本におけるC・O研究の必読文献として、笹川紀勝「良心的兵役拒否権」北大法学論集18巻1、2、3号。同「良心的兵役拒否」法律時報臨時増刊『憲法9条の課題』が挙げられる。根森健は「日本国憲法の下では、良心的兵役拒否は平和主義に関して違憲状態がさらに進んだ段階で起こりうる問題にとどまる。現段階の問題としては、自己の納税義務のうち、防衛費相当分の納税拒否問題が考えられる」という（「思想・良心の自由と信条による差別」岩間昭道・戸波江二編別冊法学セミナー『憲法Ⅱ〔基本的人権〕』89頁）。

7　本判決について若干ふれたものに名東孝二・室本誠二『税金革命』（中央経済社、1974年）30頁がある。

8　1974年11月にメノナイト派のクリスチャンを中心として〈良心的軍事費拒否の会〉が設立され、実践的行動を行った。また、裁判闘争として、1972年10月、名古屋の伊藤静男弁護士が自衛隊のための税金支払拒否訴訟を名古屋地裁に提訴したことがある。伊藤静男「私はなぜ税金訴訟に踏みきったか」中央公論1973年3月号144頁、及び、「税金支払停止権確認訴訟提起の動機」判例時報681号参照。

9　古川純「良心的戦争拒否の意味するもの」『国家論研究』38頁、その他、星野安三郎『平和に生きる権利』、榊原厳『良心的反戦論のアナバプティスト的系譜』、小林直樹「防衛問題の新状況」ジュリスト586号15頁等。

なお、この思想と運動は、軍事費という非生産的な費用、本来、不要な国防予算を大規模に社会保障や教育等の援助に向ける建設的プログラムを内包する運動なのである。筆者は、非武装国民抵抗による防衛方法が最も現実的であり、かつ最も有効で憲法の要請するものであると考える[10]。たしかに平和の問題は、国内外の政治・経済に絡み、きびしい問題であるとしても、「平和をつくり出す歴史の主体として自覚し行動することを憲法は国民一人びとりから要求している」のであり、憲法を内実化するものとして、良心的軍事費拒否の思想は今日的な課題を担って、国民一人びとりの良心を問うているように思えてならないのである。

2　良心的軍事費拒否が認められた事例

【事実】

　1974年1月3日、フィラデルフィアの連邦地方裁判所において、C・C・ニューカマー判事がAmerican Friends Service Committee（アメリカフレンズ奉仕委員会、以下AFSCと略す）とその二人の職員によって提起された訴訟において、良心的納税拒否（Conscientious Tax Resistance）を容認する画期的ともいえる判決を下した。

　この訴訟は、1970年5月25日、戦争を支持することに反対するという宗教的動機をもつAFSCの二人の職員によって、政府の所得税を徴収する源泉課税の方法が告発されたものであり、原告は、戦争目的に寄与するということで所得税の51.6％[11]の不払いと、AFSCを源泉徴収者として義務づけるIRC（Internal Revenue

---

10　憲法9条の予定する安全保障方式としての非武装の平和方式が、軍事的防衛よりも優ることの詳細な論証については、小林直樹「憲法9条の政策論」法律時報臨時増刊『憲法と平和主義』131頁以下。

11　日本における1974年一般会計当初予算における租税及び印紙収入に対する防衛関係費の割合は9.9％である。源泉徴収制度の問題について、弁護士・伊藤真は「自分が払った税金がどこに使われているのかという意識を、ほとんどの給与所得者、サラリーマンのみなさんたちは持っていない。納税者意識がとても稀薄です。この源泉徴収制度は、戦費調達目的で、1940年にナチスの手法を真似して導入されたものです。給料から天引きすればいいのだから、簡単に戦費調達できるわけです。それをナチスが最初に始めて、当時の同盟国である日本も真似した。戦争が終わった以上やめればよいものを、大蔵省としてはこんなに税金を取り立てやすい方法はない。みんな黙って払ってくれるので、戦後もずっと今に至るまでつづいています。これが納税者意識を稀薄にさせる一番の原因で、イコール主権者意識の希薄化につながっていると私は考えています」と指摘している（伊藤真＝神原元＝布施祐仁『9条の挑戦—非軍事中立戦略のリアリズム』（大月書店、2018年）

Code）は違憲であるとして訴えていたものである。

　裁判所が認定した事実は大要、次のごとくである。AFSC は、第一次世界大戦中の1917年に設立された宗教団体であり、良心的兵役拒否の立場をとるとともに、建設的な平和運動を行うために発足した。AFSC は、その時以来、団体の根本精神を守り仕事をつづけてきた。AFSC は、フレンド派＝クェーカー派からなる40人の会員で構成される理事会によって管理されており、そこには450人から500人の職員と数千のボランティア・ワーカーがいる。そして、職員の相当部分はフレンド派の会員であり、また大部分の人は宗教的修養と信念（religious training and belief）によって、良心的にあらゆる形態の戦争参加に反対しており、男性会員の多くは徴兵機関によって良心的兵役拒否者として認定されてきた。それゆえ、AFSC とその職員は、戦争と平和の問題、及び、会員の良心に影響を与えるような問題について強い関心をはらっているユニークな団体である[12]。

　原告 Cleveland と Cadwallader は AFSC の職員であった。Cleveland は1944年から AFSC のために働き、1947年にはフレンズ派の会員となった。もっとも1930年以来、彼女は平和主義者であり、深く保持された宗教的信念のゆえにあらゆる形態の戦争参加に反対している。そして、この信念との関係で、戦争目的に使われる税金を支払うことによって戦争に貢献することは、彼女の宗教観に反するとしたのである。Cadwallader は1969年に AFSC の職員となった。彼は生来のクェーカーであり、ずっとフレンド派の会員であった。彼はあらゆる形態の戦争参加に反対する良心的拒否者であり、徴兵機関によって認定され、軍務につく代わりに、市民的代替奉仕を行うことを容認されたが、1969年、彼は、Cleveland と同様に、戦争に反対する宗教的拒否は、戦争や軍事のために使われる税金を支払うべきではない良心的義務にまで広げられなければならないと考えるよ

225頁）。
[12] クェーカー教徒の平和活動の中で、最も広汎かつ活発であるのは、「フレンズ奉仕委員会」（Friends service Committee）の活動であり、このような委員会はアメリカ、イギリス、カナダ、日本等に存在しており、その中で最も大規模な活動を行っているのが、アメリカフレンズ奉仕委員会の仕事である。それには、(1)国際的奉仕の仕事、(2)国際問題のプログラム、(3)共同社会関係プログラム、(4)平和教育等の仕事がある（関屋正彦「クェーカー教徒の平和運動」田畑忍編『平和思想史』（憲法研究所、1964年）51頁参照）。

うになったのである。

　Bronner 博士は合衆国におけるクェーカー派の教義・習慣の歴史についての専門家であるが、宣誓証言において次のようなことを明らかにした。クェーカー主義は17世紀の創設以来、公式的な信条や教義はもたないけれども、クェーカー派の人々が保持している信仰の証を行なうことを信仰の絶対必要な要素であると考えてきた。すなわち、信念の単なる保持では十分ではなく、その信念と行動を一致させてその信念を表現しなければならないというのが支配的な考えとなってきた。本事件の原告である二人の職員を含めて AFSC の職員の大部分は以上の信念を保持しており、これらの職員に源泉課税を行うことは、彼らが良心的に疑問としている税金の支払いについて、どのような選択の自由をも与えておらず、深く保持された宗教的信念の表現と実行の直接的な侵害となる、と述べた。

　1960年代の後半において、AFSC は、その職員の給料から所得税を強制徴収する法的義務を履行するに当たり、多くの職員が彼らの良心に従って戦争を支持する税金を支払うことはできないと信ずるようになったので、ある困難に直面しはじめた。この訴訟における原告をも含む多くの職員たちは、AFSC が源泉課税を行うことをやめないのなら、AFSC との雇用関係を続けることができるかどうかについて問題とするようになった。原告 Cleveland と Cadwallader は1969年末に AFSC に対して正式に文書で、所得税における軍事費相当分について自分たちの給料から源泉課税を行うことを中止するように要請した。

　AFSC は以上のような要請を尊重して、源泉課税するよう義務づけられている所得税の51.6％を職員から源泉課税することを中止したのである。しかしながら、AFSC は、問題となっている額を、職員のサラリーから源泉課税しなかったけれども、良心の要求と法とを一致させる努力でもって、また、職員に対する刑罰の実施を避けるために、IRS（Internal Revenue Service）に対して、AFSC 自身の資金から同等の額を支払った。

　原告 Cleveland と Cadwallader は、彼らの賃金の全額と、AFSC によって源泉課税されなかった額を示すことによって、所得税申告を行った。その際、彼らが必要とされている税金の支払いを拒否した理由について述べた文書を付けて、IRS に、良心的納税拒否の宗教的・良心的理由について知らせた。一方、IRS は、それぞれの原告に対して、差押えの手段によって、彼らが当然支払うべき未

払いの税金を徴収し、また一年につき 6 ％の利子と一月につき0.5％の科料を徴収した。

　AFSC が、問題となっている源泉課税を中止したということは、原告の軍事費に向けられている税を支払うかどうかで苦しんでいる良心を実質的に和らげ、原告らをして最も深く保持された宗教的確信として彼らの信念の証を行なうことを認めた。このことは、職員から軍事費を意識することなく徴収していた AFSC の役割りに関心をよせていた職員からのプレッシャーを和らげることになったし、職員の宗教的、良心的信念の表現に支障をきたす組織として AFSC によってもたらされた良心の苦しみを緩和するものであった。

　これに対して、政府は、連邦所得税を徴収する統一的で有効かつ規則正しい方法を維持する利益をもっており、源泉課税による税金の徴収は、これらの利益を維持する目的を達成するために、政府によって考えられた最も有効な徴収方法なのである。

【判旨】
　本事件は宗教の自由活動について規定している憲法修正１条の下で、やっかいな問題を提示している。原告 Cleveland と Cadwallader については、28 U.S.C, §1331（a）によって管轄権が存在し、原告 AFSC の返還要求については、28 U.S.C, §1346（a）⑴によって管轄権がある。原告 Cleveland と Cadwallader は Internal Revenue Code の源泉課税条項の合憲性について、それが本事件の特殊な事例に適用される場合、問題としうる当事者適格をもっている。原告 AFSC は28 U.S.C, §1346（a）⑴によって返還訴訟をおこす当事者適格をもっている。IRS の26 U.S.C, §7421（a）は本訴訟を禁止していない。

　当裁判所が軍事目的に使われると認定した原告の税のある割合を徴収する源泉課税の方法は、原告 Cleveland と Cadwallader のクェーカー教徒としての宗教的信念の自由活動を制限するものとして適用される時、違憲であるかどうかの検討に入る。

　原告は、まず最初に、原告が保護を求めている行為が宗教的に動機づけられているかどうかを決定することによって、つぎに、原告が保護を求めている行為が源泉課税によって制限され、あるいは侵害されているかどうかを決定することに

よって、さらに、もし最初の二つの要件が充たされるなら、原告の保護を求めている行為を制限したり侵害したりする源泉課税の方法は、政府にとって強力でやむをえざる利益があるかどうかを決定することによって政府の源泉課税を審査しなければならない、とした。政府の側は、たんに議会は戦争の目的のために使われる税金を徴収する権限をもっており、それゆえ、どんな手段によってでも、以上のような税金を徴収する権限をもつと主張するのみである。

　原告ClevelandとCadwalladerの戦争税の支払いを拒否することによって、良心の証を行なおうとする行為は、宗教的に動機づけられているということに疑問の余地はない。原告は、クェーカーの強力な信仰を明らかにし、良心的にあらゆる形態の戦争参加に反対している。原告は、憲法上の根拠で、税金の51.6％を徴収する源泉課税の方法に反対している。政府は、良心の証を行なうことが、クェーカー教徒としての宗教的実践の不可欠の要素であるという原告の証拠を反駁しうるどのような証拠をも示さなかった。そうであるので、原告の保護を求めている行為は、修正１条の範囲内にある宗教的に動機づけられているということを認定する。

　第２番目に決定しなければならないのは、戦争税の支払いを拒否することによってあらゆる形態の戦争参加に反対する良心の証を行なう行為が、IRSの下での、AFSCの源泉課税によって、制限ないしは侵害されてきたかどうかということである。当事件のコンテクストの中で、良心の証を行なうということを当裁判所がいかに考察するかということにかかっている。

　クェーカー教徒は、何百年もの間、どのような種類の戦争や暴力にも従事することはできないし、他の人々の生命を奪うことはできないという立場をとってきた。このような考え方は最近になって"平和の証言（peace testimony）"として知られるようになってきた[13]。この平和の証言は、消極的な概念ではなくて積極的な概念であり、戦争と暴力を不必要にするような努力をするように要請する、

13　クェーカー集団の創始以来今日まで、平和の証言（peace testimony）の中には、ジョージ・フォックスとウイリアム・ペンによって例示される二つの層があった。(1)は、戦争の個人的放棄であり、(2)は平和の政治的諸機構を設立することである。したがってクェーカー教徒は戦争参加をキリストの精神の教えに背反するものとして、戦争に反対する平和の証言を守ると同時に、個人とし、また集会として戦争の原因を理解し、これを除去し、平和の条件と機構を発展させるため努力することを要請されている（関屋正彦・前掲論文50頁参照）。

クェーカー教徒にとって重要な要素なのである。個々のクェーカー教徒の平和の証言が、政府の要求と衝突するとき、普通とられる最初の方法は、政府にその立場を変更するように異議申立てを行うことである。この例として、第一次大戦とその後、兵役義務を拒否して市民的代替奉仕という制度をつくりだした。もしこのような和解をつくりだすことができないのなら、その時、クェーカー教徒と政府の要求と共存することができるかどうか、それが可能でないのなら、良心を侵害しないように法に不服従をするべきかどうかを決定するための良心の再吟味を行なわなければならないのである。

原告 Cleveland と Cadwallader は、最終的には、責任を負っている全額を支払うように要求されるであろうということは知っているが、税金の軍事費相当分を支払うことを拒否することができないのなら、自分たちの良心は侵害されるであろうことを述べた。そして、自分たちは軍事費相当分の税金を支払うことを拒否するよう宗教的に動機づけられている自分自身に責任を負っているのであり、税金を支払うことは自分たちの信念—平和の証言—を侵害するであろうことを主張した。

当裁判所は、政府の源泉課税の方法は、戦争税の支払を拒否することによって、あらゆる戦争の参加に反対するように要請している原告の信仰の自由行使を妨害していると考える。源泉課税される税金は原告の所得税なのであり、それは戦争の支持を意味する。クェーカー教徒は攻撃的な戦争と自衛的な戦争の区別を行わない。両方とも同様に反対すべきものなのである。

最も重要な問題は、税金を徴収するのに源泉課税の方法を用いる政府の利益が、原告が保護を求めている宗教的利益より優越する、やむをえざる利益であるかどうかということである。連邦最高裁は、修正１条の権利とやむをえざる国家の利益が衝突する場合、政府の側に修正１条の権利を侵害するに足る国家利益を挙証する責任を課してきた。

政府は合衆国の連邦所得税を徴収する統一的で有効な規律ある制度を維持するという利益をもっていることは明らかである。そして、IRS の源泉課税についての条項は、税金を徴収する統一的で秩序のある制度を維持する重要な要素である。連邦所得税の大部分は源泉課税に拠っているのである。

そこで当裁判所は、原告の宗教の自由行使を行う権利と、この税金徴収の制度の崩壊の可能性というものを比較衡量しなければならない。政府は、付加的に、少額の不足分に対して課された利子と科料は差し押さえによって税金を徴収するIRSの費用をカバーするものではないということを示した。政府は、税金を徴収するに源泉課税を用いる利益が、原告が保護を求めている宗教的利益を上回るほど大きくてやむをえざるものであるということを立証することに失敗している、と当裁判所は考える。徴税の付加的コストは、この事件のユニークな背景の下で、修正1条の保護を求めている人々の良心の証を行なう宗教的実践の起こりうるフラストレーションと比較するとき、あまりにも小さな代償である。

Sherbert 判決において、連邦最高裁は次のように主張した。"……あるもっともらしい国家利益との合理的な関係を単に示すだけでは十分ではない。このようなきわめて微妙な問題を含む憲法上の領域においては、至上の利益が危険にさらされるような重大な濫用のみが制約の対象とされる"。

それぞれの側における利益の比較衡量をすることは難しい作業であるが、上述の Sherbert Test によれば、問題となっている宗教的行為を保護することは、税金を徴収するIRSの地位に実質的な負担（burden）をもたらすことになるであろうということを政府が示すことを要請している。しかしながら、当裁判所の下にある記録に基づけば、以上の実質的な負担の可能性を立証したとは思えない。それゆえ、当裁判所は、原告 Cleveland と Cadwallader の連邦所得税を徴収する源泉課税という方法は、彼らの宗教の自由行使についての修正1条の権利を侵害していると考える。原告に対して、源泉課税によって税金を徴収することは、彼らのクェーカー教徒としての宗教的教義の基本的要素であるあらゆる形の戦争参加に反対する良心の証を行なう手段を奪うことになり、よって、彼らの宗教の自由行使を制限していると当裁判所は考えるので、AFSCは原告 Cleveland と Cadwallader の所得税の51.6％を源泉課税することを免除される。さらに、AFSCは原告 Cleveland と Cadwallader およびここにおける原告ではない職員から源泉課税しなかった総額を示している574.09ドルの返還の権限をもつ。AFSCが返還の権限をもつのは、政府は権限のある税額の二倍を徴収したからである。もし当裁判所が、使用者AFSCに返還の権利を認めることなく、源泉課税の要件は彼らの宗教の自由を侵害していると主張したならば、彼らにはほとんど安らぎを与えないであろう。

3　良心の自由と平和主義

　日本においても、平和運動の新しい展開として、アメリカと同様にメノナイト派のクリスチャンを中心として、税金のうちの軍事費分の不払い運動がおこった。この点、ニューカマー判事の良心的納税拒否の容認は日本における良心的軍事費拒否の思想と運動にとってはなはだ示唆に富むものであるといわなければならない。

　しかしながら残念なことに、この判決の源泉課税を行うことはアメリカ連邦憲法修正１条の宗教の自由活動の権利を侵害して違憲であるから、職員の給料から軍事費相当分の税金を AFSC に源泉課税しないように命じた部分につき、政府は上告し、連邦最高裁にもちこまれた。ダグラス判事を除く８人の裁判官の全員一致の意見で、宗教的自由の侵害の問題ではなく、連邦法上の問題に矮小化され、連邦法上（26 U.S.C. §7421（a））は、税金の徴収を禁止する差し止めを排除しているという税法上の解釈問題で決着がつけられ、良心的拒否は否認された[14]。

　これに対して、ダグラス判事は、唯一の反対意見を書いて、連邦地裁判決を支持し、戦争参加に反対する誠実な宗教的ためらいをもっているクェーカー教徒は、強制的軍務に徴募されたり、銃をもつよう要求されたり、戦争参加に反対する宗教的見解を述べるあらゆる機会を否定されてはならないと同様に、戦争を支持するための税金の支払いに異議を唱えることを妨害されるべきではないとして、法廷意見は現在の論争の全体的な点を見失っていると厳しく批判し、たとえ、少数者の宗教の自由行使が大多数の人間にとって奇異に見えるとしても、少数者の信仰の自由を妨害する税は排除されるとしたのである。

　本ケースにみられる良心的戦争拒否者の税免除を容認しないことは、困難な憲法問題に直面するように思われる。それはアメリカ連邦憲法修正１条の宗教の自由な行使を阻害するということである。すなわち、本事例のごとく真摯なクェーカー教徒は、その教義の自由な要素である平和の実践を行うことにつき困難を強いられることになるからである。本事件において、裁判所は、良心的戦争参加反

14　U.S. v. AFSC, 419 U.S. 7 (1974). E. S. Corwin, The Constitution and What It Means Today, (1976ed) p.124.

対から派生する良心的納税拒否を憲法次元においていかなるものとして考えうるのか、態度決定をせまられるものであったが、ニューカマー判事、および、連邦最高裁のダグラス判事は、良心的軍事費拒否者の〈良心〉に対して高い畏敬の念を払い、納税拒否は憲法上要求しうるとした。その際、ニューカマー判事は、良心的納税拒否が、宗教に動機づけられているかどうか、その行為が立法（税法）によって阻害されているかどうか、その行為を上回る政府のぜひとも守られねばならない利益があるのかどうかを考察し、良心的納税拒否の行為は憲法修正1条の宗教条項によって保護されるとしたのである。

　本事件におけるような神（良心）に対する義務と国家に対する義務との衝突の問題は、われわれを悩ましてきた難問の一つである[15]。これを解決するために、「賢明な立法者はむかしから、そういう〈義務の衝突〉がうまれる可能性を、実際において、最小限度に食いとめようと努力してきた」[16]し、今日においても、法と良心の衝突を回避するための十分な立法上の配慮が要請されるゆえんである（そのようなものの制度的なあらわれとして、良心と兵役義務の衝突を回避するための良心的兵役拒否者の制度を思いおこすことができるであろう）。従来、しばしば不当に良心のアナーキー性が強調されてきたきらいがあるが、「法に対する良心的不服従が公益や他の個人の法益と衝突すると考えられる場合、単に良心的不服従の容認が法に対する恣意的な不服従を招くという恐れを論拠としてこれを否認するのは妥当ではなく、公益ないし、他の個人の法益の重要さを厳格に評価した上で良心的不服従を否認せざるをえないことについての具体的論証を行うことが要求される」[17]。この点、ニューカマー判事が、Sherbert Testを引用して、「あるみせかけだけの国家利益に合理的関係があることを単に示すだけでは充分ではない。この高度に慎重さを要する憲法上の領域においては、至上の利益が危険にさらされるようなきわめて重大な濫用のみが制約の対象とされる」とする。そして、政府は、信教の自由を上回る、ぜひとも守られねばならない利益を論証していないと

15　神に対する義務と国家に対する義務の相克を主題にすえて宗教の自由を考察するものに、高柳信一「宗教の自由」『体系・憲法判例研究Ⅱ』がある。また、この主題を抵抗権として位置づけるものに、宮沢俊義『憲法Ⅱ新版』法律学全集（有斐閣、1971年）等がある。ここでは、この問題に深く立ち入らない。

16　宮沢・前掲書159頁。

17　滝沢信彦「宗教の自由と良心の自由」北九州法政論集4巻3号112頁。

して、良心的納税拒否を容認しているのである。

　これをさらに、良心的納税拒否という宗教（良心）行為が、他の市民の基本的自由・人権にどのような影響を及ぼすかを考えてみた場合、それは、何ら、他の市民の基本的自由を直接に侵害するものではなく、良心的兵役拒否と同様に、国家の主権的判断を害するという抽象的不利益を与えるのみである。そのような場合、国家は良心的軍事費拒否の行為を宗教・良心の自由にもとづく行為として尊重し、刑罰等の威嚇によって、宗教・良心にもとづく行為を不可能ならしめることは厳に慎まなければならないといえるであろう[18]。かつて、首席裁判官ストーン判事は、マッキントッシュ事件判決の反対意見の中で「個人の良心を侵害する一定の傾向を有する政策によってその生命を維持している国家がやがて究極的には事実上その生命を失うことにならないであろうかということは、十分に問題とされていいであろう」と指摘したが、今日においても想起されてよいであろう[19]。

　以上のごとく、良心的納税拒否が憲法上、容認されるとするならば、一般的納税義務と個人の良心的戦争参加反対の信条の衝突を回避するために、立法上、租税免除の制度が考慮されてしかるべきである。しかし、そのような場合、兵役拒否者制度にみられたごとく、税免除を狭い意味の「宗教的」納税拒否者に限定する立法を行ったような場合には、宗教的信仰による差別という問題がでてくるであろう。

　アメリカ連邦憲法の修正１条は「連邦議会は、国教の樹立を規定し、もしくは信教上の自由な行為を禁止する法律……を制定することはできない」[20]と規定するが、そこにおいて、良心および信念にもとづく行為の自由について明文で保障されていない。しかし、良心・信念の自由は修正１条の諸権利の核心をなすものであり、修正１条の権利の中に暗黙のうちに含まれている権利なのである。それゆえ、本条が保障するものは、正統的宗教信仰のみではなく、非正統的宗教信仰、無信仰および無神論までをも保障するものであり、宗教的信仰を非宗教的信

---

[18] 高柳・前掲論文135頁以下。
[19] 1965年の良心的兵役拒否を容認したSeeger判決において、クラーク判事が引用している。M・R・コンビッツ（清水望・滝沢信彦共訳）『信教の自由と良心』132頁参照。
[20] 宮沢俊義編『世界憲法集（第４版）』51頁参照。

仰、無神論より優遇することはかたく禁じられているのである。なぜなら、良心というものを基底にして考えるならば、それは、宗教的良心と非宗教的良心とを区別する良心の類型化に当たるだろうからである。すなわち、ダグラス判事も指摘しているように「宗教に基盤をもつ良心と、より一般化された哲学的基礎をもつ良心を類別することは、修正１条の基準によって不快なものとされる」[21]からである。

以上、修正１条の宗教の自由行使条項によって、各人が自らの良心に従って、ある行為を行い、その良心に反してある行為を行なうよう強制されない権利が認められうるのであれば、人が戦争への参加をその良心に反して強制されない権利が憲法上認められる[22]、と同様に、人々が、良心に反して、財政的に戦争を支持し、自ら銃の引き金をひくのではないとしても、そのようなことを可能にする間接的な支持を行なうことを強制されない権利は、憲法上、認められてしかるべきであるように思える。その場合、宗教に動機づけられた良心的軍事費拒否を容認して、非宗教的確信にもとづく良心的軍事費拒否を否認することは、国教定立禁止条項によってかたく禁じられているのである。

4　結　語

この世に核兵器が出現して以来、戦争即人類皆殺しという結論をひきださせ、正義の戦争自体を疑わしくさせている今日、戦争ないし戦争準備行為が、人類にとって最大の悪であるということを人類の立場において認識するならば、宗教者の良心であれ、非宗教者の良心であれ、そのような良心に対して畏敬の念を払わなければないのである。

アメリカにおける良心的納税拒否論者は、ただ単に軍事費相当分の税金の支払いを拒否することによってこと足れりとしているのではない。彼らは税金のうち軍事目的に使われる分を、世界平和税基金（the World Peace Tax Fund）としてプールして、国際紛争を解決するための非軍事的な方法、その他平和関連プロジェクトの研究を支援しようとする構想をもっていたのである[23]。現に、税金に

21　Gillette v. U.S. 410 U.S.437（1971）at 479. 滝沢・前掲論文106頁。
22　滝沢・前掲論文96頁。
23　名東孝二＝室本誠二『税金革命』（中央経済社、1974年）32頁。

ついて平和目的のために使用を限定する代替税制度が考えられ、これを法制化しようとして運動したグループがある。日本においても当然参考にされてよいであろう[24]。

当時の世界の状況については、宮田光雄が次のように報告している[25]。

《最近、ヨーロッパ諸国では、徴兵制を廃止する新しい動向が注目されるようになりました。すでに1960年代に廃止されたイギリスをはじめ、ベルギー、オランダもつづき、フランスでも近い将来に廃止が見込まれているようです[26]。ドイツにおいても、〈代役奉仕〉を選ぶ兵役拒否者の数が若い世代の3割にも達するほどです。こうした時代の流れの中で、良心的〈兵役拒否〉から良心的〈納税拒否〉の運動も広がりつつあります。軍事的奉仕を身体的に拒否することと軍事予算にたいして経済的に貢献することとのあいだの矛盾が鋭く自覚されるようになったのです。

1990年の世界教会協議会によってソウルで開催された〈正義と平和と被造物保全〉のための世界大会では、「生命にやさしい能動的な非暴力」を涵養することが誓約され、とくに「兵役拒否と軍事費拒否の権利を支持することによって、また平和奉仕と〈平和税〉のかたちでオールターナティヴを提示することによって」世界正義と解放とのためにコミットする決意が、はっきり表明されたのでした。

じっさい、ベルリン＝ブランデンブルグ州教会は、兵役義務に並んで〈非武装平和奉仕〉の別組織を制度化するために、具体的なプログラムを提案して世論の啓発につとめつつあります。それは、日頃から非暴力の思想教育や実践的訓練を行ない、国内・国外の紛争発生に際して、非暴力の抵抗運動や国際的プレゼンスを通じて平和維持に貢献しようとするものです。ちなみに、軍事予算を平和予算に転換することを訴えるドイツの〈平和税〉のための市民運動のシンボル・マー

---

24 日本においても、1974年10月に行われた公法研究者の学会である全国憲法研究会において、キリスト教徒による良心的立場から、軍事費に使われる税金の不払いと、それをプールした平和税の創設の提案が行われた。
25 前掲・宮田光雄集321頁以下参照。
26 2018年2月14日日本経済新聞によれば、欧州で徴兵制を復活させる動きが出ているという。フランスは約1ヵ月の兵役の義務付けをめざし、スウェーデンは徴兵制を8年ぶりに再会した。なお、欧州の徴兵制は、1995年ベルギーが廃止、2006年オランダが廃止、2001年フランス、スペインが廃止、2004年イタリアが廃止、2009年ポーランドが廃止、2011年ドイツが廃止している（2018年2月11日、編集委員大野博人の「分断フランス『徴兵制』に何望む」の記事も参照）。

242　第7章　少数者の信教の自由と平和主義

クとしてオリーブの葉をくわえたハトが用いられています》。

　このような平和の問題は、キリスト教においては、長い歴史をもつ主題であったが、今日においてもそのことはいささかも変わらない。特に、キリスト者の担ってきた平和主義を理念においた兵役拒否の精神史は特記されなければならないであろう。しかしながら、この思想を実践してきたのは、大教派によるものではなく、再洗礼派やクェーカー教徒などの小さな諸宗派である。そしてこれらの小さな平和主義の教派が、兵役拒否と非暴力の精神をかかげて、戦争と兵役を肯定した大教派をつき動かしてきたのである[27]。そして現在においても、平和主義の理念を生かすべく、少数者の良心によって、その方途が模索されているのである。ここで紹介したクェーカー教徒の良心的納税拒否という平和の実践もそのような課題を担うものである。いずれ、このような少数者の思想・信仰が大教派や、国民の大部分をつき動かしてゆくことを確信するものである。
　日本においても、本事例と同種の訴訟が多くの訴訟上の困難はあるにしても提起された。この種の訴訟が起こされるにつき、疑問かつ遺憾に思われるのは、日本の憲法訴訟形態および争訟手段の貧困ということであろう。憲法に違反する自衛隊法にもとづき自衛隊が存続し、軍事基地がつくられ、基地公害をばらまき、納税者としてとうてい見逃すことのできない行政上及び財政上の違法措置がおこなわれることにたいして、違法措置を是正する手段が実定法上十分に予定されていない。地方自治体のレベルでは、行政法上の違法もしくは不当を争うに、納税者訴訟という客観訴訟性の強い訴訟制度が法定されているが、国のレベルにおいては法定されていない。国の違憲な戦争準備行為の差し止めについて、納税者としての国民の平和的生存権の名においてできないかということは、憲法学上大いに問題とされてしかるべきであるように思える[28]。平和的生存権の権利内容・裁判規範性をより精緻に確立していく作業を憲法学は果たす責任があるとともに、アメリカにおける違憲の宣言的判決（Declaratory Judgement）あるいは差止命令（Injunction）を請求する訴訟が日本においてなにゆえに認められないのか、議論されなければならないと考える[29]。

27　「現代の平和と民衆―日本平和学会の研究会から」1978年4月6日朝日新聞（夕刊）。
28　法学セミナー臨時増刊『憲法と自衛隊』41頁以下および北野弘久「財政制度」ジュリスト臨時増刊『日本国憲法―30年の軌跡と展望』参照。

29　良心的軍事費納税拒否に対する裁判的アプローチと立法的アプローチを検討するものとして、中村芳昭「平和憲法と納税者訴訟―良心的軍事費納税拒否問題を中心として―」法律時報1996年2月号（836号）22頁以下参照。もっとも日本におけるこの種の訴訟に対する判決について、中村は、「これまでもっぱら国費の支出と租税の賦課徴収とは法的根拠・手続を異にするという両者を分断してとらえる伝統的な理由に立って、この種の訴訟の可能性に消極的態度をとり、良心の自由や信教の自由等の侵害もないと判断してきた。また、この種の訴訟で実定憲法上の根拠として主張された平和的生存権や納税者基本権の権利性も否定してきた」（24頁）と裁判的アプローチの問題性を指摘している。立法的アプローチについては、合衆国平和税基金法案（U.S.Peace Tax Fund Act）として、毎年、連邦議会に提案がなされており、1991年4月1日に下院に提出された法案の内容を手際よく紹介している。なお、納税者基本権を基底に据えて本問題にアプローチする北野弘久の一連の業績は傾聴に値する（『納税者基本権論の展開』（三省堂、1992年）など参照）。

本書で参考にした初出等文献

著書（共著を含む）

・有倉遼吉＝時岡弘編『条解日本国憲法［改訂版］』（三省堂、1989年）
・『国際化時代の人権（改訂版）』（成文堂、1999年）
・『共生社会の参政権』（成文堂、1999年）
・後藤光男＝猪股弘貴編著『憲法』（敬文堂、1999年）
・『憲法』（ナツメ社、2004年）
・小林武＝後藤光男共著『ロースクール演習憲法』（法学書院、2011年）
・『いま知りたい学びたい日本国憲法』監修（日本文芸社、2013年）
・大橋憲広＝後藤光男＝関哲夫＝中谷崇共著『アソシエイト法学』（法律文化社、2016年）
・『政教分離の基礎理論』（成文堂、2018年）

論　文

・「思想・良心の自由と選択的兵役拒否—アメリカにおける良心的戦争拒否論をめぐって—」早稲田大学大学院法研論集16号（1977年）
・「戦争廃絶・軍備撤廃の平和思想研究」早稲田法学会誌第29巻（1979年）
・「平和的生存権と抵抗権（１）」早稲田法学会誌第30巻（1980年）
・「少数者の信教の自由と平和主義—アメリカにおいて良心的納税拒否が認められた判決について」社会科学研究第１巻第２号（中京大学社会科学研究所、1981年）
・「住民訴訟の意義と機能」早稲田大学大学院法研論集第30号（1983年）
・「行政による政教分離原則の脱法行為」『長崎県立国際経済大学論集』第19巻第３号（1986年）
・「憲法の最高法規性と国際平和」大澤正男編『現代法学25講』（成文堂、1997年）
・「政教分離と象徴天皇制—納税者訴訟から考える」北野弘久先生古稀記念論文集刊行会編『納税者権利論の展開』（勁草書房、2001年）

資料集

・永井憲一＝利谷信義編『資料日本国憲法１・２・３・４・５』（三省堂、1986年）
・樋口陽一＝大須賀明編『日本国憲法資料集第３版』（三省堂、1993年）

参考文献一覧（邦文の主要文献のみ掲記）

〈ア〉

- 愛敬浩二「平和主義」辻村みよ子編『基本憲法』（悠々社、2009年）
- 愛敬浩二「戦争の放棄」芹沢斉＝市川正人＝阪口正二郎編『新コンメンタール憲法』（日本評論社、2011年）
- 愛敬浩二「非軍事平和主義」本秀紀編『憲法講義第2版』（日本評論社、2018年）
- 芦部信喜ほか「〈座談会〉日本国憲法50年の歩み」ジュリスト1996年5月1-15日号（1089号）
- 芦部信喜（高橋和之補訂）『憲法［第6版］』（岩波書店、2015年）
- 阿部照哉「良心の自由と反戦平和運動」田畑忍教授古稀記念『現代における平和と人権』（日本評論社、1972年）
- 阿部知二『良心的兵役拒否の思想』（岩波新書、1969年）
- 有倉遼吉『憲法秩序の保障』（日本評論社、1969年）
- 有倉遼吉編『別冊法学セミナー基本法コンメンタール憲法』（日本評論社、1970年）
- 有倉遼吉＝小林孝輔編『別冊法学セミナー基本法コンメンタール憲法［第3版］』（日本評論社、1986年）
- 有倉遼吉＝時岡弘『条解日本国憲法［改訂版］』（三省堂、1989年）

〈イ〉

- 飯田実「森の生活（下）H.D. ソロー著解説」（岩波文庫、1995年）
- 飯田実「市民の抵抗他5篇 H.D. ソロー著解説」（岩波文庫、1997年）
- 石谷行「諸国における良心的軍事費分税抵抗運動の動向」法政大学多摩論集4巻（1988年）
- 市川ひろみ『兵役拒否の思想―市民的不服従の理念と展開』（明石書店、2007年）
- 伊藤静男「税金支払停止権確認訴訟提起の動機」判例時報681号（1972年）
- 伊藤静男「私はなぜ税金訴訟に踏み切ったか」中央公論1973年3月号
- 伊藤真＝神原元＝布施祐仁『9条の挑戦―非軍事中立戦略のリアリズム』（大月書店、2018年）
- 伊藤正己『憲法［新版］』（弘文堂、1990年）
- 石井光太『原爆―広島を復興させた人びと』（集英社、2018年）
- 稲垣真美『兵役を拒否した日本人』（岩波新書、1972年）
- 稲垣真美『良心的兵役拒否の潮流―日本と世界の非戦の系譜』（社会批評社、2002年）

〈ウ〉

- 上田勝美＝松下泰雄『平和と人権への情熱―田畑忍　その人と学問』（法律文化社、1979年）
- 上田勝美「世界平和と人類の生命権確立」深瀬忠一＝上田勝美＝稲正樹＝水島朝穂編『平和憲法の確保と新生』（北海道大学出版会、2008年）
- 鵜飼信成『新版憲法』（弘文堂、1968年）
- 浦田一郎「平和的生存権」杉原泰雄編『新版体系憲法事典』（青林書院、2008年）
- 浦田一郎『現代憲法の平和主義と立憲主義』（日本評論社、1995年）
- 浦田賢治「憲法裁判における平和的生存権」有倉遼吉先生還暦記念『現代憲法の基本問題』（早稲田大学出版部、1974年）
- 浦部法穂『憲法学教室1』（日本評論社、1988年）
- 浦部法穂『世界史の中の憲法』（共栄書房、2008年）
- 浦部法穂『憲法学教室（第3版）』（日本評論社、2016年）

〈エ〉

- 海老坂武『戦争文化と愛国心』（みすず書房、2018年）

〈オ〉

- 大熊信行『兵役拒否の思想』（第三文明社、1972年）
- 大須賀明「前文」有倉遼吉編『別冊法学セミナー基本法コンメンタール憲法』（日本評論社、1970年）
- 大須賀明「憲法上の脱法行為」『憲法論（新訂版）』（敬文堂、1996年）
- 大西芳雄「前文の内容と効力」『憲法講座1巻』（有斐閣、1963年）
- 大沼保昭「国家、戦争そして人間」国家論研究15号（1978年）
- 岡沢憲芙『スウェーデンはどうなる（岩波ブックレット）』（岩波書店、1993年）
- 岡野八代『戦争に抗する―ケアの倫理と平和の構想』（岩波書店、2015年）
- 岡野八代＝高橋哲哉『憲法のポリティカ―哲学者と政治学者の対話―』（白澤社、2015年）
- 奥平康弘「Gillette V. U.S ―特定の戦争参加することは反対の者は、良心的兵役免除は認められず、かく解しても兵役法は合憲である―」『アメリカ法』1972年2号
- 奥平康弘「『違憲・合法』論への疑問」『日本人の憲法感覚』（筑摩書房、1985年）
- 奥平康弘『いかそう日本国憲法―第9条を中心に』（岩波書店、1994年）
- 奥平康弘『憲法を生きる』（日本評論社、2007年）
- 奥平康弘＝木村草太『未完の憲法』（潮出版社、2014年）

〈カ〉

- 片上孝洋『近代立憲主義による租税理論の再考―国民から国家への贈り物―』（成文堂、2014年）
- カント『永遠平和のために』宇都宮芳明訳（岩波文庫、1985年）
- 我部政明『日米関係のなかの沖縄』（三一書房、1996年）
- 河井継史「良心的軍事費拒否の会」現代の眼1976年6月号

〈キ〉

- 北野弘久「平和憲法と納税者の権利―憲法保障装置としての納税者の権利」全国憲法研究会編『憲法問題8』（三省堂、1997年）
- 北野弘久「良心的軍事費納税拒否訴訟判決の検討―納税者基本権への侵害―」『納税者基本権論の展開』（三省堂、1992年）

〈ク〉

- 熊本信夫『アメリカにおける政教分離の原則』（北海道大学図書刊行会、1972年）
- 黒川哲志「横田基地訴訟上告審判決」ジュリスト『環境判例百選［第3版］』（有斐閣、2018年）

〈コ〉

- 後藤光男「思想・良心の自由と選択的兵役拒否―アメリカにおける良心的戦争拒否論をめぐって―」『法研論集』（早稲田大学大学院法学研究科、1977年）
- 後藤光男「戦争廃絶・軍備撤廃の平和思想研究」早稲田法学会誌29号（1979年）
- 後藤光男『憲法』（ナツメ社、2004年）
- 後藤光男『国際化時代の人権（改訂版）』（成文堂、1999年）
- 後藤光男「信教の自由と政教分離―エホバの証人剣道授業拒否事件とスカーフ事件」小林武＝後藤光男『ロースクール演習憲法』（法学書院、2011年）
- 後藤光男『いま知りたい学びたい日本国憲法』監修（日本文芸社、2013年）
- 後藤光男「平和主義と安全保障」大橋憲広ほか共著『アソシエイト法学』（法律文化社、2016年）
- 後藤光男『永住市民の人権』（成文堂、2016年）
- 古関彰一『憲法9条はなぜ制定されたか』岩波ブックレット674号（岩波書店、2006年）
- 古関彰一『平和憲法の深層』（ちくま新書、2015年）
- 古関彰一『日本国憲法の誕生増補改訂版』（岩波書店、2017年）
- 古関彰一＝豊下楢彦『沖縄　憲法なき戦後―講和条約3条と日本の安全保障―』（みすず書房、2018年）

・小林武『平和的生存権の弁証』（日本評論社、2006年）
・小林武「前文」杉原泰雄編『新版体系憲法事典』（青林書院、2008年）
・小林直樹『憲法第9条』（岩波新書、1982年）
・小林直樹『［新版］憲法講義（上）』（東京大学出版会、1980年）
・M・R・コンビッツ（Milton R. Konvitz. Religious Liberty and Conscientious. A Constitutional Inquiry. 1968）、『信教の自由と良心』清水望・滝沢信彦共訳（成文堂、1973年）

〈サ〉

・榊原厳『良心的反戦論のアナバプティスト的系譜』（平凡社、1974年）
・坂本義和『人間と国家―ある政治学徒の回想（上）（下）』（岩波新書、2011年）
・佐々木惣一『改訂日本国憲法論』（有斐閣、1952年）
・佐々木陽子『兵役拒否』（青弓社、2004年）
・佐藤功『日本国憲法概説［全訂第3版］』（学陽書房、1985年）
・佐藤功「良心的反戦論者の問題」『憲法研究入門（中）』（日本評論社、1966年）
・佐藤幸治『憲法』（青林書院新社、1981年）
・佐藤幸治『日本国憲法論』（成文堂、2011年）
・笹川紀勝「良心の兵役拒否権―ボン基本法第4条第3項の構造と特質(1)(2)(3)」『北大法学論集』18巻1、2、3号
・笹川紀勝「良心的兵役拒否」法律時報臨時増刊『憲法9条の課題』（1979年）
・笹川紀勝「信教の自由」大須賀明ほか共著『憲法講義2基本的人権』（有斐閣、1979年）
・笹川紀勝「信教の自由と政教分離の関係」ジュリスト1982年7月15日号
・笹川紀勝「憲法と宗教」公法研究52号（1990年）
・澤地久枝『密約』（岩波現代文庫、2006年）
・澤野義一『平和憲法と永世中立』（法律文化社、2012年）

〈シ〉

・渋谷秀樹『日本国憲法の論じ方［第2版］』（有斐閣、2010年）
・渋谷秀樹＝赤坂正浩『憲法2統治［第6版］』（有斐閣、2016年）
・渋谷秀樹『憲法への招待新版』（岩波新書、2014年）
・渋谷秀樹『憲法（第3版）』（有斐閣、2017年）
・城山三郎『落日燃ゆ』（新潮文庫、1986年）
・初宿正典「良心的兵役拒否と平等原則」佐藤幸治＝初宿正典編『人権の現代的諸相』（有斐閣、1990年）
・進藤栄一『分割された領土』（岩波現代文庫、2002年）

〈ス〉

- 杉原泰雄『憲法Ⅱ』(有斐閣、1989年)
- 鈴木裕子「天皇制とフェミニズム―『明治150年』を考える」『福音と世界』2018年8月号(新教出版社)
- 鈴木正彦「良心的兵役拒否と平和的生存の権利―強制の正当化と自由の証―」『リベラリズムと市民的不服従』(慶應義塾大学出版会、2008年)

〈セ〉

- 関屋正彦「クェーカー教徒の平和運動」田畑忍編『平和思想史』(憲法研究所、1964年)

〈タ〉

- 田畑忍『憲法学講義』(憲法研究所出版会、1964年)
- 田畑忍「良心的戦争反対の先駆者としての矢部喜好」『日本の平和思想』(ミネルヴァ書房、1972年)
- 田畑忍「憲法9条をめぐって」法学セミナー1981年3月号
- 田畑忍「徴兵拒否の矢部喜好」『世界平和への大道』(法律文化社、1982年)
- 高野雄一『日本の領土』(東京大学出版会、1962年)
- 高橋和之=高見勝利=宍戸常寿=林知更=小島慎司=西村裕一「第11回 憲法と政治」法律時報2018年6月号(1126号)
- 高橋和之=高見勝利=宍戸常寿=林知更=小島慎司=西村裕一「第12回[最終回] 日本社会と憲法学」法律時報2018年7月号(1127号)
- 高橋和之『立憲主義と日本国憲法第3版』(有斐閣、2013年)
- 高橋哲哉『犠牲のシステム―福島・沖縄』(集英社新書、2012年)
- 高橋哲哉=岡野八代『憲法のポリティカ―哲学者と政治学者の対話』(白澤社、2015年)
- 高橋正俊「人権の条件―平和主義」初宿正典ほか共著『いちばんやさしい憲法入門[第5版]』(有斐閣、2017年)
- 高良鉄美『沖縄からみた平和憲法』(未来社、1997年)
- 高柳賢三『天皇・憲法第9条』(有紀書房、1963年)
- 高柳賢三=大友一郎=田中英夫『日本国憲法制定の過程Ⅰ原文と翻訳』(有斐閣、1972年)
- 高柳信一「U.S. V. Seeger ―人格神信仰にもとづかない良心的戦争参加反対」『アメリカ法』(1966年2号)
- 高柳信一「戦後民主主義と『人権としての平和』」世界283号(1969年)深瀬忠一編『文献選集日本国憲法3戦争の放棄』(三省堂、1977年)所収
- 高柳信一「民主主義における人権の問題」世界291号(1970年2月号)

・高柳信一「人権としての平和」法律時報増刊『憲法と平和主義』1975年10月号
・高柳信一「平和的生存権」法学セミナー1978年２月号（275号）
・高柳信一「国家の自衛権より人民の平和権へ」法学セミナー増刊『憲法と平和保障』（日本評論社、1983年）
・滝沢信彦「良心的兵役拒否における抵抗の原理」『徳山大学論叢』１巻１号、
・滝沢信彦「良心的兵役拒否における良心の問題」『徳山大学論叢』２号
・滝沢信彦「宗教の自由と良心の自由」北九州法政論集４巻３号
・竹内芳郎『自衛隊』（現代評論社、1972年）
・竹嶋千穂「思想良心の自由の再考―淵源から見た抵抗権との関わりについての若干の考察」後藤光男＝高島穰編『人権保障と国家機能の再考』（成文堂、2019年）

　　　〈ツ〉

・辻村みよ子『憲法［第６版］』（日本評論社、2018年）

　　　〈ト〉

・トーマス・ペイン『人間の権利』西川正身訳（岩波文庫、1971年）
・トーマス・ペイン『コモン・センス』小松春雄訳（岩波文庫、1976年）
・トルストイ（北御門二郎訳）『神の国は汝等の衷にあり』（冬樹社、1973年）
・豊下楢彦『安保条約の成立―吉田外交と天皇外交―』（岩波新書、1996年）
・豊下楢彦『昭和天皇・マッカーサー会見』（岩波現代文庫、2008年）
・豊下楢彦＝古関彰一『集団的自衛権と安全保障』（岩波新書、2014年）
・豊下楢彦『昭和天皇の戦後日本―〈憲法・安保体制〉にいたる道―』（岩波書店、2015年）

　　　〈ナ〉

・中平健吉『世に遣わされて―キリスト者の社会参与―』（新教出版社、1982年）
・名東孝二＝室本誠二『税金革命』（中央経済社、1974年）
・中村芳昭「平和憲法と納税者訴訟―良心的軍事費納税拒否問題を中心として―」法律時報1996年２月号
・中村芳昭「アメリカにおける最近の納税者運動」税理23巻３号

　　　〈ニ〉

・西修『国の防衛と法』（学陽書房、1975年）
・西修『自衛権』（学陽書房、1978年）
・日本友和会編『良心的兵役拒否―その原理と実践―』（新教出版社、1967年）

〈ノ〉

・野田良之「基本的人権の思想史的背景―とくに抵抗権をめぐって―」東京大学社会科学研究所編『基本的人権3』（東京大学出版会、1968年）
・野中俊彦＝浦部法穂『憲法の解釈Ⅰ総論』（三省堂、1989年）

〈ハ〉

・橋本公旦『憲法［改訂版］』（青林書院新社、1976年）
・橋本公亘『日本国憲法［改訂版］』（有斐閣、1988年）
・萩原重夫「戦争と人権」憲法理論研究会編『現代の憲法理論』（敬文堂、1990年）
・長谷部恭男『憲法の理性［増補新装版］』（東京大学出版会、2016年）
・長谷部恭男『憲法第7版』（新世社、2018年）
・長谷部恭男『憲法の良識―「国のかたち」を壊さない仕組み』（朝日新書、2018年）
・浜林正夫『人権の歴史と日本国憲法』（学習の友社、2005年）
・原武史『昭和天皇』（岩波新書、2008年）
・半藤一利＝保阪正康『憲法を百年いかす』（筑摩書房、2017年）

〈ヒ〉

・樋口陽一「憲法における抵抗権」有倉遼吉＝吉田善明編『憲法の基本原理』（三省堂、1977年）
・樋口陽一『自由と国家』（岩波新書、1989年）
・樋口陽一＝大須賀明編『日本国憲法資料集第3巻』（三省堂、1993年）
・樋口陽一『個人と国家』（集英社新書、2000年）
・樋口陽一『国法学―人権原論』（有斐閣、2004年）
・樋口陽一『憲法（第3版）』（創文社、2007年）
・樋口陽一『六訂　憲法入門』（勁草書房、2017年）
・久田栄正「憲法の平和主義と生活権」法律時報1967年4月号臨時増刊『恵庭裁判』
・ピンク・ダンデライオン『クエーカー入門』（新教出版社、2018年）

〈フ〉

・深瀬忠一『恵庭裁判における平和憲法の弁証』（有斐閣、1967年）
・深瀬忠一『長沼裁判における憲法の軍縮平和主義』（日本評論社、1975年）
・深瀬忠一『戦争放棄と平和的生存権』（岩波書店、1987年）
・深谷格「法と良心」同志社大学良心学研究センター編『良心学入門』（岩波書店、2018年）
・藤田宙靖『最高裁回想録』（有斐閣、2012年）

- 古川純「税金支払停止権確認等請求事件―軍事費相当分納税拒否訴訟」日本財政法学会編『地方財政の危機と人権』（学陽書房、1988年）
- 古川純「良心的戦争拒否の意味するもの」（『国家論研究』12号）『日本国憲法の基本原理』（学陽書房、1993年）所収
- 古川純＝山内敏弘『戦争と平和』（岩波書店、1993年）
- 藤井俊夫『憲法と国際社会［第2版］』（成文堂、2005年）
- 藤井俊夫『憲法と人権Ⅱ』（成文堂、2008年）
- 藤井俊夫『憲法と政治制度』（成文堂、2009年）
- 藤井正希「日本国憲法における平和主義の普遍性」後藤光男＝高島穣編『人権保障と国家機能の再考』（成文堂、2019年）

〈ヘ〉

- 辺見庸＝目取真俊『沖縄と国家』（角川新書、2017年）

〈ホ〉

- 星野安三郎「平和的生存権序論」星野安三郎＝小林孝輔編著『日本国憲法史考』（法律文化社、1962年）
- 星野安三郎『平和に生きる権利』（法律文化社、1974年）
- 星野安三郎＝古関彰一『日本国憲法［平和的共存権］への道』（高文研、1997年）
- 本多勝一「アメリカ合衆国でのある不払い運動」『NHK受信料拒否の論理』朝日文庫（朝日新聞社、1991年）

〈マ〉

- 前泊博盛『本当は憲法より大切な「日米地位協定入門」』（創元社、2013年）
- 巻美矢紀「平和主義」安西文雄＝巻美矢紀＝宍戸常寿『憲法学読本第3版』（有斐閣、2018年）
- 松井茂記『日本国憲法［第3版］』（有斐閣、2007年）
- 丸谷才一『笹まくら』（新潮文庫、1974年）
- 丸山真男「憲法9条をめぐる若干の考察」世界235号1965年6月号

〈ミ〉

- 三木義一「良心の自由と納税拒否」ジュリスト1992年2月15日号（995号）
- 水島朝穂「戦争の放棄」杉原泰雄編『新版体系憲法事典』（青林書院、2008年）
- 宮城大蔵『普天間・辺野古歪められた20年』（集英社新書、2016年）
- 宮城大蔵「歴史的経緯から見る普天間・辺野古問題」法律時報2017年6月号（1112号）
- 宮沢俊義編『世界憲法集（第4版）』（岩波文庫、1983年）

・宮沢俊義（芦部信喜補訂）『全訂日本国憲法第 2 版（全訂版）』（日本評論社、1978年）
・宮沢俊義『憲法Ⅱ［新版］』（有斐閣、1971年）
・宮田光雄『非武装国民抵抗の思想』（岩波新書、1971年）
・宮田光雄『平和の思想史的研究』（創文社、1978年）
・宮田光雄『日本の政治宗教―天皇制と靖国―』（朝日新聞社、1981年）
・宮田光雄『宮田光雄集Ⅴ平和の福音』（岩波書店、1996年）
・宮田光雄「非武装市民抵抗の構想―憲法 9 条の防衛戦略」『福音と世界』2016年 8 月号（新教出版社）
・宮田光雄『山上の説教から憲法 9 条へ』（新教出版社、2017年）

〈モ〉

・毛利透「平和主義」『憲法Ⅰ総論・統治［第 2 版］』（有斐閣、2017年）

〈ヤ〉

・山内敏弘「平和のうちに生存する権利」憲法学④（有斐閣、1976年）
・山内敏弘『平和憲法の理論』（日本評論社、1992年）
・山内敏弘「平和主義」「日本国憲法と平和主義」杉原泰雄編『新版体系憲法事典』（青林書院、2008年）
・山崎豊子『不毛地帯(1)』（新潮文庫、2009年）
・山崎豊子『二つの祖国(3)(4)』（新潮文庫、2009年）
・山崎豊子『運命の人(1)(2)(3)(4)』（文春文庫、2011年）
・山崎豊子『作家の使命　私の戦後』（新潮文庫、2012年）
・山崎時彦「納税拒否とその理論」『非政治的市民の抵抗―ヘンリー・ソーロウ評伝』（世界思想社、1973年）
・山崎時彦『市民的抵抗の思想』（法律文化社、1977年）
・山本章子『日米地位協定』（中公新書、2019年）
・山元一＝浦田一郎「平和主義と立憲主義」法学セミナー（日本評論社）2003年 9 月号

〈ユ〉

・結城光太郎「良心的反戦論と良心の自由」『続憲法演習』（有斐閣、1967年）

〈ヨ〉

・横田喜三郎『自衛権』（有斐閣、1951年）
・横田耕一「平和的生存権」大須賀明ほか共著『憲法講義 2 基本的人権』（有斐閣、1979年）
・吉田裕『日本軍兵士―アジア・太平洋戦争の現実―』（中公新書、2017年）

・吉田善明＝影山日出称＝大須賀明『憲法と沖縄』（敬文堂、1971年）
・吉次公介『日米安保体制史』（岩波新書、2018年）
・ヨハン・ガルトゥング＝藤田明史編著『ガルトゥング平和学入門』（法律文化社、2003年）
・ヨハン・ガルトゥング「ミリタリーをどうするか―憲法9条と自衛隊の非軍事化」『立命館平和研究第13号』（2012年）
・ヨハン・ガルトゥング『日本人のための平和論』御立英史訳（ダイヤモンド社、2017年）

〈リ〉

・リチャード・A・フォーク編『ベトナム戦争と国際法』佐藤和男訳（新世社、1968年）
・良心的軍事費拒否の会編『憲法違反の税は払えません』（三一書房、1982年）

〈ロ〉

・ロック（Locke John）鵜飼信成訳『市民政府論』（岩波文庫、1968年）
・ロック、ジョン J. Locke, A Letter concerning Toleration（1689）生松敬三訳「ロック・寛容についての書簡」世界の名著『ロック・ヒューム』（中央公論社、1968年）
・ロールズ、ジョン『正義論（改訂版）』川本隆史・福間聡・神島裕子訳（紀伊国屋書店、2010年）

〈ワ〉

・渡辺久丸『兵役拒否の人権化は世界の流れ』（文理閣、2009年）
・和田英夫「日本国憲法における平和の地位」ジュリスト1966年1月1日号
・和田洋一「太平洋戦争下の抵抗―明石順三の『灯台社』を中心に―」『灰色のユーモア』（人文書院、2018年）

参考文献一覧

〈判　例〉

[最高裁判所]
・最大判昭和27・10・8民集6巻9号783頁（警察予備隊違憲訴訟）
・最大判昭和34・12・16刑集13巻13号3225頁、判例時報208号10頁（砂川事件）
・最判昭和57・9・9民集36巻9号1679頁（長沼事件）
・最大判昭63・6・1民集42巻15号277頁（殉職自衛官合祀事件）
・最判平成元・6・20民集43巻6号385頁、判例時報1318号3頁（百里基地訴訟）
・最大判平成8・8・28民集50巻7号1952頁（沖縄代理署名訴訟）
・最判平成14・4・12民集51巻4号729頁（横田基地夜間飛行差止訴訟）

[高等裁判所]
・札幌高判昭和51・8・5判例時報821号23頁（長沼事件）
・東京高判昭和56・7・7判例時報1004号3頁（百里基地訴訟）
・広島高判昭57・6・1判例時報1063号3頁（殉職自衛官事件）
・東京高判平成10・12・25判例時報1665号64頁（横田基地夜間飛行差止訴訟）
・名古屋高判平成20・4・17判例時報2056号74頁（イラク派遣差止事件）
・福岡高判平成22・7・29判例時報2091号162頁（普天間基地騒音訴訟）

[地方裁判所・簡易裁判所]
・東京地判昭和34・3・30下刑集1巻3号776頁、判例時報180号2頁（砂川事件）
・札幌地裁昭和42・3・29判例時報476号25頁（恵庭事件）
・札幌地裁昭和48・9・7判例時報712号24頁（長沼事件）
・新潟地判昭和50・2・22判例時報769号19頁（小西反戦自衛官裁判）
・水戸地判昭和52・2・17判例時報842号22頁（百里基地訴訟）
・山口地判昭54・3・22判例時報921号44頁（殉職自衛官事件）
・福岡高判那覇支部平成8・3・25行集47巻3号192頁（沖縄代理署名訴訟）
・東京地判八王子支部平成9年3月14日判例時報1612号101頁（横田基地夜間飛行差止訴訟）

[アメリカ合衆国最高裁裁判所判例]
・Reynolds v. United States 98 U.S.145［1878］（モルモン教徒一夫多妻事件）
・Arver v. U.S, 245US 366（1918）（議会の徴兵権限）
・Prince v. Massachusetts, 321 US 158（1944).（エホバの証人の児童雇用事件）
・Everson v. Board of Education,（1947）330 U.S. 1（子どもの通学に要したバス費用返還事件）
・Sherbert V. Verner,（1963）374 U.S. 398（信教の自由の規制に対する厳格な審査基準の

適用)
・United States v. Seeger 380 U.S.163［1965］(良心的兵役拒否事件)
・Welch v. U.S., 398US 333 (1970) (良心的兵役拒否事件)
・Gillette v. U.S. 401 US 437 (1971) (良心的兵役拒否事件)
・U.S. v. American Friend Service Comm.(1974) 419US 7 (良心的納税拒否事件)

人名索引

ア

愛敬浩二……………………52
アイゼンハワー大統領… 158
芦田均……………………61
芦部信喜……………74, 80
安仁屋政明………………140
安倍晋三……………………10
有倉遼吉…………………76

イ

石田和人………………… 116
伊藤静男……… 8, 29, 207
伊藤真…………………… 133
稲嶺恵一………………… 177
井上達夫………………… 188

ウ

上田勝美……………………48
内村鑑三………………… 210
浦部法穂……… 4, 23, 84, 121

オ

大須賀明……………………91
大田昌秀………………… 177
大沼保昭………………31, 34
岡沢憲芙………………… 223
岡野八代………………27, 79
岡山忠弘………………… 120
奥平康弘……… 90, 95, 133
翁長雄志………………… 178

カ

兼次佐一………………… 159

ガ

ガルトウング… 47, 132, 176, 179
ガンジー…………… 8, 213, 222
カント………………………27
漢那憲和………………… 163

キ

木村廸夫………………… 185

ク

グロチウス…………………66

ケ

ゲルナー……………………24

コ

古関彰一……… 3, 5, 57, 118, 126, 130, 144, 148
小林直樹………… 6, 75, 161
コンビッツ……………… 201
小西誠………………………29
近衛文麿………………… 139

サ

斉藤宗次郎……………… 210
佐高信…………………… 185
佐藤功…………………… 167
澤地久枝……………180, 185

シ

シーボルト……………… 144
幣原喜重郎…………………58
渋谷秀樹……… 80, 102, 129

昭和天皇…… 3, 139, 144, 147

ス

杉原則彦………………… 121
杉原泰雄……………………56
鈴木義男……………………61
鈴木裕子………………… 155
ストーン判事…………… 239

セ

瀬長亀次郎……………… 159

ソ

ソロー…………………… 215

タ

田畑忍…………… 3, 76, 180
高野雄一………………6, 162
高橋和之……………………73
高橋哲哉………………79, 147
高良鉄美………………… 148
高見勝利……………………74
高柳賢三……………………71
高柳信一………………42, 164
滝沢信彦………………… 203
ダグラス判事… 198, 200, 217, 237
田中英夫……………………62

テ

寺崎英成……………144, 150

ト

豊下楢彦……… 5, 131, 146, 159

ナ

仲井眞弘多……………… 178
南原繁…………………… 149

ニ

西村裕一………………… 73
ニミッツ提督…………… 157

ネ

根森健…………………… 229

ノ

野田良之………………… 34

ハ

長谷部恭男……………… 71
半藤一利………………… 49

ヒ

樋口陽一……… 82, 94, 137, 160
久田栄正………………… 42

フ

平賀健太………………… 116
深瀬忠一………………… 42
福島重雄………………… 116
藤井俊夫……………… 104, 122
ブッシュ大統領………… 98
ブラック判事…………… 196

ヘ

辺見庸…………………… 137

ホ

ホイットニー民政局長…… 58
保阪正康…………… 49, 188
星野安三郎…… 4, 40, 83, 115, 124, 139, 170
穂積七郎………………… 156
ホッブス………………… 191

マ

マーシャル判事……… 38, 197
前泊博盛……………… 112
マッカーサー…… 3, 58, 143
マディソン…………… 201
丸山真男……………… 42

ミ

宮城大蔵……………… 7, 179
宮沢俊義………… 2, 32, 149
宮田光雄…5, 28, 53, 130, 189, 202, 216, 223, 241

メ

目取真俊………………… 31

モ

毛利透…………………… 71
森戸辰男………………… 61

ヤ

山内敏弘……… 4, 30, 57, 82
山口二郎……………… 133
山崎豊子………… 5, 132, 136
横田喜三郎…………… 150

ル

ルーズベルト大統領……… 52

ワ

和田英夫………………… 42

事項索引

ア

アーバー判決……………… 204
悪法論……………………… 187
アメリカ国立公文書館… 144
アメリカ独立戦争………… 215
アメリカフレンズ奉仕委員
　会（AFSC）…… 217, 230
安全保障……………………… 10
安全保障関連法………… 10, 18
安保条約……………………… 77
安保条約と司法審査…… 105
安保法制違憲訴訟……… 120

イ

一般的兵役拒否…… 35, 193
意に反する苦役の禁止… 203
イラク人道復興支援特別措
　置法………………………… 99
イラク派遣差止訴訟…… 119

ウ

ウエルシュ判決…………… 195
内なる良心の声…………… 192

エ

永世中立宣言……………… 76
恵庭裁判…………………… 113
エバーソン事件…………… 196
FEC 指令…………………… 157
MSA 協定（日米相互防衛援
　助協定）………… 93, 105

オ

沖縄の統治………………… 157
沖縄の法定地位…………… 159
沖縄密約電文事件……… 164
遅すぎた聖断……………… 139
オペレーション・トモダチ
　（トモダチ作戦）……… 137

カ

外交的保護権……………… 160
外国軍隊の駐留…………… 77
外国人登録令……………… 142
外国人登録令施行規則（内務
　省令28号）……………… 143
海賊対処法…………… 1, 101
外務省北米局長………… 173
核兵器禁止条約………… 132
カトリック教徒…………… 196
間接侵略…………………… 70
環太平洋合同演習（リムパッ
　ク）………………………… 94
官僚主義法学……………… 76

キ

9条の制定過程…………… 57
9条の法的性格…………… 70
行政主席…………………… 158
近代戦争遂行能力………… 69

ク

クーデター………………… 73
クエーカー…………… 36, 192
クエーカー教徒…… 196, 209
クエーカー派……… 215, 231

国地方係争処理委員会… 178
軍事植民地………………… 160
軍事同盟条約……………… 93

ケ

警察予備隊………… 13, 69, 90
警察予備隊違憲訴訟…69, 105
警察力……………………… 68
刑事特別法………… 106, 172
警備隊……………… 14, 69, 92
原子力災害対策措置法… 129
憲法体系と安保法体系… 172
憲法の予定する安全保障…78
憲法判断回避の原則…… 115
憲法変遷論………………… 74

コ

交戦権……………… 12, 66, 77
高等弁務官………………… 158
公用地暫定使用特別措置法
　（公用地法）…………… 166
国際紛争を解決する手段…64
国際平和支援法…… 11, 103
国際連合…………… 14, 66
国際連合憲章…… 26, 66, 219
国体の護持………………… 138
小西反戦自衛官裁判…… 119
国教定立禁止条項……… 193
国民国家…………………… 24
国民保護法………………… 17
国連安保理事会………… 133
国連平和維持活動協力法
　（PKO 法）………… 16, 96
近衛上奏文………………… 139
個別的自衛権………… 14, 67

サ

再洗礼派……………… 209
在日米軍参謀長………… 173
在日米大使館参事官…… 173
サンフランシスコ平和条約
　（講和条約）……… 92, 151

シ

シーガー判決…………… 193
自衛権………………… 3, 80
自衛戦争…………………65
自衛隊………………… 13, 68
自衛隊裁判……………… 113
自衛隊の違憲・合法論……75
自衛隊の違憲審査……… 104
自衛隊の海外派遣………96
自衛隊の災害派遣……… 129
自衛隊法……………… 70, 93
自衛のための必要最小限度
　の実力……………………68
自衛力………………… 13, 68
Sherbert テスト ……… 198
Sherbert 判決 ………… 236
至高の存在(supreme being)
　……………………………… 192
シビリアン・コントロール
　……………………………… 226
市民的不服従
　（civil disobedience）… 215
銃剣とブルドーザー…… 156
集団的自衛権…… 10, 15, 18,
　67, 95, 101, 103
周辺事態法………… 16, 97
消極的平和………………47
宗教的修養と信念（religious
　training and belief）… 192
宗教の自由活動条項…… 193
ジュネーブ協定………… 219
少女暴行事件（米兵少女暴行
　事件）………………… 170
ジレット判決…………… 197
新ガイドライン……………16

人権としての平和………40
信仰の自由……………… 191
新テロ対策特別法……… 100
侵略戦争…………… 12, 65

ス

砂川訴訟………………… 105
砂川事件第1審判決 …… 106
砂川事件最高裁判決…… 109

セ

正義の戦争………………66
制裁戦争…………………65
世界平和税基金(the world
　peace tax fund) …… 240
政治的兵役拒否………… 199
政治的マニフェスト………71
青年法律家協会………… 116
積極的平和………… 47, 225
瀬長亀次郎問題………… 159
潜在主権………… 143, 150
専守防衛論………………86
戦争税拒否……………… 218
戦争の放棄………………63
選択的兵役拒否…… 37, 193,
　195
全土基地方式…… 153, 166
前文の法的性格…………56
戦力………………………12
戦力の意味………………68
戦力の不保持……………67

ソ

存立危機事態…………… 103

タ

大規模地震対策特別措置法
　…………………………… 129
大西洋憲章………………52
代理署名の拒否………… 170
タックス・ペイヤー… 8, 214

チ

地位協定……… 154, 165, 171
地籍明確化法…………… 168
地方自治特別法………… 166
駐留軍用地特措法… 153, 175
駐留米軍…………………68
徴兵制…………………… 190
直接侵略…………………70

テ

抵抗権………… 3, 23, 29, 187
テロ対策特別措置法… 17, 98
天皇制…………………… 138
天皇の戦争責任…… 138, 147
天皇メッセージ………… 144

ト

同時多発テロ……………98
統治行為論…… 104, 109, 118
東南アジア非核地帯条約
　…………………………… 131
土地収用令（布令109号）
　…………………………… 155

ナ

内乱条項………………… 153
内乱の鎮圧………… 79, 92
長沼訴訟………………… 115
南北戦争………………… 215

ニ

二重国籍………………… 161
日米安保条約（日米安全保障
　条約）……… 15, 69, 92, 151
日米合同委員会………… 173
日米行政協定……… 154, 168
日米地位協定……… 171, 173
日米防衛協力のための指針
　（ガイドライン）…… 15, 94

事項索引　*263*

日米防衛協力のための新しい指針（新ガイドライン）　………………………97
ニミッツ布告………141, 157
ニュールンベルク原則…218

ハ

ハーグ条約……………219
ハーグ陸戦法規…………156

ヒ

非武装国家……………205
非武装平和主義……2, 12, 78
百里訴訟………………117
平賀書簡問題…………116

フ

不戦条約…………25, 65
普天間基地返還問題……170
武力攻撃事態対処法……17, 100
ブライス勧告…………156
プリンス判決…………200
ブレズレン………36, 192
フレンド派……………231
プログラム規定…………74
文民……………………65

ヘ

兵器産業の拒否…………132
米比軍事基地協定………166
米軍用地特別措置法……168

米民政府……………157
平和安全法制整備法　……………………11, 103
平和主義………………10
平和税基金……………220
平和的生存権……2, 23, 40, 50
平和の礎（いしじ）……170
平和の証言　（peace testimony）…234
平和のための予防学……130
ベトナム戦争……195, 210, 218
片務的条約…………79, 92

ホ

保安隊…………14, 69, 92
保安林指定解除処分……115
防衛施設庁長官………173
防衛省………………100
防衛庁設置法………70, 93
法律上の争訟…………114
ポツダム宣言…………140

メ

メノナイト………36, 192
メノナイト派…211, 215, 237

ユ

友和会（FOR）…………216

ヨ

横田基地夜間飛行差止訴訟　………………………112

リ

立憲主義………………72
リベラル・デモクラシー　………………………130
良心的軍事費拒否……8, 29, 188, 206, 207, 228, 230
良心的軍事費拒否の会…222
良心的戦争拒否…2, 185, 228
良心的納税拒否…8, 229, 239
良心的不服従…………238
良心的兵役拒否……2, 7, 35, 187, 208
良心の自由………198, 237
琉球列島の管理に関する行政命令…………158
琉球列島米国民政府指令　………………………157

レ

レイノルズ判決………200
歴史的平和教会……36, 192

ロ

ローマ・カトリック教徒　………………………193
ロッキード事件………133

ワ

湾岸戦争………………95

著者紹介

後藤 光男（ごとう みつお）
Mitsuo GOTOH

　1949年、広島県に生まれる。1967年、同志社香里高等学校、1971年、同志社大学法学部卒業、早稲田大学大学院法学研究科修士課程、同博士課程、早稲田大学社会科学部・大学院社会科学研究科教授を経て、現在、早稲田大学名誉教授。

　専攻、憲法・行政法・現代人権論。1992-93年、英国エセックス大学人権センター客員研究員（University of Essex の Human Rights Centre Fellow）。2004-2007年、早稲田大学大学院法務研究科（ロースクール）兼担。東京外国語大学、明治大学講師等兼任。

主要著書

『政教分離の基礎理論』（単著、成文堂）
『永住市民の人権』（単著、成文堂）
『国際化時代の人権（改訂版）』（単著、成文堂）
『共生社会の参政権』（単著、成文堂）
『条解日本国憲法』有倉遼吉＝時岡弘編（共著、三省堂）
『ロースクール演習憲法』（小林武教授との共著、法学書院）
『行政救済法論』（編著、成文堂）
『アソシエイト法学』（共著、法律文化社）
『トマス・ジェファソンと議会法』（監訳、成文堂）
『J・ルーベンフェルド　プライヴァシーの権利』（訳書、敬文堂）

人権としての平和
―― 平和的生存権の思想研究 ――

2019年9月20日　初版第1刷発行

著　者	後　藤　光　男	
発行者	阿　部　成　一	

〒162-0041　東京都新宿区早稲田鶴巻町514番地
発行所　株式会社　成文堂
電話 03(3203)9201（代）　Fax 03(3203)9206
http://www.seibundoh.co.jp

製版・印刷　藤原印刷　　　製本　弘伸製本
©2019　M. Gotoh　Printed in Japan
☆乱丁・落丁本はおとりかえいたします☆
ISBN978-4-7923-0652-6　C3032　　検印省略

定価（本体5600円＋税）